U0068480

冷戰時期的美國與東亞社會

美國與東亞社會

杜春媚 ◎ 主編

序言

「日光之下，並無新事」。身為歷史學家，我自然也不認為有什麼非凡的事件可以被稱為空前絕後。就如今天的新冠疫情，數以千萬的人口已不幸患病和死亡，四處瀰漫的驚慌、猜忌和恐懼，以及隨之而來的爭論、誹謗和衝突，不就像 1918 年的流感大流行，以及 14 世紀中期蹂躪歐洲的黑死病嗎？同樣，在今天的東亞地區，諸如國門關閉、供應鏈脫鉤、學術交流中斷，以及愈演愈烈的軍備競賽、日益升級的相互指責或對嗆，讓人不免擔心哪天就會「擦槍走火」，引發一場區域性的軍事衝突甚至世界大戰——誰又能否認這沒有成為「冷戰」2.0 版的可能？歷史既會重演，亦會倒退，文明的成果更可能一朝殆盡。

2017 年 1 月至 6 月，我有幸得到復旦大學中華文明國際研究中心的資助，以「第二次世界大戰後駐華美軍」為題，在該中心做了半年訪問研究。訪問即將結束之時，我與該校歷史系馬建標教授合作，共同組織了一個名為「冷戰時期的美國與東亞社會」的學術工作坊。基於個人研究側重和興趣，我希望其討論能夠超越傳統中美關係和中國內戰的政治視角，將此議題放到「冷戰」這一更長時段、以及更為廣闊的全球背景之下，同時著重於底層民眾的視角，並聚焦於以往政治史、外交史研究中所忽略的社會文化因素。在中華文明國際研究中心金光耀教授和其他工作人員的大力支持下，工作坊於 2017 年 6 月 16 至 17 日在復旦大學得以成功舉行，十七位來自中國大陸、臺灣、日本、美國的學者參加了為期兩天的會議。

本次與會的這十七位學者中既有專攻中國政治史、國際關係史的教授，也有偏重社會文化史、性別研究的專家；既有首次來華的美國中青年傑出學者，也有 20 世紀 80 年代就已從日本訪華的老朋友。因為地域的跨度和語言的多樣，工作坊採用了中、英、日三種工作語言。在本書收錄的十二篇論文中，有三篇是由外文翻譯而來。在選題上，本書也較常規的論文集更為多元，且都立足於檔案資料，故有相當的學術參考性、對照性和借鑑性。這種多樣性給會議的籌

備、現場溝通和論文集的出版都帶來了一定的挑戰，但我們希望這樣的努力可以讓中文讀者從以下三個方面獲取更多的新視角和新發現。

第一，對於社會文化史的側重，尤其是運用種族、性別、階級等視角和工具分析傳統政治軍事史的課題。比如，暨南大學的張維縝依據青島市警察局的檔案資料，討論了第二次世界大戰後登陸青島的美軍與當地民眾之間的糾葛，以及民眾對於美軍刻板印象的形成。他指出，中共對美軍在青島惡行的宣傳，使得民眾對美軍的不滿開始轉變為反美怒潮。通過對於被稱為「吉普女郎」的中國女性的研究，筆者在論文中探討了駐華美兵與中國女性的親密關係與反美運動、民族主義之間的複雜聯繫，並揭示了性與種族、階級、主權這些敏感因素結合在一起，加之各方的政治操縱，最終導致美軍與中國社會的劇烈衝突。中國人民大學的左承穎和楊雨青著重論述了 1946 年 7 月的「安平事件」，即美國駐華海軍陸戰隊與中共地方部隊在河北安平發生的首次正面武裝衝突。以「安平事件」為中心，她們的文章探討了國共兩黨圍繞美軍駐華問題的論爭、駐華美軍的困境，以及從多方政治角逐到大眾輿論和民眾反美運動的轉變。

第二，對於非傳統政治菁英的個人和群體的關注。比如，南京大學的胡成分析了曾由美國洛克菲勒基金會資助的北京協和醫學院在中華人民共和國成立之後的延續與斷裂。胡成著重於長期以來被稱為「美帝國主義文化侵略的堡壘」的「舊協和」，在被新政權接管之後的「反美主義」的政治氣氛和醫學專業化的浪潮中如何生存、轉化和延續。大阪大學藤目由紀的研究對象是國際民主婦女聯合會及其 1951 年派遣至朝鮮的國際女性調查團。她的文章以調查團成員劉清揚、白朗和李鏗為中心，探討了冷戰高峰時期的中國女性在國際女性運動中所發揮的作用。復旦大學馬建標的文章探討了 1966 年美國參議院舉行的對華聽證會，認為它代表了 1945 年以來美國對冷戰戰略的深度反思。美國的「中國通」利用「中國文化因素」的特殊性教育美國人，試圖調和美國的一元世界觀。南京大學孫揚的論文則探討了在 20 世紀 70 年代中美關係緩和的大背景下，包括楊振寧、李政道、何炳棣等在內的旅美學者對於還處於文革中的中國的訪問。這些學者歸國訪問前後，「保釣運動」和「認祖關社運動」在臺灣和香港引起了巨大反響，而其中一些人也因此被捲入時代政治風浪之中，

他們的經歷折射出海外華人世界的政治生態由此時開始的複雜且深刻的變化。

　　第三，對於全球史視野和比較史方法的運用。本書收錄的論文包含對駐華、駐日、駐韓美軍和駐華蘇軍的不同研究，可以互為參照、多方對話。比如，中國社會科學院的呂迅以1957年的「劉自然事件」（又稱「五‧二四事件」）為中心，探討了駐臺灣美軍與地方社會的緊張關係。居民劉自然被駐臺北美軍顧問團軍士雷諾茲（Robert G. Reynolds）指為偷窺狂，進而遭到槍殺，但雷諾茲最終被宣判無罪，從而引發了一場引起雙方高層重視的暴動。中央研究院張力的文章將時段拉至1972年，透過兩位美國空軍士官因在臺中駐地種植且持有大麻而被捕的事件，對於駐臺美軍的菸毒問題、處理方式以及雙方的複雜關係和微妙互動進行了探討。哥倫比亞大學的莎拉‧考夫納（Sarah Kovner）探討了二戰後的美國如何變換策略以減少日本人對於美軍基地的反抗，並且使其得以存續至今。她指出，儘管1945-1972年間駐日基地的系統發生巨變，然而性暴力卻一直是日本反美運動和政治的核心議題，且此種對於駐日美軍基地的抗議也給日本政治文化本身帶來了深遠的影響。新近美國麥克阿瑟獎獲獎人、威斯康辛大學麥迪遜分校的莫妮卡‧金（Monica Kim）從考察朝鮮戰爭時期的戰俘營和美軍審訊室出發，探討了與爭奪邊界和疆域的常規冷戰戰場不同的另一戰場，即美國自由之戰的精神戰場。通過對於美國戰爭典範的分析，她揭示了美國所謂道德戰爭的話語和現實之間的尖銳矛盾。華南師範大學的左雙文和劉杉將我們的視線轉向了冷戰中的另一主角──蘇聯。在戰後重建的迫切需要的背景下，蘇軍以勝利者和「解放者」的形象進入中國東北，攫取了一切有用的物資，並將其稱之為「戰利品」。他們的文章探討了戰後蘇聯的掠奪政策和蘇軍在東北的各種軍紀問題，以及由此反映出的大國沙文主義和民族利己主義的傾向。

　　復旦大學中華文明國際研究中心的創立旨在「促進不同文明間的交流與對話」。這本論文集既是對於這種理念的具體實踐，也是所有參會者對於冷戰以來全球共有歷史的書寫嘗試。會議結束當晚，我陪幾位遠道而來的外國學者夜遊上海，在黃浦江邊遠眺浦東。我們暢談第二次世界大戰結束以來的中美、中日關係，世界以及女性地位的巨變，有感於在風雲變幻的當下理解交流、共同

敘述、去偽存真的重要性。歷史雖常是勝者所寫，但他者絕非虛空，從未消失，這也正是學者的責任所在。再反觀此次工作坊召開的 2017 年，距今已近六載，東亞地區業已發生了天翻地覆的變化，雖未必稱得上「兵凶戰危」，但各方的「劍拔弩張」大概已無疑問。就連本書的出版也遇到重重困難，一再推遲。以史為鏡，溫故而知新，就像我們今天重讀英國著名作家、《魯濱遜漂流記》（*Robinson Crusoe*）的作者丹尼爾・笛福（Daniel Defoe, 1660-1731）的《瘟疫年紀事》（*A Journal of the Plague Year*），除身臨其境地感受 1665 年倫敦那場奪走十餘萬人生命的大瘟疫所帶來的苦難和不幸，當會更多理解作者一片苦心，即呼籲在極端困難處境下個人、國家和地區之間的理解和溝通。[1] 這當然也與我們今天能否走出「冷戰」、「新冷戰」的陰霾密切相關。

杜春媚
2023 年 4 月 8 日於香港嶺南大學

---

[1] "From the Editor's Desk: Journal of the Plague Year." *American Historical Review* *2020,* 125 (5) pp. xvi-xix.

目次

美軍與青島民眾之糾葛與對美軍負面印象的形成──以青島市警察局檔案為中心的考察

張維縝[*]

關於第二次世界大戰後美軍登陸青島並與青島民眾接觸與互動的情況，國內外學術界有過一些研究。[1] 本文主要以青島市警察局檔案《青島市警察局外交科派駐美憲兵司令部人員一九四八年五月十三日至六月十四日值日簿》[2] 為主要資料來源，闡述美軍與青島民眾之糾葛，並探討青島民眾對美軍的負面印象如何得以產生並強化，以及這種負面印象對中美兩國關係產生的影響。

一、美軍登陸青島與反美之緣起

早在抗日戰爭時期，美國政府就有了將美軍派駐華北的設想。1944 年 12

---

[*] 張維縝，暨南大學歷史系副教授，研究專長為中美關係史、中日關係史和冷戰國際史。

[1] 目前，楊志國是國內外唯一專門以此為研究內容進行系統探討的學者，他在其博士學位論文〈美國海軍在青島：駐軍與民眾的互動、民族主義與中國內戰 1945-1949〉（*U.S. Marines In Qingdao: Military-Civilian Interaction, Nationalism, and China's Civil War, 1945-1949*, PhD dissertation, Maryland, 1998）中運用青島市檔案館部分檔案，探討了美軍與青島民眾的矛盾糾葛。但該文未涉及本文所利用的主體資料，也未具體探討該類矛盾與糾葛所造成的民眾對美軍的負面印象。此外，相關論文還有 Henry I. Shaw, Jr., *The United States Marines in North China 1945-1949*, Historical Branch, Washington, D.C.: G-3 Division Headquarters, U. S. Marine Corps, 1968; Lee Stretton Houchins, *American Naval Involvement in the Chinese Civil War, 1945-1949*, PhD dissertation, The American University, 1971; Edward Marolda, *The U.S. Navy and the Chinese Civil War, 1945-1952*, PhD dissertation, The George Washington University, 1990。拙文〈中國內戰背景下的美國青島駐軍政策〉，《近代史研究》2016 年第 5 期等論文也涉及駐青島美軍問題，但主要是駐軍政策方面的問題，未將美軍與青島民眾的矛盾糾葛作為主要研究內容。

[2] 該份文件的檔案號為 A19-1-878。該文件起止時間為 1948 年 5 月 13 日至 6 月 14 日，這一時期美軍在青島的地位相對穩固，美國國家安全委員會尚未就美軍的撤留問題進行專門討論，駐青美軍的一切活動如常進行，他們與青島民眾的關係也一如平常，因此該份資料在反映美軍與青島民眾關係具有代表性。

月間，中國戰區參謀長魏德邁（Albert Coady Wedemeyer, 1896-1989）向蔣介石提出一項作戰計畫，打算以美國海軍陸戰隊 1 個軍團和中國陸軍 5 個軍的總兵力組建一支中美聯合部隊，在美國第七艦隊的海、空力量支援下，在天津等港口登陸，以便包抄日軍後路，進而隔斷華中日軍與東北日軍的聯繫。蔣介石批准了這一計畫，並囑告有關人員預做籌備。[3]

但很快，隨著赫爾利（Patrick Jay Hurley, 1883-1963）在調停國共矛盾的過程中對國民黨政府的偏袒[4]導致中國共產黨與美國矛盾的激化，以及 1945 年初美軍在太平洋戰場上對日戰事的順利推進，華北沿海的戰略價值大為降低，這一計畫未及實施便告終結。不過，隨著日本的投降，這些戰略要地對國民黨政府而言又有了新的價值。抗戰勝利之初，國民黨主力軍隊大多散布在西北和西南，要迅速進軍華北和東北，一時間存在很大困難。在國共雙方爭相向東北進軍的態勢下，國民黨軍隊進展十分緩慢，這種差距迫使蔣介石希望美國軍隊直接出兵占領華北沿海地區的大中城鎮及重要交通幹線，同時希望美國的艦機能夠幫助國民黨政府向華北及東北運輸兵員。

實際上，杜魯門（Harry S. Truman, 1884-1972）對此也看得非常清楚：

> 事實是很清楚地擺在我們面前，假如我們讓日本人立即放下他們的武器，並且向海邊開去，那麼整個中國就將被共產黨人拿過去。因此我們就必須採取異乎尋常的步驟，利用敵人來做守備隊，直到我們能將國民黨的軍隊空運到華南，並將海軍調去保衛海港為止。[5]

---

[3] 杜建時：〈從接收天津到垮臺〉，載中國人民政治協商會議天津市委員會文史資料研究委員會編：《天津文史資料選輯》第 5 輯，天津人民出版社 1979 年版，第 10 頁。

[4] 如 1944 年底赫爾利在國共之間談判的五條協定草案問題上偏袒國民黨政府，乃至引起了毛澤東的不滿，參見〈關於同國民黨談判的原則立場的指示（1944 年 12 月 12 日毛澤東、周恩來致王若飛電）〉，載中央檔案館編：《中共中央文件選集（1943-1944）》第 14 冊，北京：中共中央黨校出版社 1992 年版，第 412 頁；再如 1945 年 4 月因赫爾利在華盛頓記者招待會對中共指責的講話，令中共與美國政府的關係更趨惡化，到了 7 月份中共甚至還限制美軍觀察組和中美合辦的特種突擊隊的活動，參見〈軍委關於美國對華的反動政策及我之對策的指示（1945 年 7 月 7 日）〉，載中央檔案館編：《中共中央文件選集（1945）》第 15 冊，中央黨校出版社 1992 年版，第 179-180 頁。

[5] [美] 杜魯門：《杜魯門回憶錄》下卷，東方出版社 2007 年版，第 76 頁。

在這些港口要地中，青島有其獨特的戰略價值。其位於膠東半島，東西南三面環海，北有嶗山、靈山、馬山，西望薛家島、黃島、陰島等地，皆可為天然屏障。此外，青島扼膠州灣之咽喉，港闊水深，係一天然的軍事和商業良港。青島交通便利，通過海運可直達大連、天津、上海等地，通過鐵路與公路可直接與濟南、煙臺等地相通，通過航空可到北平、天津、太原、上海、南京等地。從地區戰略格局來看，青島作為西太平洋地區的重要港口，其戰略輻射範圍可及蘇聯、朝鮮、韓國、日本及菲律賓等地。因此，青島戰略地位極為重要。

鑑於其地位的重要性，戰後美國政府藉口幫助國民黨軍隊受降與遣返日俘，派遣美軍登陸青島。1945 年 9 月 16 日美國軍艦戰後首次開進青島，10 月 11 日美國海軍陸戰隊第六師在謝勃爾少將（Lemuel C. Shepherd Jr., 1896-1990）率領下於青島登陸。[6] 到當年的 10 月 30 日，美軍登陸士兵已達兩萬人，其在青島的軍事單位總共有第七艦隊司令部、海軍陸戰隊、海軍陸戰隊憲兵司令部、海軍巡邏隊等 11 個之多。由此，青島儼然成了戰後初期美國在西太平洋地區最重要的海軍基地。

美軍登陸青島後，中國共產黨鑑於自身實力較弱，只好暫時放棄了解放青島的意圖，轉而採取「隱蔽精幹，長期埋伏，積蓄力量，以待時機」的方針。[7] 但中國共產黨對放棄青島心有不甘，從 1945 年 11 月起便對美軍展開宣傳攻勢。[8] 這些宣傳雖不能對美軍之駐紮青島產生實質性的影響，但卻容易使民眾對美軍產生負面印象。

美國在青島駐軍不但影響了中國國內政局，而且還有制衡蘇聯在大連及旅順勢力的戰略考慮。無論是在蘇、美兩國莫斯科外長會議上，還是在聯合國內，蘇聯均督促美國從青島等地撤軍，因為在蘇聯看來，美國在華北的駐軍已涉嫌鎮壓民族獨立運動與干涉中國內部事務。[9] 1946 年 12 月 25 日沈崇事件爆發，

---

[6] U.S. Department of State, *Foreign Relations of the United States, 1948, The Far East: China*, United States Government Printing Office, 1948, p.308.

[7] 中共青島市委黨史資料徵委會辦公室、青島市博物館編：《青島黨史資料》第 4 輯，青島出版社 1989 年版，第 3 頁。

[8] 〈中央宣傳部關於開展揭露美蔣進攻解放區的宣傳攻勢致各地電（1945 年 11 月 4 日）〉，載《中共中央文件選集》第 15 冊（1945），第 406-407 頁。

[9] U.S. Department of State, *Foreign Relations of the United States, 1946, General:*

中國共產黨於 1946 年 12 月 31 日發動了全國規模的遊行示威，以促使美軍全部撤離中國，反對美國干涉中國內政。[10] 青島學生立即響應，發出了「要求美軍撤出中國」的吼聲。1947 年 1 月 4 日，山東大學[11] 全體學生冒雨集會，響應全國學生，抗議美軍在北平的暴行。與會學生一致決議罷課、遊行示威，併發《告青島民眾及全國同胞書》。後因該校訓導長的阻撓，罷課、遊行示威未能舉行，不過「要求美軍退出中國」之呼聲仍被印於告書中，傳遍全市。[12] 山大學生此舉表達了對美國政府駐軍政策之不滿，是為青島地區民眾反美運動之始。

二、美軍與青島民眾之糾葛與美軍負面印象的初步形成

第二次世界大戰後，處理駐華美軍的重要法律依據為 1943 年 5 月 21 日簽訂的《關於處理在華美軍人員刑事案件換文》，這一法律文件的產生與中美在反法西斯戰爭中的密切合作相關。隨著珍珠港事件後中美的聯合抗日，大批美國軍人開始進入中國。他們在幫助中國抗擊日軍侵略的同時，也經常出現違法亂紀的行為，這成為亟待解決的問題。1943 年 1 月 11 日，在中美之間簽訂《關於取消美國在華治外法權及處理有關問題之條約》、中國獲得了法律意義上的獨立地位後，兩國開始著手解決這一問題。1943 年 5 月 21 日，中美兩國政府在重慶簽訂了《關於處理在華美軍人員刑事案件換文》，其中規定：

> 查美國政府之意願，係於此次對共同敵人作戰存續期內，凡美國海陸軍人員，如或在中國觸犯刑事罪款，應由該軍軍事法庭及軍事當局單獨裁判。[13]

The United Nations, p.915.

[10] 〈中央關於在各大城市組織群眾響應北平學生運動的指示（1946 年 12 月 31 日）〉，載中共北京市委黨史研究室編：《抗議美軍駐華暴行運動資料彙編》，北京大學出版社 1989 年版，第 3 頁。

[11] 當時國立山東大學在青島，1952 年院系調整後主體才遷往濟南。

[12] 中共青島市委黨史資料徵委會辦公室、青島市博物館編：《青島黨史資料》第 4 輯，第 192 頁。

[13] 王鐵崖編：《中外舊約章彙編》第 3 冊，生活 · 讀書 · 新知三聯書店 1962 年版，第 1273 頁。

雖然該換文還規定在特殊條件下，違法美軍可由中國當局審理，但是從後來的事實來看，這一規定形同虛設。而且即便是由美軍事法庭及軍事當局審理，處理的結果也往往讓中國民眾很不滿意。在美軍與中國民眾的接觸中，美軍的違法亂紀行為儘管程度不太嚴重，但數量不少，這激起了部分中國民眾的不滿。當然，情況比較複雜，並非所有的糾紛皆為美軍錯誤所致，這在美軍與青島民眾的糾葛中有著鮮明的體現。

筆者的外祖父袁文浩與叔外公袁文全建國前曾經在青島市警察局任職[14]，他們對當時的美軍與青島民眾的衝突另有一番解釋，他們認為駐青美軍與當地民眾的衝突與矛盾並不突出，這是因為一則美軍數量不太多，加之語言障礙，故與普通民眾接觸較少；二則駐青島美軍憲兵司令部對不法美軍約束較嚴，使其有不小的顧忌。駐青美軍給他們留下的總體印象是既「憨」且「傲」，也許正是由於其骨子裡的「傲」才導致了美軍與當地民眾的零星衝突。雖然兩位親歷者對美軍與民眾的糾葛如此解釋，但是從現有的檔案資料來看，兩者之間的矛盾糾葛數量不算太少。概而言之，美軍與青島民眾的糾葛主要有盜竊、傷害（如毆打、槍擊、交通肇事等）、車資糾紛、嫖娼等。

從盜竊方面而言，從筆者掌握的資料來看，主要是少數青島民眾盜竊美軍的物資，美軍在處理此類事件時，如當場發現，大多會對當事者或打或槍擊。如事後發現，一般也會追查到底。當然，還有很多情況下，失竊物品搜尋無果。大學路美軍兵營於 1948 年 5 月 12 日下午 11 時至 13 日上午 6 時 30 分之間，大學路美兵營無線電臺附近發生物品被竊案一宗，計為克瑞斯基（Crasky）牌、淺黃色、4 尺高 3 尺寬、18 英寸深、12 磅重無線電播音器一個，價值約合美金 1,500 元。5 月 13 日 6 時 30 分在湖南路美國小學校內發生物品被竊案一宗，計為 620 照相機一個、黑色軍官上衣一件、電剃刀一把、毯子一條。事後，駐青島美憲兵司令部將此案件報給青島市警察局，青島市警察局長黃佑下令四滄分局查緝此案。[15] 該案最終不了了之，但值得注意的是，失竊物品中竟然包括

---

[14] 具體內容可參見青島市警察局檔案，青島市檔案館：《關於參加第四期調訓學警□□□□暨未受警察教育之現任警士袁文全等□□表》，檔案號 A19-3-256。

[15] 青島市檔案館：《大學路美軍兵營被竊物品案》，檔案號 A0019-003-00354。

無線電器材，這讓美軍方及青島市警察局相當緊張，因為該器材可能會落入中國共產黨手中而作情報戰之用。事實證明，這種擔心絕非杞人憂天，據戰後初期在青島堅持情報鬥爭的中共地下黨員吳榮森回憶，為了解決無線電臺零部件短缺的問題，他每逢星期天就帶上萬用表到禮拜集市去轉，也經常去市場三路集市轉轉。那些地方到處有從美軍兵營中偷出的東西，五花八門，在集市上出售，國民黨青島當局很難控制，因而在那兒採購比較安全。趕禮拜集在當時也是業餘無線電界人士的嗜好，所以不會被別人注意。而他每當趕集時，碰到所需零部件，測試好就買下來，天長日久購置了不少收報和發射機用的器材，足夠組裝幾部電臺使用。[16]

　　5月25日，李清和因盜竊美軍兩個小圓形鐘錶、白絨衣褲褂各一件及一雙毛絨襪子，被美軍打傷，李頭部被打腫，腿部也被打跛。值班警士耿嘉賓將該犯帶回，贓物由美憲兵帶回。[17] 不過李清和還算是比較幸運的，1946年10月18日晚，許多中國孩子在美國軍艦上盜竊物品時，被美軍發覺後連開數槍，其中一個當場喪命。[18] 當然，此案發生的地點較為特殊，按照規定美軍可以開槍（儘管不一定非置涉事孩子於死地不可）。

　　早在1947年3月30日，美軍因車資問題而刺殺蘇明誠一事[19]，成為當時青島轟動一時的事件，事後該事件以美方賠償蘇明誠家人而完結。[20] 除此之外，美軍與青島民眾的糾紛中，並未出現如此惡劣的傷害事件，但衝突卻時常出現。1948年5月15日下午15時在大港二號碼頭，苦力李保林與美軍發生衝突被打傷。據美方稱，李保林當時進入美軍之警戒線內，執勤衛兵令其離開此地，

---

[16] 吳榮森：〈青島解放鬥爭中的電波戰〉，載中共青島市委黨史資料徵委會辦公室、青島市博物館編：《青島黨史資料》第5輯，青島出版社1989年版，第524頁。

[17] 青島市檔案館：《青島市警察局外事科派駐美憲兵司令部人員一九四八年五月十三日至六月十四日值日簿》，檔案號A0019-001-00878。

[18] 青島市檔案館：《關於中國小孩到美軍艦盜竊被美兵擊斃事宜的簽呈》，檔案號B33-1-300。

[19] 1947年3月30日，美兵阿必拉‧白羅德（Abiro Bedro）坐人力車至廣西路第一旅社舞廳，下車後不付車資，直入舞廳，人力車夫蘇明誠向其索取車資，該美兵竟拔出佩刀刺死蘇明誠，此事引起了青島各階層民眾的強烈不滿，是為蘇明誠事件。

[20] 山東省地方史志編纂委員會編：《山東省志‧外事志》，山東人民出版社1998年版，第626-627頁。

該李保林不但不聽，反將頭向該衛兵伸去，被美衛誤將其頭部打傷。但據李保林稱，他意欲至海岸邊小便，見美軍紅十字船上有很多美兵，未及小便即返回，此時便有一個美兵追上拋了一條大棒，將他的頭打破。李保林經美方治療後，仍堅持要與美方訴訟，警察感到很難理解，於是便備文連同李保林一併送外事科處理。[21]

由於美軍經常光顧舞廳，因此舞廳也偶爾會成為衝突的場所。5月17日晚上，在青島市第一舞廳工作的舞女冷某霞被一名美兵毆傷，據冷本人稱，該美兵是她的熟客，因今天她同其他美兵飲酒，該美兵妒火中燒，大肆宣傳她如何不好，故雙方發生爭吵，致互扭成團，雙方均受輕傷（冷受傷較重）。但美兵卻稱，他前曾被要挾，冷將他的年錶拿去，現在他欲追回。冷某霞則稱，錶是該美兵送給她的，美兵若要錶，則要賠償她今晚的損失費。經警察同美方從中調解，雙方均各自表示不再追究。[22]

部分美軍有酗酒之惡習，這成為他們滋事傷人的重要原因。如1948年5月29日下午5時許，洋車（又稱黃包車——引者注）夫徐文宗被兩名美軍打傷。據徐本人稱，當時他在浙江路坐在洋車上等座，有兩名美軍喝醉了酒，進入浙江路1號搗亂，他被驅逐出來，並被他們打了一皮帶。徐立即跑到馬路西邊，但又被他們趕上用腿打倒在地上。徐文宗臉上受了傷，右小臂被刺了一刀。事後，徐被送到大學路醫院上藥，肇事美兵問訊完畢後拘押。[23]

此外，尚有不少的交通肇事案例，有些責任難辨，有些則為當地民眾不遵守交通規則所致。如1948年6月3日上午10時30分，孫均平騎輛腳踏車沿著湖南路靠右邊向東走，在湖南路美兵營門前，忽有一輛美軍用車（司機姓名Kendrick Roverth）由東向西走，速度很快。孫便將車立即停下，遂又被美軍撞上，將其腳踏車前輪及鐵杆撞壞，孫的腿部有輕傷。隨後美方將孫均平傷處擦

---

[21] 青島市檔案館：《青島市警察局外事科派駐美憲兵司令部人員一九四八年五月十三日至六月十四日值日簿》，檔案號 A0019-001-00878。

[22] 青島市檔案館：《青島市警察局外事科派駐美憲兵司令部人員一九四八年五月十三日至六月十四日值日簿》，檔案號 A0019-001-00878。

[23] 青島市檔案館：《青島市警察局外事科派駐美憲兵司令部人員一九四八年五月十三日至六月十四日值日簿》，檔案號 A0019-001-00878。

藥治療，據美方負責該事務的憲兵豪斯稱，孫可在兩星期後再去警察局辦理。[24]
就在此事發生的前一天，有一名叫張玉擇的市民，在下午 1 時 30 分左右騎腳踏車由京山路向西南行，將近棲霞路口時，張玉擇拐向棲霞路，當時應大轉彎，但張玉擇想抄近路走小轉彎，致撞於棲霞路向西行駛之吉普車上，將車前圈撞曲。張自認錯走路線，甘願具結。[25]

部分美軍在沒有軍用吉普車的情況下，會乘坐人力車夫的洋車或出租汽車出行，雙方因車資問題經常會發生糾紛，有時一天會發生數起。1948 年 5 月 31 日晚，汽車夫程岱福由湖南路載一名美兵到匯泉去，回來又到冠縣路膠東酒吧，復又回到美軍青年會，約經兩小時之久，只給程兩角錢，程要一元，他不但不給，還想毆打程。經當值警員俞起業前去交涉，美憲兵克雷馬（Creamer）令該美兵付五角錢，該車夫表示接受。[26] 有趣的是，在程岱福報案之前，警察局已經處理了一起因車資問題引發的糾紛案，不過這次糾紛案的責任在中國人力車夫一方。有洋車夫韋富余於當晚 5 時 40 分由湖南路拉一名美兵到魚山路去，下車後該美兵付兩角錢，但韋富余還嫌少，故要一元錢，於是該美兵便帶該車夫到美憲兵司令部來。據克雷馬稱：「從湖北路到魚山路不過 30 分鐘，兩角錢亦太多，照規定一角錢足夠，現在一分錢也沒有。」該車夫聽了心裡非常慚愧，甘願放棄車資。[27]

從現有的資料可以發現，這類糾紛的出現主要是由於美兵少付車資，甚至不付車資，這引起了中國車夫的不滿，雙方矛盾的激化一度引起了較大的衝突。除了蘇明成案之外，1947 年雙方還發生過一起較大的衝突。1947 年 9 月 24 日，在湖北路美國海軍士兵俱樂部門前，因美軍未付車資，引發眾多人力車夫以石塊、棍棒襲擊乘車的美軍。此事件甚至驚動了美國海軍西太平洋部隊

---

[24] 青島市檔案館：《青島市警察局外事科派駐美憲兵司令部人員一九四八年五月十三日至六月十四日值日簿》，檔案號 A0019-001-00878。

[25] 青島市檔案館：《青島市警察局外事科派駐美憲兵司令部人員一九四八年五月十三日至六月十四日值日簿》，檔案號 A0019-001-00878。

[26] 青島市檔案館：《青島市警察局外事科派駐美憲兵司令部人員一九四八年五月十三日至六月十四日值日簿》，檔案號 A0019-001-00878。

[27] 青島市檔案館：《青島市警察局外事科派駐美憲兵司令部人員一九四八年五月十三日至六月十四日值日簿》，檔案號 A0019-001-00878。

司令柯克（Admiral Charles M. Cooke, 1886-1970），他親自致函青島市政府，認為這一事件嚴重損害美軍與華人的「友好」關係，同時他對警察未及時制止鬥毆行為表示遺憾。[28] 其實，戰後中華民國政府早就針對美軍與民眾的衝突事件給地方政府下達過指示，行政院長宋子文於 1947 年 1 月初在給駐華美軍所在地政府的訓令中提到：

> 駐華美軍……此後如有與當地人民發生任何糾紛事件，應即由當地省市政府就地負責妥慎迅速處理，切勿拖延。[29]

　　駐紮青島之美軍，遠離故土，久而久之不免會孤獨狂躁，進而會有意去尋求刺激以獲得暫時的滿足，他們往往出入酒吧等場所飲酒，其中有很多借與酒吧女招待接觸之機嫖娼。出於維持軍紀及保護士兵健康的考慮，駐青島美軍憲兵司令部規定美軍不得出入酒肆等場所嫖娼，但這些規定約束不了駐青美軍，在青島市警察局檔案文件中，此種違紀行為比比皆是。

　　5 月 21 日，應美方之約，警員石佳馨、王繼祖會同美憲兵赴廣州路 89 號查訪暗娼酒吧。由於酒吧內部人員在警員臨近時聽到風聲，紛紛逃匿，當警察至該酒吧時，室內已空無一人，訊問多時亦無人應。正在憂疑嫌奇之際，王繼祖在床底下找出一名叫李某某的暗娼女子，經訊問後又由後樓梯底下找出美兵一名，當即連同鋪上睡覺女子王某某、蘇某某一併帶走。適下樓之際，忽由樓下闖上一人，攔住警員，大喊不准帶人。該人自稱名叫蘇明良，在美國海軍造船所工作（技師），稱兩個女人是其妻子和妹妹，不准帶走。警員等見其態度蠻橫，無禮不可細講，於是一併帶到外事科。警員在蘇明亮（原文如此，應為良——引者注）身上搜出春宮照片 12 張、保險套 13 個、酒吧名片 8 張。[30] 此事足以表明，部分酒吧私下為駐青美軍提供性服務，其服務已經較為完善。

---

[28] 青島市檔案館：《關於人力車夫毆擊美軍卡車士兵的訓令》，檔案號 B24-1-498-86。

[29] 青島市檔案館：《關於各城市地方人民與美軍發生糾紛事件應由省市政府處理的訓令》，檔案號 B24-1-498-81。

[30] 青島市檔案館：《青島市警察局外事科派駐美憲兵司令部人員一九四八年五月十三日至六月十四日值日簿》，檔案號 A0019-001-00878。

也有些酒吧，因無女招待竟然受到美軍的刁難。5月25日晚，兩名美兵闖入高密路9號酒吧，強要姑娘，因沒有姑娘，美兵生氣不走。警員俞起業、王繼祖會同美憲兵司令部巡邏組成員丹戈姆（Duggm）前往將這兩名美兵捉住，但一名美兵乘機逃走，剩下一名被帶到外事科由美方申誡，該美兵後被釋放。[31]

此外，提供性服務的不光有中國女人，還有蘇聯女人。如1948年5月31日，警員郝芳佳在會同美憲兵數人抓捕兩名犯罪美軍途中，於太平角一路14號發現另有一名美海軍正與一名蘇聯女人野合，美兵交由美憲兵處理，郝芳佳欲帶回該女人，但該女人不但不來，而且無禮謾罵。據鄰人稱，該蘇聯女人有精神病，而且很窮，三天前曾投海，幸被救出，現乃以娼妓為生，近來她因為沒有褲子穿，故每天躺在床上。後來，警員俞起業又會同美憲兵將該女帶回外事科處理。[32]

從以上具體事實可知，美軍與青島民眾在實際接觸中，有不少糾紛衝突。但這並非他們之間關係的主流，實際上就全體青島民眾而言，與美軍的接觸並不多。不過在內戰時期，中國共產黨為了使美軍退出中國，開始在《解放日報》、《新華日報》、《人民日報》、《大眾報》、《大眾日報》等報紙不斷揭露駐青島美軍的不端行為，以便引導國內外輿論，給駐青美軍施加壓力。如《解放日報》在1946年10月23日報導，駐青美軍自1945年10月至1946年6月，引起槍擊及衝撞市民致死者案42起，包括槍殺王守信等槍擊案19件，吉普車壓死劉秀珍等衝撞案23件，另有一件美機降落撞死市民的案件。該報還稱，據不完全統計，自1945年10月至1946年9月的11個月內，在青島美軍暴行下死傷華人共在百起以上。「例如去年十月，李村一寡婦，被美兵拉上美艦輪姦致死。同日黃島一舢板，被軍艦撞沉，淹死五人」[33]。依照中國的傳統，侮辱女人最不能為人所容忍，一次致死五人的事件也足以令人震驚。所以，這種

---

[31] 青島市檔案館：《青島市警察局外事科派駐美憲兵司令部人員一九四八年五月十三日至六月十四日值日簿》，檔案號 A0019-001-00878。

[32] 青島市檔案館：《青島市警察局外事科派駐美憲兵司令部人員一九四八年五月十三日至六月十四日值日簿》，檔案號 A0019-001-00878。

[33] 〈各地美軍暴行錄〉，《解放日報》1946年10月23日，第1版。

宣傳對青島民眾的心理震撼可想而知，隨著這種報導的增多，受影響的民眾數量增加，影響程度也會提高。

當時，中國共產黨還揭露國民黨政府出賣主權的行為，展現其對駐青美軍之包庇，從而降低國民黨政府執政的合法性，民眾對國民黨政府失望厭惡的同時，對美軍的負面印象也加深了。如《大眾報》1948 年 7 月 6 日報導，由於蔣介石的賣國，「青島現已變成十足的美國殖民地，該市全市大部分地區為美軍直接控制」。該報還提到，「駐青美軍經常在市內舉行實彈演習；恣意虐殺中國居民；任意檢查中國商號、住宅；強姦中國婦女，強迫酒吧間女招待向美軍呈繳照片；汽車隨意撞死人；無故開槍打死人；將中國人捕去施以電刑取樂；甚至扣押蔣軍士兵做苦工，無惡不作」。該報還認為，「青市蔣當局對美軍暴行皆採包庇態度，並允許美軍出事由美方單方處理」。[34]

此外，中國共產黨還通過發動學生（主要是山東大學學生）運動的方式，對駐青美軍施加壓力，在這一過程中學生通過集會、演講和發傳單等方式，進一步揭露了駐青美軍的不端行為。據當時在山大就讀的中共地下黨成員宋魯（原名孫思孌——引者注）回憶，他在 1946 年 8 月便在黨組織的安排下，放棄了北師大學籍，回山大重讀一年級。在讀期間，組織了《青年新報》社，利用報紙揭露美蔣「勾結」的行為。宋魯還透露，沈崇案後青島的第一次反美怒潮和司徒雷登（John Leighton Stuart, 1876-1962）1947 年 5 月初赴青島後出現的第二次反美怒潮（主要是要求美軍交還占據的山大校舍和嚴懲刺死蘇明成的兇手——引者注），都是在黨組織的指示下，通過山大學生自治會來組織發動的。[35]

總之，到青島解放前夕，通過與美軍接觸的不快經歷與宣傳的影響，民眾對美軍「無惡不作」「殘暴不仁」的負面印象初步形成。

---

[34] 〈蔣賊連續賣國結果，青島變為美帝殖民地，市民反抗美軍暴行日益激烈〉，載中共青島市委黨史資料徵委會辦公室、青島市博物館編：《青島黨史資料》第 5 輯，第 65 頁。

[35] 宋魯：〈山東大學地下工作回憶〉，載中共青島市委黨史資料徵委會辦公室、青島市博物館編：《青島黨史資料》第 5 輯，第 497-498 頁。

三、宣傳與負面印象的加強及其影響

　　1949 年 6 月 2 日，美軍撤離青島內海，同一天中國共產黨也在青即戰役中獲勝，青島迎來了新的歷史時期。在 1950 年初之前，美國駐青島「總領事」尚留在青島，企圖與新政權建立關係，並在中蘇之間實行「楔子戰略」。但在中國「一邊倒」政策實施後，這種企圖便失去了基礎。值得注意的是，這一時期青島軍管會外僑事務處在稱呼美國時，大多使用「美帝」這一稱謂。在度過了幾個月的鬱悶時光後，最後一任「總領事」郝思恩（Carl O. Hawthorn）被迫關閉「總領事館」，並於 1950 年 1 月 23 日乘飛箭號貨輪離青赴日。[36]

　　雖然中華人民共和國成立後，中美之間的關係發生了較大的變化，但是在朝鮮戰爭爆發之前，雙方的關係尚未完全惡化，經貿等關係還繼續得以維持。然而，隨著朝鮮戰爭的爆發，中美在朝鮮戰場兵戎相見，同時美國第七艦隊又暫時打斷了臺灣解放的進程，雙方的關係大大惡化。在此情況下，為了揭露美國的惡行，中國的媒體便開始大力批判美國，不但批判美國侵略朝鮮的行為，而且將美國在中美兩國關係史上的行為定性為「侵略」而大加批判。這一時期，新華社與《人民日報》等官方媒體大量報導「美帝國主義」在中國犯下的「罪行」。為數眾多的批判「美帝國主義侵華史」的書籍（有很多實際上是小冊子）也如雨後春筍般出版，這些政治性很強的書籍尤其在廣大學生和知識分子當中產生了強烈的震撼，使其頭腦中對美軍的刻板印象得以固化，並逐漸產生了強烈的反美情緒。

　　有一個現象頗值得玩味。其實早在 1946 年，中國共產黨便出版了批判駐華美軍的書籍，分別是晉冀魯豫邊區政府編的《美軍在華暴行錄》（出版地不詳，晉冀魯豫邊區政府 1946 年版）以及冀南書店編的《駐華美軍暴行錄》（冀南書店 1946 年版）。1947 年又出版了一批同類書籍，如《美兵滾出去》（作者、出版地不詳，愛國運動出版社 1947 年版）、《蔣介石賣國真相》（方克編著，

---

[36] 中華人民共和國外交部檔案館：《青島市外僑處關於前美國總領事郝思恩回國報告》，檔案號 118-00058-01。

東北書店 1947 年版）等。但 1948-1949 年這兩年間，中國共產黨很少再出版類似的書籍。這說明在 1948 年以後，在駐華美軍大幅縮減以及內戰大局基本確定的情況下，中國共產黨對美軍問題採取了暫時擱置的策略。

但是朝鮮戰爭改變了這一切。從 1950 年開始，類似的出版物又開始在中國湧現，並在朝鮮戰爭期間達到一個高潮。這些出版物的內容多出自《人民日報》以及新華社電訊稿等，包括新華時事叢刊社編的《美軍在華暴行錄》（人民出版社 1950 年版）、榮群編撰的《美軍在華暴行》（東北人民出版社 1951 年版）等。一本朝鮮戰爭時期出版的名為《美軍駐華時期的血債》的書，列舉了美軍在北平、天津、上海、南京、青島、昆明、漢口等地欠下的「血債」。其中對北平、天津、上海三地的美軍「暴行」批判較多，而提及青島等地的內容較少。當然，內容少並不表明批判力度小。在提到美軍在青島的「暴行」時，書中也強烈批判了美軍在青島強姦婦女、駕車肇事撞人、槍殺民眾的行為，統計數字觸目驚心。書中提到，根據接收的國民黨青島市警察局的案卷材料，從 1948 年 1 月到 1949 年 5 月共 17 個月的不完全統計，「慘遭美軍殺害的市民即有四十六人。其中用槍打死的是十三人，用刀刺死的二人，汽車撞死的三十一人。受傷的市民達二百八十二人之多」[37]。

這些宣傳性質的書籍，在那個特殊的時期，對激起全國人民的反美情緒起了較大的作用。對青島民眾而言，數年的親身經歷使得他們比全國大多數民眾更易接受這種宣傳。此後，一直到 20 世紀 70 年代初中美關係改善之前，國內的這類反美宣傳一直不斷。這種宣傳使得青島民眾對美軍的負面印象進一步加固，其影響也超越了那個時代。

1986 年 11 月 5 日，三艘美國軍艦訪問青島，這也是時隔 37 年後美國軍艦首次訪問中國大陸。雖是故地，卻已經歷滄桑巨變。最明顯的是每位美軍士兵手中都有一本名為《海員中國自由行指南》，裡面有一些警示性的提醒，如中國沒有酒吧女，在中國飲酒要有克制。此外，《紐約時報》（The New York Times）記者還採訪了一些青島市民，結果發現年長者對當年駐紮青島的美軍

---

[37] 作者不詳：《美軍駐華時期的血債》，人民出版社（出版時間不詳），第 52-56 頁。

沒有多少好感。其中一名姓梁的 79 歲老人，在中山路看到美國海軍時，被勾起了對往事的回憶。他認為「中山路當時是美國人的世界」，「很多事情都發生在那裡，他們（指美國海軍——引者注）購物時給我們美元，我們也收他們美元」。即使是年輕人，對駐青美軍的集體記憶也基本是不好的。有一名叫湯廷興（音譯）的 39 歲船塢工認為：「那些美國人，他們強搶婦女，不守交規。」不過當湯廷興站在海軍大院門口等待目睹美軍路過時，卻對美艦此次訪問表示興奮，認為「這是一件大事」。[38] 從《紐約時報》的報導可以看出，雖然時隔 37 年，且當時中美之間已經形成了針對蘇聯的「準盟友」關係，但是普通青島市民對駐青美軍的負面印象仍未消除。

毋庸諱言，年青一代對美軍的印象受長輩以及媒體的影響，該影響短時間之內很難消除。在當時的歷史條件下，這種現象有利於提高民眾的凝聚力，使中國共產黨得到人民的擁護。在批判駐青美軍、美國政府以及國民黨政府的同時，新政權以人民解放者的形象出現，更容易得到廣大人民群眾的支持，從而提高民眾的凝聚力，強化自身執政的合法性。

戰後初期，美軍在青島之醜惡行為，以及中國共產黨對美軍的宣傳揭露共同造成了青島民眾對美軍「無惡不作」、「殘暴不仁」的負面印象，這種負面印象經過朝鮮戰爭及後來長期的宣傳得以強化。這種現象有利於加強民眾的反美情緒，從而愈加擁護趕走駐華美軍、解放全國人民的中國共產黨。但此種現象也有某些負面影響，即如不加以適當的引導，可能會影響到對中美關係的全面理解，進而可能會影響到雙方關係的健康發展。

---

[38] "After a 37-Year Absence U.S. Vessels Visit China", *New York Times*, Nov. 6, 1986, A1.

「吉普女郎」在中國

杜春媚[*]

　　1945 年日本投降後的短短幾個月內，美軍從太平洋戰場進入中國，最高點時有超過 10 萬的美國軍事人員駐紮在包括重慶、昆明、青島、上海、南京、天津、北平等在內的各大城市以及華北的部分農村，由此與中國社會產生了親密直接的聯繫。與駐歐、駐日美軍相比，駐華美軍的人數似乎微不足道，而且這段短暫的駐紮不久便以中國共產黨的勝利、美軍撤出的方式結束，至今幾被遺忘。然而，如此大規模和深度的個體之間的交往，在中美交往史上實屬首次。同時，這段充滿了衝突和無奈的歷史，對中國人的美國觀和民族主義的建構也產生了極其深遠的影響。本文通過對於被稱為「吉普女郎」的中國女性的歷史現象和公共話語的分析，探究性關係與反美運動和中國民族主義之間的複雜關聯。

一、駐華美軍的歷史

　　駐華美軍的數量在各個時期有所變化。太平洋戰爭爆發前，在華常駐美軍總數為 4,000 至 5,000 人，其中比較著名的有長江巡邏艦隊（Yangtze Patrol）、北京使館衛隊（Legation Guard）和長期駐紮上海的「駐華海軍陸戰隊」（China Marines）。[1] 第二次世界大戰期間，駐華美軍大約有幾萬人，除了為人所熟知的陸軍航空兵部隊以外，大多是空運部隊、地面保障和地面後勤部隊，以及各

[*]　杜春媚，香港嶺南大學歷史系副教授，主要從事中國近現代思想史、文化史的研究。本文研究曾獲復旦大學中華文明國際研究中心、南京大學學衡研究院和美國西肯塔基州立大學的資助，在此致謝。

[1]　參見阮家新：〈抗戰時期駐華美軍部署及作戰概況——兼談中國戰區在美國戰略棋盤上的地位〉，《抗日戰爭研究》2007 年第 3 期；Katherine K. Reist, "The American Military Advisory Missions to China, 1945-1949," *The Journal of Military History*, 2013, 77 (4), pp.1379-1398。"China Marines" 有時狹義上專指駐紮上海的部隊，有時廣義上指所有的駐華海軍陸戰隊成員。

類軍事顧問，並沒有派遣編制內的地面作戰部隊。美軍的航空作戰部隊彌補了中國空軍的嚴重不足，其空運部隊的「駝峰運輸」，對極端困難的中國抗戰起到了輸血的作用。1945年日本投降以後，隨著美國海軍和海軍陸戰隊從太平洋戰場進入中國，駐華美軍達到了歷史最高點的11.3萬人。其中一個重要的分水嶺就是5萬多人的美國海軍陸戰隊第三兩棲軍（IIIAC，全稱U.S. Third Amphibious Corps）在華北登陸，主要包括後來駐紮在天津、北平和秦皇島的海軍陸戰隊第一陸戰師和駐紮在青島的海軍陸戰隊第六陸戰師。同時，美國海軍第七艦隊在包括青島在內的中國沿海城市設立基地。[2] 除了解除日軍武裝、遣返超過百萬投降日軍和日僑之外，這一時期的美軍也幫助國民政府運送軍隊到華北、東北等地，從而直接和間接地介入了中國內戰。

第二次世界大戰剛結束時，美國作為「解放者」的形象深入人心。在夾道歡迎登陸美軍的淪陷區市民心中，這些從太平洋戰場來到中國的美軍是以「飛虎隊」為代表的「解放者」，是中國抗戰勝利的「恩人」。然而僅僅幾個月後，這種英雄形象就發生了180度的轉變。當時的新聞報導和政府公文中，充斥著美兵醉酒、賭博、嫖娼、侵犯良家婦女、頻繁交通肇事傷人、進行黑市交易的紀錄。戰後美兵和中國平民的日常交往產生了種種衝突，這種近距離的接觸迅速扭轉了普通市民對於美國的認知。同時，由於「治外法權」的保護，美兵不為中國法律所束縛，而美國軍事法庭對於肇事美軍又大多予以輕判，這也導致了包括親美自由主義者在內的中國知識分子的不滿和抗議。可以說，中美蜜月期的結束和中國反美話語的建構，並非始於1949年中國共產黨的勝利，更非朝鮮戰爭的爆發，而早在第二次世界大戰結束時就已拉開序幕。代表著民主自由理想主義的美國由此被拉下神壇，美軍形象從「解放者」變成了「帝國主義的侵略者」。

美軍與中國社會的直接交往和密切關係給當時的中美關係帶來了深遠的影響，它不僅直接導致了普通市民甚至知識分子的「從友邦到仇敵」的美國觀

---

[2] Xixiao Guo, "The Anticlimax of an Ill-started Sino-American Encounter", *Modern Asian Studies*, 2001, 35 (1), p.27; Henry I. Shaw, *The United States Marines in North China, 1945-1949*, Washington, DC: US Marine Corps, 1968。

的轉變，同時也深刻影響了美國人對於中國的理解和想像。20世紀30、40年代美國人心中的中國人，是賽珍珠（Pearl S. Buck, 1892-1973）的《大地》（*The Good Earth*）中勤勞善良的中國農民，是衛斯理學院畢業的宋美齡所代表的西化基督徒形象；中國則是一個嚮往著自由民主、富有美國精神的現代中國，是忠實的盟友和慈善救助的對象。1940年代後期如火如荼的反美運動給美國菁英帶來了巨大的衝擊，中國人在他們心目中變成了一個不知感激、無法理喻的群體，而中國形象也開始向麥卡錫時代的反美仇美的共產主義中國邁進。基於對美國民主制度和宗教的自信和優越感，很多菁英認為中國的反美是由於中國共產黨的宣傳或者中國人對於美國非理性的偏見，再或者是由不當政策所造成的，而非文化價值上的根本性反美。就連熟知中國的駐華大使司徒雷登在目睹了聲勢浩大的反美抗議之後也無奈地感嘆道，美國給予了中國幾十億美金的援助救濟，從未占據中國一寸土地，而蘇聯不但竊取、掠奪中國資產、且還侵占了旅順、大連，並沒有給予中國一分一毫，甚至一磅麵粉，然而中國人「何以對於美國，別無其他、只存憤怒」[3]？

美軍駐華的這段篇章有如他們1949年從中國的最終撤出，似乎一夜之間消失得乾乾淨淨。在今天的歷史書寫中，美軍大多作為內戰、美國援助、冷戰和中美關係等宏大歷史的注腳出現，鮮有專門的論述。現有的零星研究也多將這一歷史放在國際關係史意義上的美中關係，或者政治史、軍事史、外交史的冷戰框架之下，研究的課題包括第二次世界大戰中美國對華的物資和軍事援助、美軍在國共對抗中的角色以及內戰背景下的政治抗議和反美活動等。總地來說，傳統中國冷戰史的研究大多關注的是高層政治和菁英人物，而鮮有對於城市平民、街頭巷尾和日常生活的關注。在這些研究中，成千上萬美兵和中國普通市民一樣，在中國命運的分水嶺這個重要關頭只是充當了中美高層政治的一個背景畫面。然而，冷戰政治不僅存在於華盛頓、南京、臺北、東京和莫斯科，更發生在日常的街頭巷尾、餐館舞廳、酒吧集市。冷戰的歷史和草根社會的城市社會史融為一體，超越了兩個陣營的意識形態之爭，其中既包括了國家

---

[3]　Philip West, *Yenching University and Sino-Western Relations*, Harvard University Press, 1976, p.181.

政黨的官方敘述，文化菁英的宣傳滲透，也包括了普通市民的城市記憶。這三重經驗和記憶既有重疊，也有矛盾。將它們並列考察，綜合分析，不僅為我們探究這段跨國界、跨文化的草根歷史提供了與傳統研究互為補充、富有張力的研究材料和方法，也有助於揭示比以往中美關係史和冷戰史更為多元和複雜的歷史面向。

二、有關吉普女郎的爭議

> 在重慶，在昆明在吉普卡首先到達的地方，吉普女郎亦首先產生了；在上海、在南京、在杭州，在一切收復區的大都市裡，一切吉普卡能到達的地方，吉普女郎也很快產生了，她們是那麼得意洋洋地招搖過市，她們是那麼一個個地花枝招展，鮮豔觸目[4]。

對於戰後大城市的普通市民而言，也許沒有比「吉普女郎」更好的喪權辱國的象徵了。[5] 作為在駐華美軍這個背景下產生的一個群體，「吉普女郎」這個新造詞被用來稱呼第二次世界大戰中和戰後與駐華美軍有親密交往的中國女性。然而事實上，被稱為吉普女郎的女性是一個複雜多樣的群體，其中包括了從被迫賣淫的妓女到家境優越的女大學生在內的不同階層，筆者將其大致分為三種。數量最多的是城市貧民，她們位於社會最底層，其中很多人因為缺乏謀生手段而訴諸娼妓業。除了作為私娼和暗娼被政府取締管制和性病高傳染率的危險，她們同時受到行業內的層層剝削。有記者回憶道，北平崇文門外的蘇州胡同曾是繁榮的國際妓女區，特別是白俄和日本妓女盛行的地方，戰後又加入

---

[4] 陳敏之：〈從英國太太談到吉普女郎〉，《女聲》1946 年第 1 期。

[5] 現有研究參見 Adam Cathcart, "Atrocities, Insults, and 'Jeep Girls': Depictions of the U.S. Military in China, 1945-1949", *International Journal of Comic Art*, 2008, 10 (1), pp.140-154; Chunmei Du, "Jeep Girls and American GIs: Gendered Nationalism in Post-World War II China," *The Journal of Asian Studies*, 2022, 81 (1): 341-63; Zach Fredman, "GIs and 'Jeep Girls': Sex and American Soldiers in Wartime China," *Journal of Modern Chinese History* 2019, 13 (1), pp.76-101.

了很多中國人，其中大部分是逃離戰亂的農村女子。[6] 由於語言不通和雙方都難以辨識對方的個體差異，這些淪為娼妓、或者街頭拉客的「吉普女郎」常被統稱為「Mary」，就好像美國大兵被叫作「Joe」一樣。

第二類的吉普女郎是在包括舞廳、夜總會、飯店等娛樂服務場所工作的舞女、招待等服務人員，她們因為職業的關係與經常光顧的美兵頻繁接觸。[7] 儘管地方政府一再禁止和限制舞廳酒吧的開放，但是應美軍要求，若干場所予以保留以供美兵使用。[8] 這類「吉普女郎」也包括了一些娛樂界、社交界的活躍分子，比如（前）歌星、舞星、影星和戲劇明星等。她們成為「吉普女郎」的消息，尤其是爭風吃醋的花邊新聞常常被民國小報追蹤報導，她們的時尚穿著以及生活方式也成為公眾仿效的對象。[9] 戰時國民黨的勵志社就曾邀請交際花參加舞會以款待友軍將領，類似的美軍歡迎招待活動也延續到了戰後，以幫助美兵適應中國生活，減輕思鄉之苦。

第三類的吉普女郎是包括老師、公司職員和大學生在內的現代都市女性。和日本街頭拉客的「panpan」女郎不同，中國的「吉普女郎」除了「失足」而以此謀生的中下層妓女之外，其中也不乏女大學生和上流社會的女子。[10] 她們中的有些人願意以此換取經濟上的好處，而另一部分則來自富足的家庭，與美兵的交往完全出於個人喜好和興趣。除了階級的區分之外，來自中上層階級的「吉普女郎」也存在著地域的差異。雜誌小報中經常出現上海的女大學生自願成為「吉普女郎」的新聞，她們出入美軍組織的聯誼活動，操著流利的英語和美軍約會跳舞，甚至成為令人羨慕的對象。而這種現象在相對保守的北平就較少見。曾有記者調侃道，經常受挫的北平盟軍一定會羨慕從不缺陪伴的駐滬美

6　散木編：《郭根文錄》，三晉出版社 2013 年版，第 95-97 頁。

7　在現實中舞女與妓女的邊界並不一定分明，而政府也常常將舞女與妓女放入一起進行管轄，例如「取締舞場，管理娼妓」。見〈當局管制妓女舞女制定四項辦法〉，《益世報》1946 年 8 月 9 日，第 5 版。

8　〈美軍求舞〉，《申報》1947 年 10 月 8 日；〈當局管制妓女舞女制定四項辦法〉，《益世報》1946 年 8 月 9 日。

9　比如〈葉寶寶淪為吉普女郎〉，《海晶》1946 年第 41 期；韋陀：〈白光：做吉普女郎〉，《新上海》1946 年第 12 期；逢春：〈陳璐青島作吉普女郎〉，《海燕》1946 年第 2 期；〈王文蘭與美軍官同居〉，《海濤》1946 年第 8 期。

10　〈招待盟軍的聯歡會上〉，《婦女》1946 年第 3 期。

軍，因為他們只要在街上隨便走走，「馬路上自有女人來搭他」[11]。

　　一般說來，對於「吉普女郎」的稱呼都帶有極其負面的含義，對於良家婦女來說甚至是一種社會禁忌。「吉普女郎」的存在還曾經引起過普通民眾與美軍士兵的衝突，比如 1946 年 5 月重慶市民以石子圍擊美軍和吉普女郎。[12] 如果說這種街頭的衝突表達了保守的城市貧民對於美軍的憤怒，那麼男性知識分子對於「吉普女郎」的廣泛報導和揶揄批判就是一種經過修飾的曲折表達。在所有的「吉普女郎」當中，第三類的菁英女子是當時報紙雜誌攻擊的主要對象。頻繁的媒體報導反映了社會對於這些成為「吉普女郎」的「閨秀」的關注，遠遠超過了她們有限的人數，這種不成比例的注目和誇大了的情感表達突顯了性關係在影響中美關係上的特殊性。

　　大部分評論者認為，成為「吉普女郎」的女大學生本身是值得批評的對象。在解釋上海的「吉普女郎」「頗多大家閨秀、校花名媛之流」的時候，一位作者說：「金錢倒還其次，實在還是虛榮心害了她們，嬲了盟軍。坐著吉普車，滿街橫飛，在她們認是誇耀國人，了不起的事。」這位作者隨即警告道：「號稱四強之一的中國女郎，這樣奴性是萬萬要不得的！」[13] 除了在民族主義的框架下批判這些女性的虛榮心和奴性之外，另外一些評論者則強調美兵對於受過教育的中國女性在身體和性格上的雙重吸引力。在有些「吉普女郎」眼中，美國兵是「碧眼黃髮高鼻子的大孩子們」，他們活潑、天真、外向與富有活力。對於一些來自富有家庭、長期接受菁英教育、並在國際大都市長大的上海女性來說，這些美國大兵可能反倒是「天真得過分的老粗們」。[14] 還有評論者將這種吸引歸結於種族的差異，比如有人評論道：「民族性的關係，大多數美國兵的性情都是相同的，他們到了中國，漂亮的格外漂亮，豪爽的還是豪爽，活潑的更見活潑，開玩笑的手段依舊是那麼一套，一切的，一切他們所說的，所做的照樣是那麼容易引起中國女郎的高興和喜悅，東方女子是富有好奇心和前進

---

[11] 陳耳：〈北平美軍的遺憾？〉，《七日談》1946 年第 5 期。
[12] 郎源：〈重慶「吉普女郎」事件始末〉，《每週譯報》1945 年第 3 期；吳世昌：〈論美軍事件〉，《觀察》1947 年第 21 期。
[13] 〈吉普女郎〉，《黑白週報》1946 年第 2 期。
[14] 程惠娜：〈吉普女郎眼中的美國兵〉，《讀者》1945 年第 2 期。

心的。」[15]

　　有些對於女大學生的批判更為庸俗露骨，它們刻薄地稱美兵為「癩蛤蟆」、「洋丘八」，諷刺「吉普女郎」的「洋臊氣」。[16] 一位「無名記者」在〈美軍征服了全世界的女性〉一文中寫道：「在獲得勝利的和平後的上海，我們也常在英語日報裡，讀到中國的知識女性登刊廣告，特別要徵求美國軍人做朋友的事件。不管中國人的守舊習慣怎樣堅強，也不管中國女性的對於貞操觀念怎樣珍貴，這一切已證明了中國有一部份女性對於美國軍人正如一顆鐵釘之被一塊磁石吸引那樣。」[17] 另一位記者在〈吉普女郎的命運！〉中號召女性秉持「精神至上主義」的風氣，並警告「男女間的情愛，也和野獸絕不相同，她們投入了魔道，將來的被遺棄，真不足惜」。[18] 還有很多的討論混合了對於「中華民族」種族純潔性的焦慮。比如有人在評論「吉普女郎」時就說道，因為美國男人民族性的魅力，她們「忘記了自己的黑頭髮」，質問她們：「你們到底還是中國人，總還逃不出中國人的目光，你們到底還是中國人！」[19] 眾多菁英們在「吉普女郎」和美軍的討論中依然深受 19 世紀以來西方種族主義的影響。儘管對於白種人的種族歧視口誅筆伐，但中國知識分子很大程度上並沒有從根本上批判這一意識形態，只是反對將之應用於所謂的「黃種人」身上罷了。

　　除去大部分的負面聲音，當時的報刊中也不乏為「吉普女郎」辯護的聲音，它們大多來自知識女性自身。比如在〈不能完全責備我們〉一文中，作者稱：「近來社會上的人士，常常責備大學的女生去伴舞。其實這不能完全責備她們。不少女生伴舞，這是個事實。我同房的丨個女同學中，有四個就高興這玩意兒的。其中有些人是由於大學教育的呆板乏味，還有則是經濟原因，她同房間的四個室友，有三個是靠貸金生活，不得不含著眼淚，每週用一、兩晚去伴舞，藉此維持學業。這是最大的原因。」[20] 另一名左翼《婦女雜誌》的作者指出，「吉

15 陳敏之：〈從英國太太談到吉普女郎〉，《女聲》1946 年第 1 期。
16 〈一封給吉普女郎的絕命書〉，《新天地》1946 年第 4 期。
17 〈美軍征服了全世界的女性〉，《中國文摘》1945 年第 5 期。
18 回風：〈吉普女郎的命運！〉，《七日談》1946 年第 11 期。
19 陳敏之：〈從英國太太談到吉普女郎〉，《女聲》1946 年第 1 期。
20 〈不能完全責備我們〉，《民主週刊》1945 年第 15 期。

普女郎」之所以被人咒罵，是因為她們引起了中國人的「醋意」，她還以此批判男權社會中男性將女性工具化、物化的態度和做法。文章寫道：「女子和外國人有交道時所扮的角色，是時時有所不同的：比如在漢朝時，有昭君和番這一回事，這是自己甘心情願送去的；現在呢，有些不大甘心情願了，於是引起了他們的醋意，情況雖然不同，但有一點卻是完全一樣的，就是他們都把女子只當成一件物事，而不把她當作一個人。」作者認為，有些人咒罵吉普女郎，將之看作「亡國滅種的禍根」，「無非是因為她們更容易欺侮些吧」，同時提醒男讀者們「可是時代畢竟不同了，女子現已有了和外國人直接攀交情的『自由』」。[21]

與男性菁英的批判話語相比，很多中國都市女性對於「吉普女郎」和美兵有著不同的理解。美國大兵帶來的不只是主權侵犯和異國情調，還有現代社會的新商品、新價值觀與新典範。也許他們中的有些人確實是「天真得過分的老粗們」，但這並不妨礙，或者恰恰成為他們男性魅力的一部分。對於一些女大學生來說，身體健壯和性格活潑的美國大兵提供了和傳統審美不同的男性形象，約會的新社交方式與男女授受不親的舊文化相比更富有吸引力。伴隨著女性角色和自我意識的改變，一種新型女性的典範也在逐漸建立當中。這些現代女性學習英語、跳舞、滑冰、看好萊塢電影、聽爵士音樂、穿尼龍絲襪、抽菸喝酒，樂於接受並消費西方的物質與文化；她們崇尚的不僅是思想自由，還有身體自由和消費自由。第一次世界大戰後，全球摩登女性（modern girls）文化經由好萊塢電影和美國商品的媒介傳播滲入世界各個都市的角落，而「上海摩登」正是其中的一部分。[22]

總體而言，對於吉普女郎的譴責反映出中國男性知識分子對於多重喪失的焦慮和恐慌。這其中既包括了對於國家主權的喪失的恐慌，也包括了對於中國女性所有權、控制權的喪失，也就是對於自身「男子氣概」（masculinity）喪

---

[21] 〈談「吉普女郎」〉，《現代婦女》1945 年第 1-2 期。

[22] 參見 Modern Girl Around the World Research Group: Alys Eve Weinbaum, Lynn M. Thomas, Priti Ramamurthy, Uta G. Poiger, Madeleine Yue Dong, and Tani E. Barlow, eds. *The Modern Girl Around the World: Consumption, Modernity and Globalization*, Durham, N.C.: Duke University Press, 2008.

失的焦慮感。[23] 在大部分戰後菁英的眼中，女大學生「吉普女郎」的形象帶有極具腐蝕性的可怕力量。儘管「吉普女郎」是一個多樣的群體，其中也包括了一些自願和美軍平等交往的大家閨秀，他們之間的活動也可能僅限於普通的社交，但中國男性所創造出的「吉普女郎」的標籤卻將這個多樣的群體塑造為一個沒有尊嚴並導致國格受辱的負面形象。這種簡單劃一的做法一方面來源於男性氣概受到損傷的焦慮，另一方面源於傳統社會價值觀受到西方物質主義威脅後的恐懼。因此，在這些對於「吉普女郎」的表達中，私與公被有效地結合了起來：一些私人化、不便明說的心理與情緒藉由民族主義和反帝的公眾旗幟被誇張性地表達出來。

三、全球性的事件和美方的態度

「吉普女郎」既是一個特殊歷史時期在特殊環境下產生的一個特殊群體，也是美軍全球駐紮大背景下的一個普遍現象和問題。無論是在戰敗國日本的「panpan」女郎，還是來自歐洲的「戰爭新娘」，都與中國的吉普女郎問題具有相似性。可以說，吉普女郎和駐華美軍的關係並不是中國歷史上的一起孤立的事件，它關乎中國史，也關乎美國史，更是一個全球史的題目，應置於整個第二次世界大戰後美軍性關係和冷戰時期反美主義的全球背景下思考。

20 世紀 40 年代美軍入駐的國家和地區遠不止中國，還有英國、義大利、法國，以及戰後占領的聯邦德國、日本和韓國等。第二次世界大戰後，美國澈底放棄了一貫秉持的中立外交政策，努力扮演作為「自由世界領導」的角色，並且積極干預世界各地區的事務，從而也引發全球範圍內的反美思潮。當然，美軍駐華和在日本、韓國等地的占領必須區別對待，它並非直接的領土入侵，

---

[23] 自 1980 年後期以來，男子氣概已成為性別研究、文化研究、社會學、人類學等跨學科研究的課題。探討的題目有：男性與父性權利之間的關係、男子氣概在不同時期不同文化下的呈現、以及男子氣概的表達和階級種族和性取向之間的關係等等。男子氣概可以進行程度上的高下區分，而評價標準也與社會對於男性角色的期待息息相關，背後反映出的是社會的權力結構。同時，男子氣概也是個歷史性的概念，在各個時代被認為具有男子氣概的理想形象是不斷變化的。

在駐紮的時長和地域範圍上也有本質的區別。但如果廣義地看待美帝國的擴張以及領土的概念，那麼駐華美軍完全可以被放在美軍全球駐紮這個大的視角下做比較研究。[24] 首先，美軍的官方資料稱海軍陸戰隊戰後在華北的任務為「占領」（occupation）。同時，當時的中國民眾也視其為一種「占領」行為，中文報刊雜誌經常將其和美軍占領日本相提並論，並且頻繁討論中國喪失主權的危險。領土和主權是中國現代史的核心主題與動員力量；對於領土的衝突，無論是實際的地理領土，還是想像的主權領土，在此時都成為中美衝突的核心。正如全球史學者查爾斯·馬也爾教授所提出的，20 世紀最重要的一個特徵是重新建構出來的「領土性」（territoriality），領土不再只被視為一個民族、國家對土地的消極占領，而是在新的鐵路、通信和運輸工具等新科技的支撐之下，通過各種制度設計和安排而進行有效的監督、看管的場域。[25] 概言之，領土不再被僅僅看作一種獲取物或一個安全緩衝，而是各種權力和規則的決定性因素。

對於第二次世界大戰後美軍和當地女性的性關係的研究是一個相對較新的領域。在《士兵所為》一書中，法國史專家瑪麗·羅伯茲打破了美軍解放歐洲而實現「正義」戰爭的迷思。[26] 和廣為人知的蘇軍在德國與日本在中國的大規模強姦相比，駐歐美軍的性暴力常常被人忽視；因為美軍在二戰中發揮的巨大作用，他們通常被讚頌為「最偉大的一代」。相反，羅伯茲在研究中揭示了美軍在戰時故意宣傳性感而隨便的法國女性形象，並且利用這一迷思來激勵士兵衝鋒陷陣的做法。作者一方面研究這種迷思在戰後所帶來的包括缺乏管理的妓女、大量的強姦和性病等混亂狀況，另一方面以此探討法、美之間關於控制和主權的政治緊張狀態。另一本頗有爭議性的研究《暴力獲得——強姦和第二次世界大戰中駐歐美軍》對於種族在美軍暴力行為和結果中所產生的作用做了

[24] Daniel Immerwahr, *How to Hide an Empire: A History of the Greater United States*, New York: Farrar, Straus and Giroux, 2019.

[25] Charles S. Maier, "Consigning the Twentieth Century to History: Alternative Narratives for the Modern Era", *The American Historical Review*, 2000, 105 (3), pp.807-831.

[26] Mary Louise Roberts, *What Soldiers Do: Sex and the American GI in World War II France*, University of Chicago Press, 2013.

更為深入廣泛的探討。該書作者推測，大約有 1.4 萬名西歐的平民女性，尤其是德國女性被美軍強暴。同時，作者分析了大量駐英、法、聯邦德國的美軍強姦案例，並以此證明和白人士兵相比，有不成比例的黑人士兵因為同等罪行被判重罪甚至是死刑。[27]

關於駐日和駐韓美軍的性暴力行為，英文著作中也有比較深入的研究。在《占領之權——第二次世界大戰後日本的性工作者和美軍》一書中，莎拉·柯夫納探討了 1945 年 8 月至 1952 年 4 月間美軍占領時期的日本性工業，以此證明它如何影響了國際歷史以及日本本身對於娼妓行業的態度。作者挑戰了長期存在的兩大迷思：第一是美軍作為戰勝方在日本享有不被挑戰的至高權力，第二是被稱為「panpan」的街頭妓女們來自社會的最底層，僅僅象徵了遭受剝削的受害者。相反，作者揭示了美軍對日占領的成功是如何依賴地方的合作與支持，以及日本社會中不同群體和個人是如何發揮主體性並參與到這個複雜的權力角逐中的。比如，許多作為受害者的日本女性後來自願從事這一行業，並成為戰後經濟重建的組成部分，也因此被美方歸咎為傳播性病的罪魁禍首。[28]韓裔美國學者凱瑟琳·穆恩在專著《盟軍的性——日韓關係中的軍妓》中指出，在 1950 年到 1971 年間，韓國有超過 100 萬的美軍「慰安婦」，她們充斥於各個美軍基地。由於性工業以如此大的規模存在，這種性關係直接影響了韓、美民眾對於對方的看法。作者認為這種關係帶來了一系列的爭執與緊張，在美韓 20 世紀 70 年代早期的政治、甚至最高決策層面發揮了巨大作用。從大量的美軍檔案中，穆恩發現當時的美國軍方對於解決這一問題持有消極甚至反對的態度，很多人認為減少軍妓會損害韓國經濟，同時和韓國女性保持親密關係可以加強士兵對於在韓戰爭的責任感。借助大量社會史的材料，作者還提出了很多關於美、韓關係的新發現。例如，當時韓國的集權統治者們因為害怕美軍撤兵，所以一面對日軍強徵韓國慰安婦的血淚史記憶猶新，另一面卻積極鼓

---

[27] Robert Lilly, *Taken by Force: Rape and American GIs in Europe during World War II*, Palgrave Macmillan, 2007.

[28] Sarah Kovner, *Occupying Power: Sex Workers and Servicemen in Postwar Japan*, Stanford University Press, 2012.

動並組織妓女發展韓國對美的「個人外交」，大力宣傳她們的行為是愛國的表現，以此鼓勵美軍繼續滯留韓國；同時韓國政府還利用性產業與美國談判。對於很多韓國民眾而言，他們對於專業性場所的不滿主要是因為他們認為這妨礙了「正常」類的韓國女性和美兵的交往關係，而非對於性產業的一概反對。1971 年在韓國爆發的白人和黑人士兵的暴力衝突，導火索是部分性場所的老闆和妓女在從業中對於黑人士兵的歧視。[29]

　　儘管駐華美軍的數量較少、駐紮時間較短，但是他們的行為、所引發的美軍和當地民眾的矛盾以及由此衍生的問題，都和其他地區有相似之處。比如說妓女、性病、戰爭新娘和混血兒等，在各個駐紮的國家都是十分棘手的問題。有曾駐紮北平的海軍陸戰隊員就回憶道，對於從太平洋戰爭倖存、剛剛抵達中國的美兵而言，新鮮的食品是第一需求，接下來就是女人。[30] 不過在中國，並沒有像在日韓那樣專門服務美兵、並且受到監管的性產業系統。因為如果為美軍建立一個獨立存在的駐紮營，會大大有損於國民政府對於主權、合法性和大國地位的宣稱。於是，美兵和中國顧客事實上共享了位於城市中心的性工業資源和空間，美兵的此類活動也因此變得更為可見和公開。與日韓類似，美軍在控制駐華士兵性病舉措的實施上，可謂三心二意。一方面，性病的蔓延是令全球美軍都極為頭疼的事情，在美軍入駐中國之前軍方就做了教育和預防工作，例如營隊在前往中國的船上就曾觀看過性病預防教育的錄像。抵達中國之後，大量預防類的藥品和避孕套被分發給自由活動時的大兵，他們在回到營地前也要進行身體檢查和登記。美軍憲兵在各個賓館、舞廳、夜總會和酒吧門口設立了「在界限內」和「在界限外」標誌，對於廚房等其他設施也進行定期的檢查，並時常突擊檢查妓院，以更好地保證美軍的健康。不過，對於很多美國決策者而言，性是一個極其複雜的領域，只能疏導不能壓抑。儘管從健康和道德的角度出發，美國大兵不被鼓勵和當地女性發生短期隨意的性關係，但是這些行為在很大程度上被上級軍官所容忍。事實上，只要沾染性病的當事人主動彙報並

---

[29] Katharine H. S. Moon, *Sex among Allies: Military Prostitution in U.S.-Korea Relations*, Columbia University Press, 1997.

[30] [美]E. B. 斯萊奇：《老兵長存──美國海軍陸戰隊在中國》，第 40 頁。

且接受醫學治療就可以平安無事，只有當他們刻意隱瞞並將疾病並帶回軍營時才會受到處罰。[31] 歸根結底，美兵的性行為與美軍的軍隊文化息息相關，這種有害的文化系統性地允許甚至催生了性放縱與性暴力。[32]

在一本美軍戰時就已廣泛發行的《中國手冊》中，中國女孩被描述為極富魅力但又不乏危險的交往對象。這本美軍常備指南中寫道：「在和男性的關係上，她們並沒有和美國女性同樣的自由……如果你觸摸她的身體，普通的中國女孩會覺得受到了侮辱，或者認為你們之間的關係比你想期待的要認真得多。這種錯誤會帶來很大的麻煩。」[33] 儘管美軍從所到之地的澳大利亞、英國、法國、甚至德國帶走了大量「戰地新娘」，但這種現象並沒有在中國發生。種族歧視依然盛行於第二次世界大戰後的美國，禁止異族通婚的法律在很多州直到 20 世紀 60 年代才被廢除，所以即便是願意的中國女性想要獲得簽證前往美國也是十分困難的，資料顯示，只有極少數的普通華裔美軍士兵最終得到批准將中國新娘帶到美國。同來自歐洲和大洋洲的「白人」新娘相比，與美軍交好的中國女子因為當時的移民政策和種族歧視，幾乎不可能合法入境、成為美國公民，所以大規模「戰爭新娘」的問題在中國也並不存在。[34] 同時，駐華美軍因為人數較少、駐紮時間較短，因此混血兒的問題並不突出。儘管黑人部隊在中緬印戰區發揮了重要作用，尤其是修築中緬印公路，但是戰後在國民政府的要求下沒有進入中國內地，因此其他地區對於黑人士兵及其後裔的恐慌和排斥所帶來的矛盾和暴力衝突，在中國也基本不存在。戰後最早一批派駐華北的都是二戰老兵，士氣並不高漲。來自美國南部的 23 歲的陸戰隊員斯萊奇如此寫道：

---

[31] 參見 Chunmei Du, "Jeep Girls and American GIs: Gendered Nationalism in Post-World War II China," *The Journal of Asian Studies*, 2022, 81 (1), pp.341-63.

[32] 參見 Enloe, Cynthia, *Maneuvers: The International Politics of Militarizing Women's Lives*, Berkeley: University of California Press, 2000.

[33] United States Army, *A Pocket Guide to China*, War and Navy Departments, 1942, p.15. 美軍軍部在戰時和戰後出版了很多種普及性的指南手冊，以便美軍在短時間內對於異國他鄉有所瞭解，內容大多包括語言、地理、歷史、文化、經濟等的簡介。

[34] 參見 Susan Zeiger, *Entangling Alliances: Foreign War Brides and American Soldiers in the Twentieth Century*, New York: New York University Press, 2010; Xiaojian Zhao, *Remaking Chinese America: Immigration, Family, and Community, 1940-1965*, New Brunswick, N.J.: Rutgers University Press, 2002.

「我們已經從激烈的太平洋戰鬥中倖存，沒有人想挑戰自己的運氣，在中國的一場內戰中喪命。」[35] 儘管戰爭已經正式結束，但他們卻無法返鄉，反而必須前往危險的中國。這些親眼目睹中國現狀的美國兵們並不對蔣介石政府在內戰中獲勝抱有信心。對於家鄉的思念之情，以及無法返鄉的沮喪、甚至憤怒，夾雜著戰爭的心理創傷和後遺症，讓很多駐華美兵將大量閒暇的時間和多餘的精力用於酒精、女人和放縱享樂。性別、種族、階級這些社會文化有形或無形地影響了美兵對於陌生國度和中國女性的看法與態度，以及在衝突發生時的處理方式。

四、反美情緒與民族主義

「吉普女郎」的形象和話語對於中國公眾的心理政治影響遠遠超過了她們在現實中的規模。與其他美軍不端行為、包括傷害殺戮相比，性行為在中國引發了最為強烈的反應，眾多的報刊公開譴責「吉普女郎」是民族恥辱的象徵和社會政治混亂的原因，1946 年的北平強姦案更是引發了全國範圍內的反美運動，成為冷戰時期最早和最為激烈的反美運動之一。[36]「吉普女郎」所代表的表面上的性浪漫與沈崇事件所代表的性暴力，是美軍和當地女性關係這個二元一體的兩面，它們的邊界在現實與話語中常被輕易地跨越，其根源在於美軍不良的性文化和軍紀，以及背後的美國社會文化偏見。比如，北平強姦案中被指控的美國下士並不否認與沈崇發生了性關係，但聲稱他以為沈是街頭拉客的「吉普女郎」；而辯護律師的主要論點也一直在於此非強姦、而是和姦上。華盛頓的海軍總部最終推翻北平軍事法庭的一審判決，也是以強姦證據不足、無法判定是強姦而非自願為由。[37]

---

[35] [美]E. B. 斯萊奇：《老兵長存——美國海軍陸戰隊在中國》，新華出版社 2014 年版，第 55 頁。

[36] 參見左雙文：〈1946 年沈崇事件：南京政府的對策〉，《近代史研究》2005 年第 1 期；Chunmei Du, "Rape in Peking: Injured Woman, Microhistory, and Global Trial," *Gender & History*, 2023.

[37] US National Archives and Record Administration, College Park, Maryland. William

與中國女性的關係對於駐華美軍的形象、中國知識分子和民眾對於美國的看法和反美情緒都有著很大的影響。在戰後中國，性和種族、階級和主權這些敏感的因素結合在一起，導致了美軍和中國社會的衝突，這些文化矛盾有時又和各方的政治操縱交織在一起，引發大規模的抗議遊行、甚至暴力流血事件。如果說 1945 年在各大城市列隊歡迎美軍的中國民眾，表達了對戰時盟友的真誠感謝和對自由民主制度的嚮往，那麼北平強姦案發生後的全國反美運動就突顯了國民政府統治區知識分子對於美國看法的根本性改變。在短短一年多後，美國就已成為新帝國主義全球侵略擴張的象徵，而這種新形象和新話語在朝鮮戰爭中更是登峰造極，並且在日後以直接或間接的形式不斷重現。在並不久遠的中美交往史上，美國形象大多在敵友兩極之間擺動，很少居於中點，這也是國際關係史上一個特別的現象。

中國的民族主義在歷史上借助反滿、反清、反帝和反日情緒建構。19 世紀後半期到 20 世紀初，中國知識分子深受日本明治維新後快速現代化的激勵，但這種積極的心態和對於「泛亞洲主義」的樂觀，很快就被 1930 年代日本侵略加劇的現實所摧毀，並在戰時發展出了激烈的反日民族主義，這種強烈的情感延伸至戰後以至今天。第二次世界大戰結束後，中國民族主義的他者開始由日本轉向美國，而這種新型的反美主義也成為中國民族主義建構的一個重要組成部分。如前所述，戰後的反美情緒與中國社會對於種族、階級和兩性關係的理解有著密切的聯繫。在男性菁英的主導話語下，與美軍交往的中國女性被簡單化、妖魔化地套上了「吉普女郎」的標籤。這種高度政治化了的誇張變形，背後折射出的是一種多重焦慮。他們一方面害怕外族在血緣上染指「中華民族」的純潔性，試圖繼續在父權結構中控制「黃種」女人的身體主權，另一方面又擔憂美國對於中國國家主權的侵犯和國家的獨立性。對「吉普女郎」的批判話語混合了男性主義、種族主義和民族主義的多重訴求。而「吉普女郎」極具公共性的存在和展示既挑戰了男權社會、貞節女性的傳統話語，也挑戰了民族主義話語建構出的愛國進步女青年的形象。在中國瞬息萬變的輿論場上，包

G. Pierson case, General Records of the Department of State, Record Group 59, Box 4663.

括「吉普女郎」在內的各種「賣國辱華」風波不時出現，然後又被人遺忘；但是，「吉普女郎」現象中折射出的男性主義、種族主義和民族主義的多重訴求仍在不斷延續。

駐華美軍何去何從
——安平事件後國共美三方的博弈

左承穎、楊雨青[*]

　　抗日戰爭結束後，作為中國盟友的美國以遣送日俘為由，派遣海軍陸戰隊駐紮中國。1945 年 9 月 30 日，美國海軍陸戰隊第三兩棲作戰軍團（The United States Marine Corps III Amphibious Forces，簡稱 IIIAC）近 1.8 萬人登陸塘沽。[1] 至 11 月，已有近 5 萬美軍從天津、北平、秦皇島及青島等地登陸。[2] 同年底，美國總統特使馬歇爾（George C. Marshall, 1880-1959）來華調停國共矛盾，由國、共、美三方組成的軍事調處執行部（簡稱軍調部）隨之在北平成立，以確保停戰政策的有效實施。[3] 其中，軍調部美方人員的供給由駐華北的美國海軍陸戰隊司令部負責從天津輸送，「每三日往來一次」。[4] 1946 年 7 月 29 日上午，該軍第 11 團巡邏隊第 1 營官兵照例將一批給養物資護送至北平。[5] 幾近午時，該隊伍沿平津公路行至河北省香河縣安平鎮大小沙河地區，與中共晉察冀軍區的地方部隊發生衝突，戰火持續約 4 個小時，雙方傷亡近 30 人。該衝突史稱「安平事件」、「小沙河事件」或「香河事件」。[6] 它是美國海軍陸戰隊登

[*] 　左承穎，中國人民大學歷史學院博士。楊雨青，中國人民大學歷史學院教授，主要從事中國近現代外交、政治、經濟、教育和留學等方面的研究，研究專長為中外關係史。此文曾以〈何去何從：安平事件後國共美三方對駐華美軍的因應〉為題發表於《軍事歷史研究》（2020 年第 1 期）。

[1] 　石源華主編：《中華民國外交史辭典》，上海：上海古籍出版社，1996 年，第 488 頁。

[2] 　George B. Clark, *Treading softly: U.S. Marines in China, 1819-1949*, Westport: Praeger Publishers, 2001, pp.131-132.

[3] 　汪朝光：〈軍調部述論〉，《軍事歷史研究》1998 年第 4 期。

[4] 　紀學、曾凡華：《藍色三環》，北京：解放軍出版社，1992 年，第 404 頁。

[5] 　"Motorized Patrol to Peiping and Return, July 24, 1946", *Report of Field Team 25 on 'An Ping Conflict' of 29 July, 1946, Book 1*, Complete Records of the Mission of General George C. Marshall to China Collection, U. S. National Archives.

[6] 　楊奎松：〈1946 年安平事件真相與中共對美交涉〉，《史學月刊》2011 年第 4 期；劉晶芳：〈安平事件的歷史真相及評價〉，《黨史研究資料》2002 年第 3 期；Xixiao Guo, "The

陸中國近一年裡，首次與中共部隊發生的正面武裝衝突，規模雖小，卻深繫當時中國國內劍拔弩張的政治局勢，亦是國、共、美三方聚焦美軍駐華問題的重要窗口。

目前學界對戰後美軍駐華問題的研究大致可分為兩種路徑：一是以美方史料為主，集中梳理駐華美軍之狀況；二是以中方材料為核，側重對美軍駐華政策和中國國內反美軍駐華運動的分析。[7] 而學界有關戰後初期美軍在華困境的研究尚顯薄弱，對不同政治力量圍繞駐華美軍展開的博弈缺乏深入考察。鑑於此，本文利用多方檔案資料，以安平事件為切入點，從政治、外交及輿論等角度對國、共、美三方就美軍駐華問題的角逐展開論述，以探究戰後初期美國與中共和國民黨之間的複雜關係。

一、困境突顯：駐華美軍捲入國共內爭

平津公路位於河北安平鎮旁，是連接北平與天津的交通要道。戰後初期，美方認為平津公路完全處在國民政府統治區內，駐津美國海軍陸戰隊一直以來利用該路進行物資運輸和行政辦公，[8] 安平鎮遂成為美軍來往於平津的必經之

Anticlimax of an Ill-Starred Sino-American Encounter", *Modern Asian Studies*, 2001, 35 (1), pp.217-244.

[7] Henry I. Shaw, Jr., *The United States Marines in North China, 1945-49*, Washington, D. C.: Historical Branch, G-3 Division, Headquarters, U.S. Marine Corps, 1968; Xixiao Guo, "The Climax of Sino-American Relations, 1944-47", Ph.D. diss., University of Georgia, 1997; "Paradise or Hell Hole? U.S. Marines in Post-world war II China", *The Journal of American-East Asian Relations*, Vol. 7, No. 3/4, 1998, pp.157-185; Zhiguo Yang, "United States Marines in Qingdao: Military-Civilian Interaction, Nationalism, and China's Civil War, 1945-49", Ph.D. diss., University of Maryland, 1998；孫岩：〈戰後初期蘇聯與中國共產黨反對美軍駐華的鬥爭〉，《國際政治研究》1993 年第 2 期；楊彪：〈中國內戰中的一把雙刃劍——美國海軍陸戰隊在華行動始末〉，《歷史教學問題》1994 年第 3 期；張維縝、韓長青：〈突破安全困境——抗戰勝利之初中國共產黨對駐華北美軍的政策〉，《暨南學報》2018 年第 4 期。近年，張維縝利用多方檔案對戰後駐青島美軍進行了多視角分析，見其新著《鴟過留痕：戰後駐青島美軍的歷史考察（1945-1949）》，北京：人民出版社，2019 年。

[8] "Report of Colonel M.F. Davis on the Complete Investigation of the An Ping Incident of 29 July 1946, October 8, 1946", *Report of field team 25 on 'An Ping*

地。美軍運輸隊循此頻繁往返兩地，每月有十幾趟之多，均平安無事。[9]

隨著國共關係變化，華北地區的局勢日趨緊張，安平鎮逐漸成為國共軍隊的交錯區域。馬歇爾來華斡旋半年後，國共雙方戰火仍持續不減。1946 年 6 月，美國《軍事援華法案》出臺，中共與美國和國民黨之間的矛盾愈加突顯；當月下旬，駐華北的美國海軍陸戰隊准將沃頓（William A. Worton, 1897-1973）指令各部門注意隨時可能發生敵對行為，要求作戰指揮官對巡邏隊嚴加管理，所有士兵保持警惕。[10] 7 月底，國共軍事衝突蔓延到全國諸多地區，內戰在不宣而戰中全面爆發。[11] 26 日，馬歇爾在與周恩來談判過程中直稱，「當下局勢非常糟糕」。[12]

7 月 29 日，安平事件發生。事後，中共和美國對衝突之緣由及過程陳詞不一、互相指責。為弄清真相，軍調部任命由國、共、美三方代表組成的第 25 調查小組對此進行全面調查。8 月 4 日起，該小組每天召開例會，先後勘察了事發地，聽取美、國、共三方 25 人的證詞。然而，三方代表在調查過程中互不信任，使調查工作層層受阻，雖經兩個月的聯合調查，卻幾無進展。10 月 8 日，美方代表單方面向軍調部上交了最終調查報告，意味著聯合調查終止，但三方代表意見仍未達成一致：美方與國民黨政府代表認定此案是中共地方軍隊的伏擊行動，中共代表堅稱該事件是美蔣聯合攻擊中共軍隊的蓄意衝突。[13]因此，聯合調查不僅未查清安平事件的來龍去脈，反而加深了美國與中共之間

Conflict' of 29 July, 1946, Book 1.

[9] "Motorized Patrol to Peiping and Return, July 24, 1946", *Report of Field Team 25 on 'An Ping Conflict' of 29 July, 1946, Book 1*

[10] "Conduct of Marines in the Event of Hostile Action on the Part of Dissident Chinese Elements, June 25, 1946", *Report of Field Team 25 on 'An Ping Conflict' of 29 July 1946, Book 1.*

[11] 楊奎松：《國民黨的「聯共」與「反共」》，北京：社會科學文獻出版社，2008 年，第 645-648 頁。

[12] "Minutes of Meeting Between General Marshall and General Chou En-lai at No.5, Nanking, July 26, 1946", *United States Department of State, Foreign Relations of The United States, The Far East China,1946* (hereafter as *FRUS*)，Washington. D.C: United States Government Printing Office (GPO), Vol. IX, 1972, p.1404.

[13] 有關第 25 調查小組具體調查過程，見陳卓：〈安平事件與內戰爆發初期的中美關係〉，碩士學位論文，北京大學，2012 年；何居東：〈1946 年安平事件調查始末〉，「第一屆中華民國史青年論壇」論文，北京，2016 年。

的隔閡。隨著國內外各大報紙對此事件持續不斷的報導，「美軍駐華是否合理」、「駐華美軍是否干涉中國內政」、「駐華美軍應否撤退」等問題成為輿論熱議話題。[14]

事實上，社會輿論將該事件與駐華美軍相勾連，實有歷史原因。早在美軍登陸華北之際，中國各界就有反對意見。1945 年 10 月下旬，西南聯大 10 位教授聯名上書蔣介石和毛澤東，表示對美軍幫助國民黨軍隊占領要地的行為不滿。[15] 中國民主同盟執行委員會委員羅隆基公開發聲，指出美軍登陸華北或引起中國內部的政治糾紛。成都 18 個文化新聞團體亦致信給美國 21 位知名人士，請他們向白宮傳達要求美軍立即撤離中國的建議。[16] 來華調停國共矛盾的馬歇爾抵達上海後，部分上海學生甚至在其歡迎會上直言要求美國在最短時期內撤回駐軍。[17]

到 1946 年，與登陸之初相比，美軍在中國民眾眼中的形象已生變化。1945 年 9 月，世界民眾皆沉浸在二戰勝利的喜悅之中，中國人民亦希望美國幫助中國儘早完成日俘遣返工作，早日實現國內和平統一。因此，在美軍陸戰隊第一師團首先進入塘沽時，當地人民舉行了本應在新年才有的高蹺表演，以表歡迎。[18] 是年 12 月 25 日適逢聖誕，《益世報》還推出專刊感謝美軍對中國的幫助。[19] 然而，駐華美軍與中國民眾在日常接觸中常常發生摩擦，使雙方矛盾不斷滋長。根據北平、天津兩地警署檔案記錄，從 1945 年美軍登陸華北至 1946 年安平事件爆發，有關駐華美軍車輛肇事、搶劫、槍殺、醉酒鬧事等不法行為的案卷不計其數。[20] 伴隨糾紛接連發生，美軍在華的正面形象大為受損。

---

[14] 如〈中共的反美行動〉，《申報》1946 年 8 月 3 日，第 2 版：〈社評：美國政策 · 安平事件 · 轟炸延安〉，《大公報》1946 年 8 月 5 日，第 1 版："4 Marines are Killed by Chinese in Convoy Ambush Near Peiping", *New York Times*, July 30, 1946; "U.S. Troops to Quit China, Paper Reports", *The Washington Post*, August 5, 1946.

[15] "The Consul at Kunming (Sprouse) to the Secretary of State, Kunming, October 19, 1945", *FRUS: The Far East*, 1945, Vol. VII, 1969, pp.476-477.

[16] 〈成都十八個文化團體要求美國對華政策不要違背中國人民意志〉，《新華日報》1945 年 10 月 22 日，第 3 版。

[17] 〈歡迎馬歇爾：學界昨日會商〉，《申報》1945 年 12 月 19 日，第 5 版。

[18] 〈熱情磅礡迎盟友〉，《申報》1945 年 12 月 27 日，第 3 版。

[19] 〈告駐華美軍〉，《益世報》1945 年 12 月 25 日，第 1 版。

[20] 如《調查美軍汽車肇事報告表仰飭屬遵照辦理》（1946 年 4 月），北京市檔案館藏，檔號：J184-002-01285；《關於美軍汽車撞人搶奪錢財，毆打車夫等非法事件及美軍調動

更為重要的是，戰後駐華美軍幫助國民黨政權搶奪抗戰勝利果實，中共軍隊官兵的不滿早已鬱積，而美軍自登陸華北以來更與其時有衝突發生。1945年9月底，兩名美國軍官從張家口地區回重慶，就提及中共地方士兵強烈的敵對情緒。[21]12月，駐華美軍與冀東解放區中共部隊發生矛盾，炮擊了其所在的盧龍縣村莊。[22]安平事件半月前，美國駐華海軍陸戰隊第七艦隊第一營的7名士兵在河北昌黎附近與當地中共部隊發生衝突並被俘，是為「西河南事件」。由於雙方並未開槍走火，中共將7名美軍士兵送回，此事在短時間內平息。[23]雖然這些摩擦在調解中得以處理，但駐華美軍與中共官兵之間的緊張關係仍未緩解。基於此，雙方矛盾隨國內局勢變化更趨深重，彼此間的正面武裝衝突終而爆發。

二、「協助恢復中國之和平狀態」：美方重申美軍援華使命

安平事發次日，馬歇爾收到天津領事館關於此次衝突的簡報。其內容稱，昨日美國海軍陸戰隊的巡邏隊在前往北平途中被配備自動武器和迫擊炮的武裝力量伏擊，對方身分尚不確定。[24]馬歇爾雖估計這是中共地方部隊受華北地區緊張局勢及中共長期反美宣傳的影響，從而採取的攻擊行動，但他不願因此影響正在進行的國共談判。當晚，他上報美國總統杜魯門，表示此事會加大中共要求美軍撤離的力度，擔心國共之間的戰事蔓延到熱河及東北地區，建議白宮謹慎處理。[25]8月2日，美國白宮召開內閣會議，討論目前中國局勢及對策。

演習等情報》（1946年1月），天津市檔案館藏，檔號：J0222-1-001316；《國人與美軍衝突案件》（1946年），天津市檔案館藏，檔號：J0219-3-040699。

[21] "The Charge in China (Robertson) to the Secretary of State, Chungking, October 6, 1945", *FRUS: The Far East*, China, 1945, Vol. VII, p.576.

[22] 世界知識出版社編：《中美關係資料彙編》第1輯，北京：世界知識出版社，1957年，第60頁。

[23] Robert F. Burford, "7 Marines Unharmed in 11-Day Detention by Communists", *The China Weekly Review*, August 24, 1946.

[24] "The Consul General at Tientsin (Myers) to the Secretary of State, Tientsin, July 30, 1946", *FRUS: The Far East, China, 1946*, Vol. IX, p.1418.

[25] "General Marshall to President Truman, Nanking, July 30, 1946", *FRUS: The Far*

會上，代理國務卿艾奇遜（Dean G. Acheson, 1893-1971）稱，美國應全力支持馬歇爾繼續在華調停，盡力使國共達成協商。他指出，若此時撤離駐華美軍，將是嚴重錯誤的舉措。除勞工部長斯克威廉貝徹（Lewis B. Schwellenbach, 1894-1948）考慮本國勞工需求表示美軍駐華並無意義外，出席此次會議的其他內閣部長均主張目前不宜撤軍，支持艾奇遜的提議。[26]

美軍駐華是依據戰後美國對華政策採取的直接軍事行動。早在開羅會議期間，美國就已確定與國民黨政府建立戰後在東亞地區的戰略合作關係。[27] 日本投降後，美國與國民政府立即制訂美軍在華軍事計畫，公開其任務是解除在華日本武裝力量，防止法西斯死灰復燃。雅爾達會議上，美、英、蘇三國一致同意「根據開羅宣言，在戰爭結束時幫助中國收復日本使之與中國分離的所有國土」[28]，則為戰後美軍在華活動提供了合法依據。1945 年 12 月 15 日，美國總統杜魯門發表對華政策聲明，強調美軍駐華旨在幫助國民政府遣送日俘回國，「將不擴展至以美國軍事干涉去影響中國任何內爭的過程」[29]。因此，美軍在戰後以履行戰時反法西斯盟國義務為由登陸中國。

對比官方聲明，美國多數內閣成員認為不能撤退駐華美軍實有兩方面原因。一是防止國共因駐華美軍撤退而爭奪領地，美軍仍需在華駐紮。這一考量又有兩層含義：其一，避免中國內戰，以此協助馬歇爾實踐其在華政治目的。若海軍陸戰隊撤出接防的日占區，國共雙方必以武力相爭，諸多地區將陷入無序混亂的狀態，甚至無法輸送物資維持百姓日常生活而遭遇饑荒，而即將到來的冬季則會使局勢更為嚴重。[30] 駐華美軍一旦撤退，不僅會觸發國共雙方的軍事衝突，導致內亂不止，更將馬歇爾在華政治調停的努力付諸東流。其二，幫

East, China, 1946, Vol. IX, p.1421.

[26] "Cabinet Meeting, Friday, August 2, 1946", *Harry S. Truman Papers*, Truman Library.

[27] 牛軍：《從赫爾利到馬歇爾：美國調處國共矛盾始末》，北京：東方出版社，2009 年，序言第 15 頁。

[28] 赫伯特・菲斯：《中國的糾葛：從珍珠港事變到馬歇爾使華美國在中國的努力》，林海、呂浦、曾學白譯，北京：北京大學出版社，1989 年，第 264 頁。

[29] 《杜魯門總統關於美國對華政策的聲明》，世界知識出版社編：《中美關係資料彙編》第 1 輯，第 629 頁。

[30] "Cabinet Meeting, Friday, August 2, 1946", *Harry S. Truman Papers*, Truman Library.

助國民黨防守要地，防止中共搶先占領。事實上，駐華北地區美軍的工作重心已從遣送日俘轉移到防守華北鐵路及公路沿線安全。截止 1946 年 7 月 15 日，駐華美軍在塘沽和青島地區的日俘日僑遣返任務便進入收尾階段，華北和東北地區遣返工作於 16 日就已轉交給軍調部執行。[31] 之後，華北地區的美軍主要駐紮在煤礦和鐵路橋梁附近，表面維穩，實為守衛國民黨軍隊暫時無法進駐之地，以防中共搶占先機。不難看出，這是白宮基於戰後初期對華政策的考量。第二次世界大戰即將結束之際，美國的外交目光從美洲擴展至全球。在此國際戰略框架下，美國開始對華實施新的戰略部署：力促國共和談，並建立由國民黨領導的親美聯合政府。[32] 駐華美軍正是美國實踐新外交政策的重要組成部分，更是維持其在華勢力，尤其是國民黨的保護傘。不過，需要強調的是，這一時期美國尚未直接決定助蔣進行內戰，駐華美軍並非僅為援蔣而留，也有防止國共內戰升級之意。隨著美蘇冷戰展開及國共關係日趨惡化，其「援蔣反共」政策才得以成形。[33]

二是若此時撤退駐華美軍，將為蘇聯在華擴張提供良好溫床。[34] 戰後美國時刻關注蘇聯在華動向，美蘇關係亦影響美國在華的各項舉措。1946 年 4 月，美國延安觀察小組在總結報告中詳述了中共與蘇聯的聯繫與互動，這使白宮堅信蘇聯對中共進行了戰後援助。[35] 7 月，美國又獲情報，得知蘇聯在遠東的基本目標是防止中國、韓國及日本成為美國攻擊蘇聯的基地。[36] 此時，美蘇冷戰已經開始，[37] 中國成為兩國在戰後太平洋地區擴張和鞏固勢力的重要陣地。為了

---

[31] 喬治・卡特利特・馬歇爾：《馬歇爾使華：美國特使馬歇爾出使中國報告書》，中國社會科學院近代史研究所翻譯室譯，北京：中華書局，1981 年，第 101-102 頁。

[32] 〈杜魯門總統關於美國對華政策的聲明〉，世界知識出版社編：《中美關係資料彙編》第 1 輯，第 628-630 頁。

[33] 資中筠：《追根溯源：戰後美國對華政策的緣起與發展（1945-1950）》，北京：中國社會科學出版社，2007 年，第 110 頁。

[34] "Cabinet Meeting, Friday, August 2, 1946", *Harry S. Truman Papers*, Truman Library.

[35] "Final Report of Yenan Observer Group, April 15, 1946", Digital National Security Archive (DNSA): China and U.S. Intelligence, 1945-2010.

[36] Central Intelligence Group, Office of Research and Evaluation, "Soviet Foreign and Military Policy", July 23, 1946, https://nsarchive2.gwu.edu//coldwar/documents/episode-2/02-01.htm.

[37] 楊奎松：〈美蘇冷戰的起源及對中國革命的影響〉，《歷史研究》1999 年第 5 期。

牽制蘇聯，並防止其支持下的中共藉機發展，美國寄希望保持在華武力，助蔣占領要地。由此亦可見，這一時期美國對華政策及軍事部署深受冷戰思維主導。

因此，杜魯門在會上表示，有必要重申戰後美國對華政策，竭力希望國共合作，但同時暫不撤退駐華美軍。[38] 根據白宮指令，馬歇爾欲通過壓制國共雙方的方式，將此事的影響降至最低。用美國新任駐華大使司徒雷登的話來說，其態度就是「不致因此反常之不幸事件而影響常態」[39]。一方面，馬歇爾認為蔣介石會利用該案拖延國共和談建立聯合政府一事，便派司徒大使拜訪蔣介石以轉達其意，要求蔣克制，望勿將此事小而化大。[40] 另一方面，為防止中共進行反美宣傳，美方以美國國內輿論對其施壓。6日，司徒雷登會見周恩來時直接表明，若中共企圖以此推動駐華美軍撤退，美國民眾不會對此類事件屈服，強調輿論趨勢會使中共願望適得其反。[41]

美國不願以安平事件破壞業已與中共建立的友好關係，但亦不會因此更變美軍駐華的援助行動。在此對策下，美方命令華北地區美軍按兵不動，並加強防衛。該衝突發生後，駐津美軍營地立即增設鐵絲網，並派兵加崗駐守；美軍巡邏隊同時增加裝備，以防不測。[42] 8月11日，駐華美海軍陸戰隊司令部宣布恢復已停止一年之久的軍營安全演習。此項演習於每週六舉行一次，巨型坦克均有出動。[43]

在8月2日的內閣會議上，杜魯門還指出美國將面臨國共雙方強烈的宣傳攻勢，須抵消這種宣傳對兩國民眾的影響。[44] 因此，美方先後多次公開澄清美軍撤離謠言，強調駐華美軍援華任務的「正義」使命，以獲人心。8月4日，駐華美軍司令吉倫（Alvan C. Gillem, 1888-1973）接見記者時，稱美國一直希望與中國合作，為世界之安全而努力。[45] 次日，美國駐華艦隊總司令柯克在上海

---

[38] "Cabinet Meeting, Friday, August 2, 1946", *Harry S. Truman Papers*, Truman Library.

[39] 〈在華美軍暫不擬撤退〉，《申報》1946年8月5日，第1版。

[40] 葉健青編：《蔣中正總統檔案：事略稿本》（第66輯，民國三十五年六月至八月），臺北：國史館，2012年，第488頁。

[41] "Record of Conference at the Embassy in China, August 6, 1946", *FRUS: The Far East, China, 1946*, Vol. IX, p.1452.

[42] 〈平美軍巡邏今晨赴津〉，《申報》1946年8月4日，第1版。

[43] 〈華北美軍宣布恢復安全演習〉，《申報》1946年8月12日，第1版。

[44] "Cabinet Meeting, Friday, August 2, 1946", *Harry S. Truman Papers*, Truman Library.

[45] 〈吉倫稱軍事團工作加緊〉，《申報》1946年8月5日，第1版。

又招待中外各報記者，重申「美軍在華使命係協助恢復中國之和平狀態」，並就安平事件作了聲明，大致可歸為四點：1. 目前美國海陸戰隊仍往來平津之間運輸補給，一切照舊；2. 安平事件真相仍在繼續調查中，並未向延安方面提出抗議；3. 在華美陸戰隊總數為 22,000-23,000 之間；4. 美軍並不因此改變一貫立場，美國還將幫助國民政府訓練中國海軍。[46] 同時，他還公開了目前駐華美軍的任務：1. 協助軍調部工作，為其運送物資；2. 東北方面遣俘工作尚未完成，繼續遣送日俘日僑歸國。[47]

美方就此以展現其不深涉國共內爭的態度，試圖消除助「國」反「共」的傳言。實際上，駐華美軍是戰後初期美國在華實踐其二重政策的保障。美國堅持戰後對華的既定政策，致力於和平解決國共矛盾，「不願意用武裝力量達到其在華的政治目的」[48]；同時卻又繼續支持蔣介石，以軍事援助支持其與中共抗衡。駐華美軍與美國對華的既定政策相嵌，但限於美國對華政策內在結構性的矛盾，使其難以保持軍事行動與政治目的之間的平衡，亦從根本上決定了美軍在華的尷尬地位。從安平事件後有關駐華美軍的因應來看，美國欲以其牽制蘇聯和中共的同時，又企圖避免美軍在華直接行動。居於國共之間而偏向國民黨的調停政策本就使中國內部矛盾複雜化，而通過避免國共內爭來對抗蘇聯的戰略更具有不可調和的矛盾性，這也預示著戰後初期美國對華政策將在現實層面遭遇困難。周恩來在與馬歇爾會談期間就明確表示，「美國的二重政策很難使中國內戰停止」[49]。

三、「慷慨友好援助」：國民黨強調美軍在華貢獻

1946 年 7 月 31 日，國民黨機關報《中央日報》發表名為〈小沙河事件的本質〉的社論。該論稱中共不滿美軍幫助國民政府受降復員已久，該事件可視

---

[46] 〈柯克上將飛青島〉，《申報》1946 年 8 月 6 日，第 1 版。

[47] 〈在未達成任務以前美軍決不自華撤退〉，《益世報》1946 年 8 月 6 日，第 1 版。

[48] 鄒讜：《美國在中國的失敗（1941-1950 年）》，王寧、周先進譯，上海：上海人民出版社，2012 年，第 316 頁。

[49] 中共中央文獻研究室、中共南京市委員會編：《周恩來一九四六年談判文選》，北京：中央文獻出版社，1996 年，第 385 頁。

為中共攻擊駐華美軍的起點。[50] 這期報紙除此篇近一千字的社論外，關於該案的報導僅有一則「駐津美軍當局證實巡邏隊遭共軍襲擊」的通訊，態度不慍不火。《中央日報》的這一姿態，顯現了國民黨對此事的基調：欲借安平事件批判中共對美國這一友好調停者的有意攻擊，但因美國壓制不敢肆意利用，又不得不收斂幾分。

　　蔣介石認為此案在減緩國民黨輿論壓力的同時，亦使美國對中共產生懷疑，從而能防止駐華美軍撤退。在半月前的 7 月 11 日，李公樸在昆明被暗殺；4 日後，聞一多繼而被殺。李聞二人是中國民主同盟的中央委員，均致力於國共和談。由於他們被殺於同城，且僅隔 3 天，轟動一時。[51]「李聞慘案」發生後，國內外輿論紛紛指責蔣政府對民主人士的迫害，而安平事件在一定程度上轉移了大眾的注意。對正處水深火熱之中的蔣來說，壓力稍緩。[52] 而由於中共與美軍接連發生摩擦，蔣介石估計馬歇爾希望中共親近美國的想法似已消失。[53] 因此，他得知此事之初，頗為竊喜。不過，蔣受美方「不以變態影響常態」原則的壓制，只能低調處之。8 月 5 日，司徒雷登拜訪蔣介石，表達了美方對此事的謹慎態度。蔣對美國的處理方式大為不滿，他認為馬歇爾盡量忍讓共產黨、避免事態擴大，實際上是「唯恐我政府利用此案，擴大宣傳」。[54] 在他看來，美國因此事軍威大損，反而於有形無形之中對國民黨施以壓力，甚至恫嚇。蔣直言：「美國本為主張公理與正義之民族，而竟如此畏懼強暴，其誰能信」。[55]

　　對國民黨而言，駐華北地區的美軍是其借美方之手牽制中共的關鍵。戰後接收物資和進軍部署最為重要的地區便是華北。[56] 華北是抗戰時期淪陷最為嚴

---

[50] 〈社論：小沙河事件的本質〉，《中央日報》1946 年 7 月 31 日，第 2 版。

[51] 聞黎明：〈李聞慘案之善後〉，《近代史研究》2011 年第 4 期。

[52] 葉健青編：《蔣中正總統檔案：事略稿本》（第 66 輯，民國三十五年六月至八月），第 483 頁。

[53] 葉健青編：《蔣中正總統檔案：事略稿本》（第 66 輯，民國三十五年六月至八月），第 517 頁。

[54] 葉健青編：《蔣中正總統檔案：事略稿本》（第 66 輯，民國三十五年六月至八月），第 488 頁。

[55] 葉健青編：《蔣中正總統檔案：事略稿本》（第 66 輯，民國三十五年六月至八月），第 483 頁。

[56] 汪朝光：《1945-1949：國共政爭與中國命運》，北京：社會科學文獻出版社，2010 年，

重的地帶，也是前往東北的主要通道。但由於國民黨軍隊在華北力量不足，登陸華北的美國海軍陸戰隊便成為國民黨占領要地、抵抗中共的主要軍事力量。除了保障華北地區交通路線暢通和局勢穩定，駐華美軍還幫國民黨運兵到全國諸多地區。據統計，1945年10月中旬至次年6月中旬，駐華美軍先後運送國民黨11個軍前往華北、華中、東北和臺灣。[57] 諸多利益下，蔣當然不希望駐華美軍立即撤離。

受美方壓制不能藉安平事件對中共發起強力的輿論攻勢，蔣便另闢蹊徑。安平事件發生後，他立即指令北平軍調部委員鄭介民，要求其代向「駐平津美軍特致誠摯之弔慰」，以安穩美軍之情緒。[58] 8月2日，美方在天津東局子美國公墓舉行追悼會，安葬該案中受襲而亡的3名美國海軍陸戰隊官兵，多位國民黨政府高層出席。當天，蔣介石還親自致電美國海軍陸戰隊第一師團司令洛基（Keller E. Rockey, 1888-1970）少將，對此案中死傷官兵「表示深切之同情與遺憾，並向陸戰隊及死傷者之家人致悲悼之意」，肯定美軍在華的和平貢獻。[59]

在此政令下，天津市政府繼而又為該案中喪生的美國軍人組織了一場公開追悼會。8月7日，天津市政府收到鄭介民處理該案的指示：一要慰問美軍受傷士兵；二需發動民眾團體追悼活動；三令民眾電請中央政府緝凶，系列活動可由天津市黨部會同社會局協辦。[60] 隨後，天津市政府立即成立人民團體追悼盟軍安平殉難將士的專門籌備組。該組逐個通知各區公所及商會成員，要求按時參加追悼大會，嚴格管控出席人員，並根據各區公所上報的人數發放入場券。[61] 此會還要求參與者憑券進入的同時準備輓聯花圈，並寫上「盟軍安平殉

第 12 頁。

[57] 石源華：《中華民國外交史新著》第3卷，北京：社會科學文獻出版社，2013年，第1062頁。

[58] 《蔣中正總統檔案：事略稿本》（第66輯，民國三十五年六月至八月），第454頁。

[59] "President Chiang Kai-shek to Major General Keller E. Rockey, U.S.M.C., at Tientsin, Kuling, August 2, 1946", *FRUS: The Far East, China, 1946*, Vol. IX, p.1438.

[60] 《為對安平事件要慰問向美軍受傷士兵等事給市社會局的密令》（1946年8月7日），天津市檔案館藏，檔號：J0002-3-007364-013。

[61] 《各項來文「關於天津市人民團體追悼盟軍安平殉難將士大會的訓令」》（1946年8月9日），天津市檔案館藏，檔號：J0129-3-002345-031；《為參加追悼盟軍安平殉難將士大會事致各公會函》（1946年8月12日），天津市檔案館藏，檔號：J0128-2-

駐華美軍何去何從——安平事件後國共美三方的博弈／左承穎、楊雨青　51

難將士英魂」，以便統一懸掛於會場內外。[62]17日上午10點，追悼大會在天津市中國大戲院順利舉行，[63]國民黨各軍政首長及民眾代表千餘人出席。[64]

國民黨政府規避美國的壓制，以一系列公開活動與美國和中共進行博弈。從蔣致電慰問駐津美軍到派遣天津軍政首長親自弔唁，且組織千餘民眾舉行聲勢浩大的追悼大會，國民黨政府欲通過「立」駐華美軍之高尚形象，而「破」要求美軍撤退的批判言論。

與此同時，國民黨不斷發表聲明，強調駐華美軍在華之貢獻。8月2日，軍調部國民黨方參議長蔡文治發表聲明，指出「美軍駐防中國，協助遣俘，並不侵害我主權」。[65]9月底，國民政府外交部常務次長劉鍇召開記者會，重申美軍駐華是經國民政府同意的。[66]駐美大使顧維鈞在美國發表演說，亦感謝美軍對中國的「慷慨友好援助」。[67]國民黨一方面表示美軍駐華係國民政府之同意，強調其合法性；另一方面指出美軍駐華之任務為遣送日俘，以突顯其「正義性」。上文言及，出於亞太地區戰略考慮，美國欲使蔣介石領導下的國民政府成為親美政府，以阻止蘇聯勢力擴張，而蔣也希望以美國政治和軍事力量的支持來牽制中共。但美蔣之間並非和諧一致，亦存在牴牾。除政治目標不同外，戰後初期美國與蔣最大分歧就是對中共的態度：美國認為國共能達成協商，以政治手段實現和平統一，這是其戰後初期對華政策的宗旨；而消滅中共武裝力量卻是戰後國民黨的第一要務。不過，在國共戰事如此緊張狀況下表達對美不滿，勢必會影響美國對國民黨的援助。因此，蔣不願以此得罪美國，只能盡力

000552-032。

[62] 《社會局商會來文內有通知參加安平事件追悼大會文件》（1946年8月13日），天津市檔案館藏，檔號：J0129-3-001108-008。

[63] 《為改期舉行追悼盟軍安平殉難將士大會至張市長的函》（1946年8月12日），天津市檔案館藏，檔號：J0002-3-003711-052。

[64] 《為參加追悼大會事致天津市教育局函（附入場證）》（1946年8月19日），天津市檔案館藏，檔號：J0110-3-0002098-005。

[65] 〈蔡文治發表聲明〉，《申報》1946年8月3日，第1版。

[66] "The Ambassador in China (Stuart) to the Secretary of State, Nanking, September 27, 1946", FRUS: The Far East, China, 1946, Vol. X, 1972, p.230.

[67] 空軍總司令部政治部編：《美軍駐華問題釋疑》，1946年，第16頁，中國國家圖書館文獻縮微中心藏。

與其保持友好合作關係。

　　整體來說，就安平事件後關於美軍駐華的論爭，國民黨喜憂參半。從輿論焦點來看，該案使美軍駐華問題成為熱議話題，沖淡了當時社會對國民黨特務活動的抨擊。就國共政治談判和軍事鬥爭來看，該案導致中共與美國之間隔閡加深，使國民黨處於更加有利地位。而駐華美軍捲入中國內戰，有助於國民黨獲得美國更多的軍事援助。因此，國民黨期以通過系列撫慰駐華美軍活動，強調美軍駐華的合法性及其在華貢獻的同時，設法防止美軍撤退。然而，在美軍駐華問題上，國民黨與國內日益高漲的反美情緒相悖，最終使自己成為眾矢之的。

四、「武裝干涉中國內政」：中共指責美軍片面援華

　　安平事件發生後，中共除巧妙應對聯合調查[68]之外，還在國共談判上不斷向美方提出異議，要求駐華美軍盡早撤離。8月1日，周恩來與馬歇爾會談時，指出美國海軍陸戰隊駐紮華北鐵路沿線，使這一地區局勢頗為複雜嚴峻。[69]6日，周恩來向美方表示美軍在華拍攝照片、設廣播站等行為引起了當地民眾的誤解，繼而他以駐華美軍與中國民眾之間出現的隔閡為由再向馬歇爾施壓。[70]

　　同時，中共認為國民黨利用駐華美軍運輸軍隊，使其捲入中國內戰。上文有言，戰後駐華美軍不僅遣送日俘，還為國民黨運輸兵力、占領要地。隨著遣俘工作接近尾聲，美軍在華任務更是以後者為重，對中共頗為不利。周恩來在談判會議上強調，該衝突不是偶然事件，反映了許多問題，主要有二：一是國民黨軍利用駐華美軍駐紮沿線鐵路運輸兵力；二是國民黨希望美國海軍陸戰隊

---

[68] 中共與美國和國民黨政府關於安平事件的調查過程，見楊奎松：〈1946 年安平事件真相與中共對美交涉〉，《史學月刊》2011 年第 4 期。

[69] "Minutes of Meeting between General Marshall and General Chou En-lai at No.5 Ning Hai Road, Nanking, August 1, 1946", *FRUS: The Far East, China, 1946*, Vol. IX, p.1429-1431.

[70] "Record of Conference at the Embassy in China, August 6, 1946", *FRUS: The Far East, China, 1946*, Vol. IX, p.1453.

與中共軍隊矛盾不斷。[71] 他提出國民黨欲藉安平事件破壞美國與中共的友好關係，並在政治和軍事上多重利用駐華美軍，破壞馬歇爾調停的同時加快軍事進攻的步伐。[72]

事實上，戰後初期中共對美國的整體策略是力求保持中立，既不迎合亦不挑釁，但對美國的「錯誤政策必給以適當批評」[73]。前有提及，美國海軍陸戰隊登陸華北之初，中共就對其頗有微詞，但考慮國內外局勢，對此便採取和緩態度。當時，毛澤東相信美蘇之間應存在雙方不對中國進行干預的祕密協定，亦認為杜魯門不會為了援助蔣介石而破壞與莫斯科的關係。故中共對美軍登陸華北的最初反應僅限於向美軍發出警告，要求其不能未協商就在中共控制的山東北部港口登陸。[74] 據此，延安多次下發指令，讓地方「應取友好態度，避免與美軍衝突」。[75] 但 1946 年以來，駐華美軍持續運送國民黨軍隊到東北地區的舉動，使中共頗為不滿。6 月間，美國白宮提議有關對國民政府的軍事援華法案，更是引起中共反對。22 日，毛澤東發表聲明，要求美國立即停止一切對華的所謂援助，撤回在華的美國軍隊。[76] 隨後，中共中央發表「七七」宣言，尖銳批評美國對華政策。這是繼 1945 年年底停止對駐華美軍的抨擊後，中共再次恢復對美的公開批評。[77] 不過，中共孤立美國的同時，強調「對各地美軍，仍應避免衝突」。[78]

---

[71] "Minutes of Meeting between General Marshall and General Chou En-lai at No.5 Ning Hai Road, Nanking, August 1, 1946", *FRUS: The Far East, China, 1946*, Vol. IX, p.1435.

[72] "Record of Conference at the Embassy in China, August 6, 1946", *FRUS: The Far East, China, 1946*, Vol. IX, p.1454.

[73] 中共中央文獻研究室、中共南京市委員會編：《周恩來一九四六年談判文選》，第 6 頁。

[74] 文安立：《冷戰與革命──蘇美衝突與中國內戰的起源》，陳之宏、陳兼譯，桂林：廣西師範大學出版社，2002 年，第 118 頁。

[75] 〈中央關於美軍登陸後我之對策的指示〉，中央檔案館編：《中共中央文件選集》第 15 冊，北京：中共中央黨校出版社，1991 年，第 302 頁；〈中央關於對待在華美軍的方針和應注意事項的指示〉，《中共中央文件選集》第 15 冊，第 390 頁。

[76] 〈毛澤東主席關於反對美國軍事援蔣法案的聲明〉，中央檔案館編：《中共中央文件選集》第 16 冊，北京：中共中央黨校出版社，1992 年，第 209 頁。

[77] 孫岩：〈戰後初期蘇聯與中國共產黨反對美軍駐華的鬥爭〉，《國際政治研究》1993 年第 2 期。

[78] 〈中央關於發表紀念「七七」宣言後對美國及國民黨鬥爭問題的指示〉，《中共中央文

安平事件發生後，中共再次發起對駐華美軍的宣傳攻勢。其批判主要體現在三方面：一、駐華美軍幫助國民黨軍隊運兵、占地，美國片面援華的同時破壞國共和談；二、駐華美軍與中共直面衝突，實為武裝干涉中國內政，侵占我國領土；三、美軍駐華促使蔣介石拖延國共和談，助國民黨軍隊對中共強力進攻。[79]

隨之，中共積極響應國內出現的反美軍駐華的言論與活動。受「李聞慘案」影響，以民盟為首的民主人士和部分民眾對國民黨和美國頗為反感；安平事件後，中國國內要求美軍退出中國的呼聲更為高漲。因此，周恩來在上海參與國共和談期間，先後訪晤了張君勱、梁漱溟、宋慶齡等人，並多次邀請馬敘倫、許廣平等組織反美軍駐華運動的民主人士到中共代表團駐地敘談，積極聯絡國內中間黨派。[80] 另外，中共還動員地方群眾組織反美軍駐華活動。此前，中共中央就下發指示，要求各區依當地具體條件，「採取群眾遊行、請願等形式」，反對美國對華政策；[81] 9 月，中國民主促進會在上海組織為期 7 天的「美軍退出中國週」運動，中共中央隨即指令各地積極響應，並將反美宣傳口號轉向「美軍退出中國」。[82]

值得注意的是，中共此次反美軍駐華的宣傳攻勢得到了蘇聯的公開支持。戰後初期，蘇聯與國民政府簽署同盟條約，以此維護蘇聯在華利益。但自1946 年 5 月起，蘇聯逐漸在東北地區對中共提供有限的非公開援助。[83] 6 月，蘇聯公開指責國民黨和美國，其支持中共一方的態度頗為明顯。[84] 與中國國內出現的反美軍駐華運動相應，蘇聯也開始公開敦促美國迅速從中國撤軍。8 月

件選集》第 16 冊，第 230 頁。

[79] 〈安平鎮事件〉，《解放日報》1946 年 8 月 1 日，第 1 版；〈中共繼續宣傳反美〉，《申報》1946 年 8 月 11 日，第 1 版。

[80] 中共中央文獻研究室編：《周恩來年譜（1898-1949）》下，北京：中央文獻出版社，2007 年，第 695、699、713、717 頁。

[81] 〈中央關於動員各群眾團體要求美國改變對華反動政策的指示〉，《中共中央文件選集》第 16 冊，第 216-217 頁。

[82] 〈中央關於開展美軍退出中國運動周的指示〉，《中共中央文件選集》第 16 冊，第299-300 頁。

[83] 沈志華：〈中國內戰與蘇聯對華政策的轉軌（1945-1949）〉，《歷史教學問題》2017 年第 1 期。

[84] 沈志華主編：《中蘇關係史綱：1917-1991 年中蘇關係若干問題再探討》上，北京：社會科學文獻出版社，2016 年，第 133 頁。

底，蘇聯駐聯合國代表葛羅米柯（Andrei Andreyevich Gromyko, 1909-1989）在聯合國安全理事會上建議調查各會員國駐海外的軍隊人數，稱世界輿論正以焦慮態度關注此等軍隊。[85] 之後，他在安理會上多次提出中國局勢問題，認為駐華美軍在干涉中國內政，甚至可能引發國際性衝突。[86]

圍繞安平事件後美軍駐華問題的論爭，中共審時度勢，充分利用國內民眾的反美情緒，使駐華美軍處於尷尬境地。在中共看來，駐華美軍與中共部隊之間的矛盾應歸咎於美國作為調停者卻單方面援助國民黨的二重政策。中共本就不滿駐華美軍占領華北要地，而美軍幫助國民政府輸送軍隊的行動，更是加深其對美國的不信任。隨著美國對國民黨的援助不斷增加，中共的反美態度漸而強硬。

結語

抗日戰爭結束後，中國華北地區充滿喜悅的氛圍背後潛伏著重重危機。國民黨軍、中共軍隊和美國海軍陸戰隊等多方武裝力量聚集於此，各方處於博弈狀態，隨時可能擦槍走火。西南聯大教授錢端升在分析戰後局勢時直言，此地有點燃第三次世界大戰的可能。[87] 1946 年以來，中國國內的緊張局勢並未因馬歇爾的調停工作得到緩解，國共仍處於邊打邊談的狀態，雙方矛盾在華北和東北兩地最為突出。安平事件的爆發，使戰後初期美軍駐華的困境顯露無疑。該案不僅將駐華美軍直接推至輿論的風口浪尖，亦使其捲入國共紛爭。面對複雜多變的政治局勢，國、共、美三方圍繞美軍駐華問題激烈論爭，做出了不同的因應。

安平事件後駐華美軍陷入的複雜困境，不僅歸因於戰後初期美國對華的既定政策，亦是多方力量博弈的結果。作為戰後美國東亞政策的重要組成部分，駐華美軍幫中國遣送日俘的同時亦助國民黨軍隊占領要地；其以支持國民黨政

---

[85] 〈安全理事會上葛羅米柯提建議〉，《新華日報》1946 年 9 月 1 日，第 3 版。

[86] 〈蘇聯向安理會提議駐華美軍應撤退〉，《申報》1946 年 9 月 25 日，第 3 版。

[87] Tuan-Sheng Chien, "Will North China be The Bridge to World War III?", *The China Weekly Review*, December 8, 1945.

府和平實現中國統一為原則，又力求不被捲入中國內爭。但在謹慎實行的過程中，美軍駐華的矛盾性並未消除。隨美蘇冷戰對抗的開啟，駐華美軍要做到不顧此失彼極為艱難，最終仍陷入國共內戰之中。而在冷戰影響下，國、共、美三方相互牽制，利用政治、外交與輿論等手段，以實現各自目標。安平事件後三方在美軍駐華問題上的不同反應和對策，就集中反映了戰後初期美國與中共和國民黨的複雜關係及利益糾葛。

揮之不去的「舊協和」
——中華人民共和國成立後協和的醫學專業化（1951-1966）

胡成[*]

　　1950 年夏，時任西南軍區軍政大學，即前二野軍政大學教育長的張之強，經軍委衛生部一位副部長的介紹，因肺結核而住進協和醫院的頭等病房。那時協和西門口掛著「私立北平協和醫院」的牌子，還沒有斷絕與美國洛克菲勒基金會（Rockefeller Foundation）旗下的中華醫學基金會（China Medical Board）的聯繫。住院期間，張之強與此前住過的南京中央醫院相比，認為協和的醫學專業化水準更高，條件也更為優渥。儘管如此，張之強心裡卻有太多意識形態的芥蒂，說：「我過去在北京上學時，就聽說協和是全國醫療水平最高的醫院，但因為它是美帝在中國辦的醫院，情感上總有些不舒服。」[1] 1936 年，張之強曾在北平師範大學教育系就學，1938 年加入中國共產黨後奔赴延安。不過，那時在協和住院的他，還不知道在該機構於 1951 年 1 月將由政府接管，自己被任命為政委、黨委第一書記。直到 1965 年被調任衛生部為止，他都是全權負責的第一把手。作為一種早已生成的情感糾結，張之強的這一段內心直白，猶如咒語般地預示著協和將要走過一段風雨飄搖的坎坷之路。

　　協和的醫學專業化發展，有自來也。19 世紀中葉至 20 世紀初，隨著歐美發達國家不斷城市化、工業化，大力推動了諸如律師、工程師、記者、醫生等專業化的發展。就醫學專業化而言，意義在於使治療不只是醫生與病患的個人之事，且還須包括職業共同體的基本利益、內在化了的核心倫理，以及取得成就之後的榮譽和獎勵。[2] 一般來說，歐美發達國家的醫學專業化發展，

---

[*]　胡成，南京大學歷史系教授，主要從事中國近現代史的研究。
[1]　張之強：《我的一生》，出版情況不詳，2006 年自印本，第 200 頁。
[2]　Stephen J. Kunitz , "Professionalism and Social Control in the Progressive Era: The

是通過職業共同體的競爭、角力，以及民族國家的立法而逐漸形成的，例如1815-1848年間法國關於醫學專業化改革的9項創議、1840-1858年期間英國議會通過的18項有關醫學專業化的法令，以及1847年美國醫學聯合會（The American Medical Association）的成立。與之不同，中國的醫學專業化是由歐美的醫療傳教士、通商口岸的外籍醫生，日本殖民當局，以及數以百計的中國留日學生，根據各自境況而碎片化地引入的——不同地區、不同醫學機構的發展相當不平衡。總體來看，洛克菲勒基金會於1915年成立羅氏醫社，及其投入鉅資於1917年創辦的北京協和醫學院，被視為在整個中國，乃至在東亞擁有最高的醫學專業化水準。[3]

問題在於，20世紀50年代之後「舊協和」被標籤為美帝國主義的文化侵略堡壘，並與日益高漲的「反美主義」（Anti-Americanism）相互呼應。其所推崇的醫學專業標準是否能夠維繫？期間發生了哪些權力／權利之間的博弈和抗爭？就以往的相關研究來看，關於近代中國醫學專業化的發展，迄今為止，不論在中文世界，抑或在英文世界都還比較有限。作為開創性的研究，本文希望順著這個概念，探討1951年1月之後的「新協和」與「舊協和」之間的轉承啟合。至於「反美主義」，從1945年冷戰鐵幕開啟之後，就是英語世界一個時時被人談論的話題。而具體到那個時代的中國，學者們則較多關注政治高層的自上而下，或者說是比較顯性的權力布控和運作，討論的更多是那些政治運動和思想改造的宏觀過程。[4] 本文有所不同，希望從「醫學專業化」的概念切

Case of the Flexner Report", *Social Problems*, 1974 (1), pp.16-27; Toby Gelfand, "From Guild to Profession: The Surgeons of France in the 18th Century", *The Humanities and Medicine*, 1974 (1), pp.121-134; Jeanne L. Brand, *Doctors and the State: The British Medical Profession and Government Action in Public Health, 1870-1912*, Baltimore, 1965; William G. Rothstein, *American Physicians in the 19th Century: From Sects to Science*, Baltimore, 1972.

[3] Mary E. Ferguson, *China Medical Board and Peking Union Medical College: A Chronicle of Fruitful Collaboration, 1914-1951*, China Medical Board of New York, Inc., 1970, p.192.

[4] Jon W. Huebner, "University Chinese Anti-Americanism, 1946-1948", *The Australian Journal of Chinese Affairs*, 1987 (17), pp.115-125; Brendon O Connor, "A Brief History of Anti-Americanism: From Cultural Criticism to Terrorism", *Australasian Journal of American Studies*, 2004 (1), pp.77-92.

入，更多地在事件發生和演化的微觀場景之中，自下而上地討論不同人物就此所做出的各種應對和調適。概言之，本文的研究不只是聚焦於宏大敘事的「反美主義」，且還會具體討論那個時代的這一政治光譜中不同色域的構成。或者說通過區分激進／溫和，極端意識形態／現實主義的不同，本文將進而討論那些被視為「親美」之人的所思所想及所為，以求呈現在那個「反美主義」狂飆突進的大時代裡，一些微觀敘述中的多面、多元和複雜之歷史景觀。

一、肅清「美帝國主義的文化侵略堡壘」之影響

「舊協和」與新政權與的嚴重不諧，趨向表面化，肇始於1950年11月8日。那時志願軍已經進入朝鮮而與聯合國軍交戰，全國各地掀起了「抗美援朝」的聲勢浩大之宣傳運動，幾乎沒有人敢公開表示質疑和反對。這一天，為了解決志願軍傷病員的醫療問題，中央政府的衛生部、教育部和軍委衛生部與時任協和醫學院院長李宗恩，醫院院長李克鴻商談，想借用 250 張病床成立一所新的醫院。然而，李宗思對此非常不情願，最初的婉拒理由是駐協和的中華醫學基金會代表婁克斯（Dr. Harold H Loucks, 1894-1982）於當年 6 月 28 日回國，他們倆人沒法決定此事。後來在壓力之下，兩人不得已做出妥協，同意如數借出病床，並於 11 月 20 日參加了政府主持成立關於協和未來發展的諮詢委員會。12月 22 日，該委員會討論決定新成立的醫院將與協和醫院合作，共同收治志願軍傷病員。具體分工是前者負責傷病員的組織工作，後者負責醫療合作，行政管理和財政各自獨立，並由雙方派出有關人員組成行政、醫療、經濟三個小組，分別進行工作。[5] 這一安排大大削弱了「舊協和」領導人的醫療行政自主權。

就李宗恩在抗日戰爭及後來北平解放後沒有流亡海外的表現來看，應該是不缺「愛國主義」情懷的。此時他為何不能識時務者為俊傑，慷慨借出這 250張病床，是考慮到維持協和的醫學專業標準，而非對中國加入朝鮮戰事的牴觸。在一年多後思想改造運動的檢查中，他坦承自己在當時有三點顧慮：首先，

5　中國協和醫科大學：《中國協和醫科大學校史 1917-1987》，中國科學技術出版社 1987年版，第 45 頁。

協和當時總共只有 350 張病床，借出 250 張病床後，剩下的 100 張病床，就沒有辦法維持正常教學秩序；其次，既然協和還被政府視為醫學教學機構，就應當保證醫療教學設備齊全，政府可向其他醫院求借；再次，讓協和與新成立的醫院合作，一定會「亂七八糟，協和標準很難維持」[6]。可對於新政權來說，這正是「舊協和」政治不服從的表現。張之強說，他們向協和借用 250 張病床，有人就不大願意，經過多次做工作，才勉強接受。實際上，此前政府與「舊協和」已有摩擦，即 1949 年 9 月第一屆全國政治協商會議在北京召開時，政府曾向協和商借學生宿舍，以供與會政協委員住宿，可是「就有人堅決不同意而只得作罷」[7]。

再讓政府感到憂心重重的，儘管接下來 1951 年 1 月 20 日接管了協和，黨組織發動了大規模政治宣傳運動，聲稱一個「新協和」的開始；但仍然有不少人身陷「舊協和」的醫學專業標準中而執迷不悟。1950 年 3 月 22 日、4 月 19 日的《人民日報》分別刊發了「讀者來信」以及協和醫學院的檢討，稱協和醫學院有許多人不看黨的報紙，漠不關心於政府大力號召民眾支持的抗美援朝、增產節約和「三反」運動。這篇文章列出的數據是，300 多人中（包括教授、大夫、護士、助理員），約有二分之一基本上不讀報。以擁有各種資料最多而自傲的協和圖書館，甚至連一份《人民日報》都不訂，原因在於一些教授、大夫們只曉得整天忙於專業學術研究、跑病房，對於外事不聞不問。個別教授認為參加學習小組，是一件令人生厭的麻煩事。更讓這幾位讀者感到憤慨的是：「上學期，當學生們要求分出一定時間學習政治的時候，教授們竟然不接受這一意見，（說）課程表上沒有規定一分鐘的政治學習時間。」[8]

作為應對，黨委提出「改造舊協和，建設新協和」的口號，大張旗鼓地動員師生們投身到「澈底肅清美帝文化侵略影響」的運動之中。最先響應的，是與「舊協和」關係不那麼深的一些進步年輕學生。他（她）們撰文批判說，「舊

---

[6] 〈李宗恩的檢查〉，《新協和・思想建設特刊》1952 年第 14 期。

[7] 張之強：《我的一生》，第 209 頁。

[8] 讀者來信：〈醫務工作者不應該忽視讀報〉，《人民日報》1952 年 3 月 22 日，第 2 版；中國協和醫學院：〈協和醫學院關於忽視讀報工作的檢討〉，《人民日報》1952 年 4 月 19 日，第 2 版。

協和」畢業的 320 名學生中，73% 留在城市，14% 去了外國，沒有一個人前往解放區。究其原因，進步學生們認為是「舊協和」提供的條件非常優渥。這篇文章批判道，直到抗日戰爭爆發之前，該校每位同學每月的飯費高達 60 銀元。早餐有牛奶、雞蛋、水果，下午 4、5 點有茶點。吃飯時每桌有 4 碟菜、1 個湯，5、6 個人吃。如果一個人來，照樣可以開一大桌。喜歡吃哪一個菜，吃完了可以再要，到夠了為止。飯後還有冰淇淋，每張桌子上放了一個呼叫傭人的按鈴。每四張桌子安排了一位專門負責添飯、被稱為「table boy」的茶役。學生們吃完了飯，一敲碟子，馬上由他來添第二碗。培養出來這些西服筆挺的學生，遠遠脫離了廣大中國人民的生活水平，造成嚴重的享樂思想。這篇文字最後說：「結果就是使人安於這個舶來的『現實』，不願想什麼中國革命的問題。」[9]

除此之外，黨委還進一步揭露那些「披著紳士、學者外衣的帝國主義分子」，批判火力集中在美國中華醫學基金會最後一任駐協和代表的婁克斯身上。最初的宣傳動員難以奏效，原因在於婁克斯長期擔任外科主任，在協和兢兢業業地工作了 20 年，有較高學術聲望和良好人緣。如在 1950 年 6 月他回國之前，校方組織了歡送會。他在答謝致辭中說，自己在中國幾十年，最讓他在回國之時難以忘懷的，是學生對先生的景仰和友誼，並稱「這是中國學生的特質」。婁克斯講這番話時態度和藹，語調平緩，充滿了感情，在場很多學生被「深深感動，眼淚就在眼眶上」。由於學生會就此活動僅僅寫了一封簡單的祝賀信，很多同學還感到不滿，認為對婁克斯太冷淡了。學生會主席為此做了抗辯，稱婁克斯是帝國主義分子。但是大部分同學卻不附和，反而說協和與帝國主義的文化侵略沒有什麼關係。甚至到了 1951 年 2 月，學校開展進一步肅清美帝國主義影響的學習運動之時，還有學生不認為婁克斯是帝國主義分子，相信自己「所抱的態度是科學的、客觀的」。[10]

更嚴厲的批判還在後面。1951 年 11 月 30 日，中央下發《關於在學校中進行思想改造和組織清理的指示》，要求更為澈底清理「三美」（「親美」、「崇

9　學生會：〈美帝文化侵略在協和〉，《新協和》1951 年第 1 期，引自 China Medical Board, Inc. Rockefeller Archive Center, Box 128, Folder 937, New York，下文不贅。
10　祝壽嵩：〈我的先生〉，《新協和》1951 年第 1 期。

美」、「恐美」）主義，婁克斯遂不容置疑地被定性為狡猾的帝國主義分子。
1952 年 5 月《新協和》刊發的一篇批判文章寫道，此人平日裝成「紳士」、「學
者」，從不當面罵人，使得很多外科大夫對他常有好感，不會想到就是他在掌
握協和的實權。美國的文化侵略政策，就是通過他來執行。這篇文章揭發他一
貫行使小恩小惠，如送實習大夫每人一條領帶，住院總醫師結婚時，送 20 元
美鈔等，並時常請外科大夫們分批到家裡吃飯，大肆宣揚美國生活方式和美國
的民主等。中華人民共和國成立後，他假裝同情新政權，說回到美國後發表了
同情中華人民共和國的言論，被美國人指責為「同情共產主義者」，以博得中
國人民對他的信任。當然，這篇文章免不了批判婁克斯大力推崇的「舊協和」
的醫學專業標準，如他總叫大夫們把經驗和心得寫成論文，送到美國雜誌上發
表。1949 年冬，當他得知政府將抽調協和學生參與防疫時，憤怒地表示這樣
做會妨礙協和的教學計畫。[11]

　　這場運動採用「人人洗澡，個個過關」的方式，設置了所謂「大盆」（全
院大會）、「中盆」（全系）或「小盆」（科室小組）的自我思想檢查，與婁
克斯關係密切之人自然要被推出來表態。1935 年進入協和，1940 年畢業，長
時間作為婁克斯屬下的外科大夫曾憲九（1914-1985），就撰文檢查自己對婁
克斯的「學術關心」太缺乏警惕。他交代了婁克斯返回美國之後給他寫的三封
信。起因是他寫了兩篇文章，請婁克斯批評指正。婁克斯回到美國，第一封信
說正在修改，第二封信提了些修改意見。第三封信是婁克斯知道無法回到中國
後所寫的，表示自己會將這兩篇論文送出發表，並提到此後他雖然不能再寫信
了，但仍希望與曾憲九等外科同仁保持學術上的聯繫，「能繼續著過去協和外
科的誠實與好奇的傳統」。婁克斯的信中還寫道：「因為國際間的猜疑，使遠
東為陰魂陰雲所籠罩，不過他相信終會有一天人類可以和平共處，追求真理與
學術。」他自己「無論在何時何地，外科同仁將永遠與他的心同在」。就此，
曾憲九的大會深刻思想檢查是：「當時看了這封信後，很受感動，覺得婁克斯
對外科同仁是何等關心、何等親切、也覺得他是反對戰爭的。因為他不能回協

---

[11] 范度：〈婁克斯——披著紳士學者外衣的帝國主義分子〉，《新協和・思想建設特刊》
　　 1952 年第 1 期。

和，感覺惋惜。」[12]

　　與婁克斯關係不那麼密切的，也要檢查自己深受「舊協和」推行的醫學專業化之影響。1951 年 5 月 12 日晚上，婦產科、小兒科、公共衛生科、眼科舉行了聯合控訴大會。一位婦產科的年輕醫生反省道，當自己收到世界衛生組織請求調查中國新生兒的身高、體重的信函後，毫不猶豫地接受了任務，甚至不惜加班加點。該檢查說所有參加者都感到很光榮，以為國際友人很重視我們的工作而要感謝他們；相反，對於「政府要我們抽一部分時間為解放軍幹部治療，我們就以為共產黨『侵略』到我們頭上來，拼命推卻。推不掉，才很不願意的接受了。對於美帝，我們就趕任務，對於為我們流血的人，我們敷衍，推諉抗拒」。同一期的刊物上還刊登了另一位擔任志願軍病房護士長的自我檢查，更是觸及「舊協和」醫學專業化的實質——那就是不願意協和被政府接管，認為將來的出路被斷送了。這份檢查說，當自己被調到志願軍病房（五樓二層）時，最初的想法是美國人對協和很好，為什麼與他們打仗，惹起大禍來可受不了。她再看到來到協和的志願軍傷員大都是休養的，對自己的醫療技術沒有什麼提高，接到調令後就頗有牴觸。她隨即到醫務部請求調至別的病房，遭到否絕後，「回去大哭了一場，自認『倒楣』」[13]。

　　1952 年 9 月 27 日，《人民日報》刊發了協和資深教授林巧稚的〈打開「協和」窗戶看祖國〉，標誌著此次思想改造運動獲得了巨大成功。張之強對這篇文章的評論是：「在協和高級知識分子中也有代表性。」[14] 的確，林巧稚集中火力批判了所謂的「協和標準」。文章的開頭，她追溯當年因為羨慕「協和」的「國際標準」，不顧一切困難地離開家鄉，考進「協和」之後非常得意。她說，30 年前一位女學生從廈門到北京「協和」，不是一件小事。在協和讀書期間，她念的全不是中國書，寫的不是中國字。1929 年畢業後留校工作。在「協和」的制度下，加上個人往上爬的求功名思想，她自然而然地走上美帝

---

[12] 曾憲九：〈我認識了婁克斯「學術活動」的真正目的〉，《新協和‧思想建設特刊》1952 年第 13 期。

[13] 〈志願軍病房護士長楊英華控訴，美帝文化侵略使我敵我不分，不愛志願軍〉，《新協和‧思想建設特刊》1952 年第 13 期。

[14] 張之強：《我的回憶》，第 210 頁。

國主義安排好的道路，崇拜美國的學術，羨慕美國的「民主」，處處用美國的標準來衡量中國。當然，林巧稚在文章最後也要表示感謝，說這次思想改造運動喚醒了她，「使我甘心拋棄多年固守的『協和標準』，打開了 30 多年關緊的窗戶，伸出頭去『歌唱我們親愛的祖國，從今走向繁榮富強……』」[15]。

歷次政治運動都是這樣過來的，有進步的；就有不進步、落後乃至反動的。時任院長李宗恩，被認為恪守「協和標準」而冥頑不靈，過關需要經過全院大會的「大盆洗澡」。一些思想改造的積極分子，批評李宗恩強調「盡力在維護『協和標準』和制度，並無政治的用意」，是企圖蒙混過關。李宗恩辯解說他不是不與政府合作，而是想拿出主人翁的態度，對國家負責。他宣稱以一個有醫學教育經驗的專家身分，認為「協和標準」高，對國家是有幫助的。然而，積極分子們則提出諸多質問，如在召開政治協商會議前後，李宗恩常與美國人通信，將會議的內容向美帝份子彙報，「為了維護協和一個小機構的標準，必須這樣立刻時時向美帝分子彙報政協的情形嗎？」[16] 好在這次運動除了有確鑿證據的現行反革命分子之外，即使思想問題嚴重的，也只是做自我批評和大會檢查，而沒有太多政治處罰。不過，李宗恩此後雖然還擔任院長，但已經被嚴重邊緣化。到了 1957 年的「反右」運動，他被作為全國聞名的大右派而被重點批判。《人民日報》發文說，從 8 月到 10 月，經過「兩個月的說理鬥爭，十幾次大小辯論會，協和醫學院專家教授駁倒了李宗恩」。當時舉出的罪證之一，是李宗恩的書面意見書寫有「協和業務質量方面是降低了……協和這幾年的損失必須要有一定的時間，以恢復元氣」。這篇批判文章指稱由此可以看出他的別有用心——叫囂協和的醫學專業水準「今不如昔」，「是有組織、有計畫、有綱領的為美帝國主義文化侵略服務的半殖民地奴化醫學教育制度」。[17]

---

[15] 林巧稚：〈打開「協和」窗戶看祖國〉，《人民日報》1952 年 9 年 27 日，第 3 版。

[16] 林巧稚：〈李宗恩，你的問題和我們的不一樣〉，《新協和》1952 年第 52 期，第 2 版。

[17] 新華社：〈從美帝文化侵略堡壘變成人民醫療機構，協和醫學院解放後在醫療、教學、研究和建設等方面已經起了了根本變化〉，《人民日報》1957 年 8 月 20 日，第 4 版；新華社：〈兩個月的說理鬥爭，十幾次大小辯論會，協和醫學院專家教授駁倒李宗恩〉，《人民日報》1957 年 10 月 6 日，第 3 版。

二、要把「新協和」辦得比「舊協和」更好

　　不論從哪方面來看，李宗恩不是位圖謀不軌的政治反對派，而是太執著於「舊協和」的醫學化專業標準而不知退卻。就如當年在協和主持這場運動的張之強，多年後為其不幸被打成右派，幾年後客死他鄉而表示了內疚和自責。除此之外，張之強還從實際主持這場運動的切身體會，道出其時中共之所以發動一系列政治整肅的深層原因。他用了毛澤東所說「知識分子工農化、工農分子知識化」的那句話，認為「這是有所指的」，認為這些政治「運動的正面作用就是殺殺知識分子的『自由主義』和『傲氣』」[18]。的確，李宗恩一直堅持認為協和醫學院「沒有美國人辦的時候好，原因是共產黨領導得不好」[19]，正是新政權最不願意聽到的。早在 1951 年春天，張之強當得知自己將被任命為軍事代表接管協和之時，心裡十分惶然。他的焦慮是深知協和作為一所國際知名的醫學校，肩上的擔子太重。因為高層領導在決定將協和收歸國有後，就認定這是關乎到國家聲譽的一件大事，「如果辦得不好，美帝國主義和其它的反華勢力，就會趁機進行反華叫囂」[20]。

　　說到協和被收歸國有，還要把目光回溯到 1951 年。當時，中國共產黨提出一個震天響的政治動員口號，是要把「新協和」辦得好於「舊協和」。一份面對全國而大肆宣傳的新聞報導說，1 月 20 日，協和被宣布正式收歸國有，全體師生員工約一千人參加黨召開的慶祝大會。與會的衛生部領導宣讀了政務院關於處理接受美國津貼的文化教育、救濟機關及宗教團體的法令，宣布全體職工一律原職，按照大約是其時北大、清華等學校薪酬兩倍的原薪留用，舊有教學制度將予以維持。與會的教育部、軍委衛生部領導信心滿滿地宣稱，在擺脫美國帝國主義的侵略影響後，中國人民有能力、有信心把協和醫學院辦得

---

[18] 張之強：《我的一生》，第 111 頁。

[19] 新華社：〈從美帝文化侵略堡壘變成人民醫療機構，協和醫學院解放後在醫療、教學、研究和建設等方面已經起了根本變化〉，《人民日報》1957 年 8 月 20 日，第 4 版。

[20] 張之強：《我的一生》，第 200-201 頁。

更好。接著，協和的領導、工會、學生會代表紛紛表態，表示堅持擁護政府決定，說他們也相信「屬中國人民的協和醫學院，前途是無限遠大的」[21]。一個月後，剛創刊的《新協和》進而寫道，他們將盡量收集全院各方面的意見和報導以充實內容，除大力肅清美帝文化侵略的影響之外，主要目標還有「改正我們服務的態度，使教學和醫療的工作面向工農兵大眾，這樣才是『新協和』的使命！」[22]

然而，「新協和」的最初發展卻不令人滿意。1952 年 1 月，協和被劃歸軍隊管轄，首要任務被確定為滿足國防衛生建設需要——基礎研究服從於臨床治療，臨床治療服從於實際需要。接著，為創辦解放軍 301 醫院，總後從協和臨床和基礎部抽調包括 17 名教授，20 名主治醫師等一大批專業骨幹，致使其教學和科研力量受到了很大削弱。[23] 在 1952 年至 1956 年期間，協和醫院診治的病患多是軍人幹部，其住院人次、門診人次、急診人次幾乎占到二分之一。1953 年春協和就停止招收醫學生，開始成為醫療衛生幹部的進修學院，[24] 為了滿足各地醫療衛生的需要，協和舉辦了來自全國各地、不同崗位，醫學基礎知識參差不齊的各種訓練班。如為落實 1950 年 8 月全國第一屆衛生工作會議關於預防為主的決議，培訓當時迫切需要的公共衛生護士，該院公共衛生護士班的人數一下子比過去增加了 4、5 倍。資料記載說：「由於教學人員不足，公共衛生護士也擔當了實習教學工作。」[25] 1957 年 8 月，為反擊李宗恩所說建國後的協和「沒有美國人辦的時候好」，《人民日報》提供的數據也只是說，「舊協和」的 22 年中，僅培養了 310 名畢業生；建國以後的「新協和」通過進修和短期訓練班等形式，培養了 937 名醫務幹部，245 名醫學生畢業，以及接收了來自全國各地 120 個醫療單位的進修生。[26]

---

[21] 新華社：〈中央人民政府衛生部正式接收北京協和醫學院，該院師生員工千人集會歡欣慶祝〉，《人民日報》1951 年 1 月 21 日，第 1 版；〈中國人民的新協和萬歲〉，《新協和》1951 年第 1 期。

[22] 〈「新協和」的使命〉，《新協和》1951 年第 1 期。

[23] 張之強：《我的一生》，第 219 頁。

[24] 中國協和醫科大學編：《中國協和醫科大學校史 1917-1987》，第 48 頁。

[25] 中國協和醫科大學編：《中國協和醫科大學校史 1917-1987》，第 45 頁。

[26] 新華社：〈從美帝文化侵略堡壘變成人民醫療機構，協和醫學院解放後在醫療、教學、

1956 年，協和被重新劃歸衛生部領導，1958 年捲入了超英趕美的「大躍進」。那時響徹雲霄的口號是醫療治療和科學研究的「多快好省」，作為該院先進而被大力表彰的婦產科，過去作簡單的全部子宮切除術，平均需要 2.5 小時，部分子宮切除術縮短為 1.5 小時。速度更快的，是施行一個部分子宮切除術，僅 1 小時 15 分鐘就結束了。結紮輸卵管手術，以前一般在產後 6 至 20 小時內進行，此時改進到產後 2-3 小時內進行。皮膚切口由絲線縫合改為腸線皮下縫合，病人不必等待 5 天後拆線，出院日可以提早 3 天，已試行 3 例而效果良好。[27] 更鼓舞人心的是，有些積極分子提出「5 年內征服腫瘤」。抗生素系的先進分子們篩選有效藥物，工作速度提高 215 倍，他們「決定在半年內找到抗癌抗生素」。[28] 這也讓張之強非常振奮，在一次總結會上說協和已經發生了翻天覆地的大變化，1 天等於 20 年，並強調「協和維持了 30 年的美國標準一夜之間就被沖垮了」。[29]

此時領導人之所以大力強調對「舊協和」的「破舊立新」，原因在於其專業影響太根深柢固。那些頑固恪守「舊協和」醫學專業標準之人，總對群眾性的「大躍進」風言風語，冷嘲熱諷。當時一篇文章批判道，這些人說「舊協和」冷冷清清，研究成果卻是國際水平，「言外之意，今天轟轟烈烈，卻是一事無成」。[30] 這篇文章針鋒相對地說，「新協和」發揚了當年革命軍隊辦醫院的光榮傳統——即被「舊協和」蔑視的所謂「游擊習氣」和「農村作風」。如「舊協和」主張按照世界一流水準辦學，認為科學研究必須掌握國際進度，深入追蹤英文世界發表過的國際文獻，研究的成果須得到外國人的承認。然而，是年 5 月初，院黨委組織了 4 週的相關務虛會議，發動全院對科學研究中的「舊協

研究和建設等方面已經起了根本變化〉，《人民日報》1957 年 8 月 20 日，第 4 版。

[27] 〈婦產科加強配合改進操作，縮短手術時間和術後住院日〉，《中國醫學科學院院報》1958 年 6 月 7 日，第 4 版。

[28] 〈抗生素系篩選速度提高 215 倍，決定在半年內找到抗癌抗生素〉，《中國醫學科學院院報》1958 年 7 月 16 日，第 1 版。

[29] 〈在首次獻寶獻禮大會上廿個單位報捷並宣布躍進新指標〉，《中國醫學科學院院報》1958 年 6 月 19 日，第 1 版。

[30] 蘇芋：〈斥「冷冷清清」的愛好者〉，《中國醫學科學院院報》1959 年 12 月 10 日，第 3 版。

和」／「新協和」進行討論。在 5 月 29 日的全院辯論大會上，黨委領導談到科學研究中的「國際水平」問題時，斬釘截鐵地說：「我們所強調的『國際水平』，是為人民生產解決實際問題的國際水平，所謂填補英美文獻中空白點的『國際水平』……實際上是立場問題，必須予以澈底批判。」[31] 後來刊發的另一篇文章的口氣更是豪邁，聲稱：「我們不要顧慮外國人承認不承認。我們六億人民承認了，外國不承認，也不要緊。」[32]

再與那個時代的意識形態格格不入的，是「舊協和」在醫療過程中「等級森嚴」。一篇文章批判道，舊協和有這樣一種傳統：層次繁多，等級嚴明，任何人不得越雷池一步。上級大夫的話是金口玉言，即使是錯誤的，下級醫生也不能提出反對意見。結果造成醫師職級越高，越脫離病人的實際。那些幸運升到講座教授之人，高高在上，埋頭於「高深理論」和個人興趣。然而，資歷淺的大夫卻只有和病人打交道的資格，對研究工作無權過問。這篇文章說：「高級醫師有時下來查房，總以外國文獻套病人實際。甚至擺出權威架子，無端訓斥下級醫師，弄得下級醫師噤若寒蟬。」[33] 此時走在最前面的是腦系科破除「權威」和「等級制」的全面「大躍進」。該系科自 10 月初以來，所有高級醫師都被下放到門診和病房，在面向實際和為病人服務的基礎上開展研究工作。為了讓醫師們集中力量治療，護士們擔負起醫師們的部分常規治療工作，如打針、輸血、輸液、穿刺等。同樣，醫師們利用一切機會做護理。每遇開飯時間，給病人餵飯的不僅有護士，也有醫師。此外，他們堅決地推進了技術民主，以黨組織為核心，在治療過程中不只是專家說了算，青年們在集體討論中也可以提出新的療法和建設性意見，有些老教授「過去慣於用『薑是老的辣』這句話去訓斥青年，現在再也聽不到這句話了」。[34]

---

[31] 〈揭穿科學研究中的資產階級本質，明確科學必須為生產大躍進服務〉，《中國醫學科學院院報》1958 年 6 月 4 日，第 2 版。

[32] 〈學習協和腦系科的革命創舉〉，《中國醫學科學院院報》1958 年 12 月 29 日，第 1 版。

[33] 〈為遊擊習氣恢復名譽以後——協和腦系科大破資產階級傳統經過〉，《中國醫學科學院院報》1958 年 12 月 29 日，第 1 版。

[34] 郭少軍、熊世琦：〈大破「權威」和「等級制」協和醫院腦系科的全面大躍進〉，《人民日報》1958 年 11 月 10 日，第 6 版。

另一項溫馨動人的改進，是「新協和」大力倡揚「全心全意為人民服務，醫院如同家庭，使病人感到親切、溫暖」的新型醫患關係。[35] 在他們看來，「舊協和」如同衙門，使人感到冷酷森嚴，廣大人民可望而不可及。就如當時許多醫院實行了三班門診制，有的醫院還實行了 24 小時門診和星期日門診，基本上消滅了排隊掛號。目的是方便工人職員們利用下班時間就診，不致耽誤工作和生產。天津醫學院附屬醫學、上海第一醫學院的 6 個附屬醫院，還開辦了每天只收住院費 1 角 2 分，病人自帶伙食、衣物的簡易病床，大大減輕了病人的負擔。然而，協和很多醫生卻不願給勞動人民看病，認為他們笨、髒、說話囉嗦。此時一位熟練工人的月工資不超過 40 元，可在協和看一次門診，掛號、藥費平均是 1 元 8 角，住一天醫院平均費用是 7 元 1 角 9 分。很多群眾反映，在協和治好了病，多帶著眼淚出院──病治好了，也傾家蕩產了。當然，最讓人民群眾不滿意的，是掛號後十天半月才能看上病。[36] 作為一項最重要的醫療惠民的舉措，協和於當年 6 月 3 日晚上正式開始 24 小時的門診，科主任、教授親臨門診。簡易病床也連夜準備就緒，計劃第二天開始收容病人。新聞報導說：「當夜來到北京的癌症患者，用不著等到第二天，就可以立即到腫瘤醫院就診。湖南到北京來的一位患者，本來聽說到『協和』看病如何困難，沒想到4 月 1 日到『協和』就看上了病，真是喜出望外。」[37]

三、「黨的領導加舊協和」與八年制醫學院的重建

儘管在那些年裡「舊協和」被政治敏感化，並上升到意識形態的高度，但要求恢復其醫學專業水準的呼聲，一直不絕於耳，揮之不去。張之強在回憶錄

---

[35] 〈徐運北付部長在我院全體人員上的報告摘要，衛生工作必須大力改革，堅決貫徹黨的總路線〉，《中國醫學科學院院報》1958 年 6 月 7 日，第 1 版。

[36] 〈徐運北付部長在我院全體人員上的報告摘要，衛生工作必須大力改革，堅決貫徹黨的總路線〉，《中國醫學科學院院報》1958 年 6 月 7 日，第 1 版。

[37] 〈中國醫學科學院在總路線的光輝照耀下，砍掉迷信美英的奴隸思想，面向病人，面向實際，敢作敢為〉，《人民日報》1958 年 6 月 8 日，第 2 版；〈破迷信、插紅旗、訂規劃、搞革新，中國醫學科學院壯志凌雲、幹勁沖天〉，《健康報》1958 年 6 月 25 日，第 4 版。

中寫道：「協和劃歸中央衛生部領導以後，他們的專家教授們大多都希望恢復協和醫學院的老傳統，以擔負起培養高級醫學教育、臨床醫療和科學研究人才的任務。協和人的意願和要求是強烈的，但迫於當時的政治氣候，又都不願、也不敢直接提出來，只是在言談說話之間，總流露出認為協和的專家教授『比較有經驗』的看法。」[38] 不過，1956 年 1 月，中央召開了關於知識分子問題的會議，糾正了此前只強調知識分子的思想改造，提出其絕大部分已經是工人階級的一部分。毛澤東在會議的最後一天做了講話，號召全黨努力學習科學知識，同黨外知識分子團結一致，為迅速趕上世界科學先進水平而奮鬥。接下來，在「向科學進軍」的口號感召之下，直到 1957 年 7 月「反右」之前，政治空氣一下子寬鬆了許多。知識分子們和學者，開始敢於暢所欲言，建言獻策，沒有太多後顧之憂。

中華人民共和國成立以來首次公開為「舊協和」發聲的，是時任協和解剖系主任的張鋆教授（1890-1977）於 1957 年 7 月刊發在《人民日報》上的一篇文章。在文中他呼籲不應拋棄「舊協和」醫學專業化的傳統，並直言：「我認為協和醫學院過去在培養高級醫學人才方面還是有一定經驗的，在基礎科學、臨床實習和實驗室工作的訓練上是十分重視的，因此協和的畢業生在醫學崗位上是起到一定的作用的。在學術研究上，過去有的方面也曾達到世界水平。」[39] 與此同時，協和另一位重量級人物，即時任內科主任的張孝騫教授也上書黨的高層，建議恢復「舊協和」採用的八年制醫學教學體系。他認為醫學是一門應用科學，需要極為堅實的理論基礎，因此醫學人才的培養是一樁艱巨繁複的工作。在高等教育中，醫學應當是年限最長、課目最多，自然科學訓練較為全面的一科。張孝騫坦率地批評道，由於國家的迫切需要，中華人民共和國成立以來的醫學教育不得不照顧數量，縮短年限而降低了品質。此時的醫學院學制是學習蘇聯的五年制，醫預科課程極不充實。「由於學生人數過多，師資、設備、病床都感缺乏，教學也很不夠理想」。[40]

---

38 張之強：《我的一生》，第 222 頁。

39 張鋆：〈幫助黨辦好醫學教育〉，《人民日報》1957 年 6 月 4 日，第 7 版。

40 張孝騫：《恢復醫學生教育》，第 69-71 頁。

相對於只在教學方面有重要影響的張鋆而言，張孝騫由於還擔任中南海的保健醫生，上書比較容易抵達高層，而更可能產生實際效用。如最初在籌建中國醫學科學院的過程中，雖有老協和之人提出恢復醫學院的意見，但以張之強為首的黨委沒有給予考慮。因為這是一個政治上比較敏感的話題，且涉及到中國醫學科學院方方面面的複雜人事關係。如來自原中央衛生實驗研究院的有些領導就表示不滿，不服氣協和的獨大影響力。他們在黨委會上提出反對意見，說：「協和雖是原來的廟，但早已不是原來的神了！」[41] 不過，事情的轉機出現在 1959 年春，時任中宣部部長、國務院副總理，也是主管高等教育工作的陸定一因病入住協和。一天，他約張之強到自己的病房談話。陸定一告訴張之強，說協和有教授向他反映，希望恢復協和醫學院，想想聽聽張之強的意見。作為有豐富政治經驗的張之強，自然揣摩到作為高層領導的陸定一說這番話的傾向性。他寫道：「當時陸定一個人似已同意恢復協和，當然他還要向有關部門和領導商量、研究。他說我可以先在醫科院黨委內部吹風，聽聽大家的意見。」[42]

1959 年 9 月，重建的八年制醫學院如期開學。即使在此時，「舊協和」還是一個時時需要注意撇清干係的話題。9 月 5 日，出席在東單三條胡同中國醫學科學院禮堂召開的中國醫學科大學成立大會和開學典禮的，只有曾是協和 1924 年的畢業生、時任院長的黃家駟，他當著 29 名插班生和 50 名新生以及北京市、衛生部領導的面講話，講話中沒有貶斥「舊協和」，而是稱讚「我們許多老教授過去在八年制的協和醫學院積累有豐富的教學經驗」。[43] 在大會上壓軸發言的，是衛生部李德全部長。當話題轉到「舊協和」時，談及有人懷疑「舊協和」會死灰復燃，她斬釘截鐵地說：「決不可能回到舊協和資本主義道路上去，這一點是無可懷疑的。」接著，她在講話中提到，這所八年制醫學院所以被命名為「中國醫科大學」，有著特定的革命意義。在籌備成立之初，中國醫

---

[41] 張之強：《我的一生》，第 222 頁。
[42] 張之強：《我的一生》，第 224 頁。
[43] 〈黃家駟院長在中國醫科大學成立及一九五九年開學典禮大會上的講話〉，《中國醫學科學院院報》1959 年 9 月 10 日，第 2 版。

學科學院最初擬定的名稱是「人民醫學院」，後來定為「中國醫科大學」。這是抗戰時期黨在延安創辦的，直到 1956 年，此名還由後來改名為瀋陽醫學院沿用。李德全部長說，採用這個具有光榮革命傳統的名稱，就是希望新創辦的這所八年制的醫學院，艱苦樸素，接近群眾，教育工作結合生產勞動，結合群眾衛生工作──繼承和發揚這些老解放區的醫學教育傳統。[44]

標準不立，方向不明，相應的制度自然也就難以確立。這所新創辦的八年制醫學院的醫療和教學秩序最初頗為混亂。先就醫療而言，1960 年，林鈞才（1920-2015）由南京調任協和醫院院長兼黨委書記。到任之後，他看到的是該院醫療基礎工作制度破而未立。這具體表現在秩序混亂，醫院任務龐雜，戰線過長，力量分散，人員不穩定，工作重量不重質。此外，醫療品質下降，事故增多；醫、教、研關係失調，高級知識分子情緒消沉，謹小慎微，青年知識分子怕走「白專」道路。林鈞才寫道：「人們把當時的協和醫院的形象概括為『忙、亂、髒』。」[45] 再就教學來看，該校沒有專門教學機構，基礎醫學的教學任務交由實驗醫學研究所負責。開學兩個月，學生們就已經意見紛紛，認為教師只搞科研而顧不上好好講課。再由於實驗室是借用研究室的，教學設備是舊協和零星留下來的，或是借用研究用儀器，講義教材在課堂上或課後才發，教學效果差。學生們一致認為醫大不像正規大學，「個別學生提出要回原學校去」[46]。

面對這種情況，主管教學的黃家駟心急如焚，提出應當按照當年「舊協和」的醫學標準，儘快組建起一隻專職教師隊伍。1961 年 11 月，章央芬（1914-2011）由上海第二醫學院的副院長，調任該校擔任教育長、黨委常委，主管教學工作。按照張鋆教授的說法，協和自 1951 年 1 月被政府接管，劃歸軍隊領導之後，「來了很多部隊的同志，他們和我們的生活習慣不大相同，談心也很少，雖然沒有什麼大問題，但關係是不大融洽的」。[47] 再可以作為旁證的，是

---

[44] 〈衛生部李德全部長的指示〉，《中國醫學科學院院報》1959 年 9 月 10 日，第 3 版。

[45] 林鈞才：〈協和醫院成功之路：在北京協和醫院八年的回顧〉，《解放軍醫院管理雜誌》1996 年第 3 期。

[46] 中國協和醫科大學編：《中國協和醫科大學校史 1917-1987》，第 59 頁。

[47] 張鋆：〈幫助黨辦好醫學教育〉，《人民日報》1957 年 6 月 4 日，第 7 版。

張之強在回憶錄中也講述 1957 年召開「向科學進軍」的動員大會上，他號召黨政幹部要做好後勤保障工作，為科學工作者服務，一些來自部隊的幹部表示不理解。他們說：「老子打北京時，你們還在為美帝國主義侵略服務呢。」[48]與這些人不同的是，章央芬雖然 1938 年參加新四軍，但成長於江南城市、畢業於上海醫學院（六年制），沒有太多「游擊習氣」或「農村作風」。一個可資參照的具體事例是章央芬的丈夫，當時也是新四軍野戰醫院醫生的吳之理的回憶。據他說，即使在最為艱苦的戰爭年代，章央芬每天給自己的孩子洗澡，且不許陌生人抱。群眾有反映，說她太嬌氣了。時任新四軍第三師師長的黃克誠得知後，在一次群眾大會上說：「章大夫是大學畢業的醫生，能到敵後抗戰，就是愛國進步的表現，她愛清潔，怕給孩子傳染上疾病，是講科學。你們不能對人這樣說三道四。」[49]

好在，此時「大躍進」的風頭已過，一些較為務實的高層領導人開始以審慎、冷靜的態度，不再那麼諱言「舊協和」醫學專業化的正面意義。1959 年 5 月 6 日，中國醫學科學院在吉祥劇院召開黨員大會，陸定一到會講話。他說：「中宣部和衛生部一致認為協和醫學院多年來培養了一批有真才實學的人才，有一套醫學教育的經驗。只要有黨的領導，可按舊協和醫學院的辦法辦。」[50]就現在披露的資料來看，當時不只是陸定一、中宣部和衛生部，甚至更高位階的高層也發表過這樣的講話。上面提及被調往協和醫院擔任領導的林鈞才，1960 年 12 月前往衛生部報到時，副部長向他傳達了周恩來總理的指示：「協和醫院在亞洲乃至全世界是很有名望的，我們一定要把它辦好，辦不好影響不好。」[51]張之強的回憶錄中也寫道，1960 年，周恩來曾詢問恢復老協和的情況和困難，並說協和是世界有名的學校，恢復協和不能單純從業務技術方面來看，她對醫學界和國際上都是有影響的。更早些還傳來了鄧小平的指示，也是說協和要辦好、要發展，協和的傳統要保持，並派人專門前往協和進行調研。

---

48 張之強：《我的一生》，第 214 頁。

49 吳之理：《一名軍醫的自述》，華夏出版社 2004 年版，第 92 頁。

50 中國協和醫科大學編：《中國協和醫科大學校史 1917-1987》，第 61 頁。

51 林鈞才：〈協和醫院成功之路：在北京協和醫院八年的回顧〉，《解放軍醫院管理雜誌》1996 年第 3 期，第 87 頁。

此外，彭真在一次講話中更明確地指出：「中蘇友誼醫院按蘇聯的（模式）辦，協和按老協和的辦。比如，不僅規章制度、傳統作風，就連大夫、護士、職工的服裝樣式都要按老協和的樣式，有什麼不好。」[52]

逮至 1961 年底至 1962 年初，陸定一提出關於「黨的領導加舊協和」的辦學方針，在這所八年制的醫學院已經深入人心。教務長章央芬走馬上任伊始，立刻就感到承繼當年協和醫學專業化傳統的強大氣場。章央芬寫道：常委分工主管醫大，兼醫大校長的黃家駟，以及教學處處長張茝芬，都是「舊協和」畢業的高材生，對於吸取其經驗辦好醫大堅定不移。例如在醫大教學大樓內部建築設計，教室、實驗室、實驗臺、學生宿舍、食堂都是黃家駟按照舊協和標準、按照每年級 120 名學生設計的。他選定的教研室主任都是舊協和畢業生或在舊協和工作多年的老教授，都能很自覺地實行舊協和教學工作的好經驗。「只要有一點偏差，黃校長、張處長就要提出意見：『這點沒協和嚴，那點沒協和細』，我很欣賞他們這種精神。」[53] 當然，這其中最石破天驚的一步，是 1962 年 2 月在黃家駟、章央芬的多次建議下，經衛生部批准，以中國醫學科學院黨委的名義召集舊協和畢業的專家教授開座談會。經過 7 天的反復研究探討，會議形成的歷史性成果，是由張茝芬執筆，經黃家駟修改，黨委討論後以名為〈老協和醫學院教學工作經驗初步總結〉的定稿。[54]

這份文件被付諸實施。協和自 1921 年創辦以來，效仿美國約翰・霍普金斯醫學院（The Johns Hopkins University School of Medicine，簡稱 JHUSOM）「小班、個體化、手把手」的教學方法，凡是能夠進入到協和本部學習的學生，都是按照「導師制」培養訓練出來的。1961 年 9 月，中華人民共和國成立之後首批「導師制」培養的 20 名六年級的學生，來到協和醫院臨床學習。此時採用的是「舊協和」的醫學臨床教學巡診和示教的方式，由導師帶領學生圍繞具體病人進行檢查討論，教授隨時提問，啟發思考，並引導學生討論疾病的發生、

---

[52] 張之強：《我的一生》，第 314 頁。

[53] 章央芬：《自豪的回憶》，華夏出版社 2004 年版，第 170 頁。

[54] 中國協和醫科大學編：《中國協和醫科大學校史 1917-1987》，第 63 頁；章央芬：《自豪的回憶》，華夏出版社 2004 年版，第 168 頁。

發展、診斷、治療和預防，預後等問題。以曾被譽為舊協和「三寶」之一的書寫病歷為例，有位學生剛開始寫得很簡單。導師看完她寫的病歷之後，遞過幾份協和醫院過去的病歷，叫她仔細地翻閱。這位學生看到協和的舊病歷不僅記載了病人從出生、長大、結婚到有了孩子所患過的疾病，而且記載了每次疾病的發生、發展和治療的情況。這位導師的教誨是：「一個好的臨床大夫，診斷的訣竅之一就是全面地向病人詢問病情，仔細地進行體格檢查，認真地書寫病歷。」[55] 另外，還有一個可見的變化，是協和的研究人員借閱書刊數量逐月增加。一篇文章稱 1961 年 9 月份，協和醫學院圖書館平均每天借出圖書 130 多本、10 月份 160 多本；上架書刊（主要是閱後放在架外的書），8 月份平均每天 460 多本，9 月份平均每天 610 多本，10 月份平均每天 890 多本。原因在於當時黨委承諾保證研究人員每週有 5 個工作日，能夠用到醫療、教學、研究工作上，希望由此為醫務人員創造一個良好的，能夠全神專注的發揮其專長，不受干擾的環境。這也致使他們「一有空就鑽圖書館，經常瞭解國內外醫藥學發展的最新動向和成就」。[56]

結語

　　1966 年 6 月，無產階級「文化大革命」爆發，「大躍進」之後曾為「調整、鞏固、充實、提高」而一度提出的關於「黨的領導加舊協和」的辦學理念，此時則被標籤為「企圖復辟舊協和的教育制度，培養的是資產階級的接班人」[57] 的罪行而遭到聲討和批判。當然，這種瘋狂錯亂在協和建校的百年歷史之中，可以說是「彈指一揮間」。自 1978 年「改革開放」之後，該校先被冠以「首

---

[55] 朱彬：〈當大夫之前——中國醫科大學六年級教學見聞〉，《人民日報》1962 年 6 月 3 日，第 2 版。

[56] 熊世琦：〈醫藥工作者的密友——記全國醫學中心圖書館〉，《人民日報》1961 年 12 月 6 日，第 4 版。

[57] 〈我院廣大革命工人、革命同學、革命幹部，熱烈響應院黨委向資產階級代表人物，向一切牛鬼蛇神，向一切資產階級和封建的意識形態猛烈開火〉，《中國醫學科學院院報》1966 年 6 月 10 日，第 1 版。

都醫院醫科大學」之名，繼之為「中國醫學科學院」，再繼之為「中國首都醫科大學」，隨後為「中國協和醫科大學」，終於在 2007 年 5 月 18 日正式復名為「北京協和醫學院」。這就表明「協和」，乃至中華醫學會和洛克菲勒基金會在當下中國都已不再是一個高度政治敏感化的字眼。相對於 20 世紀以來美國教會在華創辦的所有大學，如在北京的「燕京」、在南京的「金陵」、在蘇州的「東吳」和在上海的「聖約翰」，「協和」是唯一得到正名和在某種意義得到了「平反」的高等教育和科學研究機構，由此可見，協和與中國的過去、現在與未來的關聯十分密切。

如果拋開共產主義／資本主義、帝國主義／民族主義這種非此即彼、非黑即白的意識形態緊身衣，而是從疾病、醫療與經濟、社會、政治和文化之關聯的視角來觀察，似可以認為「舊協和」之所以在這些急風驟雨般的反美主義的政治運動中一直揮之不去，原因還在於現代中國醫學專業化發展本身就充滿著深刻矛盾和尖銳衝突。熟悉「舊協和」歷史的人都知道，[58] 該校自創辦以來就一直受到傳教士和中國政府的批評——即其課程設置週期太長，全部用英文教學，以及培養的學生過於物質主義而只在都市工作。儘管該校在 20 世紀 30 年代已努力參與北平公共衛生實驗，以及河北定縣的鄉村衛生重建工作，但那只是部分介入而非其醫學專業化發展之重心，也沒有在資金和人員方面全力以赴地投入。畢竟，當時的中國疾病叢生、傳染病肆虐，醫療衛生資源十分缺乏，民眾的患病率和死亡率極高。就像面對無數枵腸轆轆，飢不可堪的難民，救濟者首先應當提供最易填飽肚子的幾片麵包或一碗濃濃的熱湯，而非滿桌珍饈美饌的皇家大餐。「舊協和」採用霍普金斯的模式，在這個最貧窮的國家採行富餘標準，確有其奢侈、華麗或過於超前的一面。

1956 年中國共產黨一些務實派領導人提出「向科學進軍」的口號，是由

---

[58] John Z. Bowers, *Western Medicine in a Chinese Palace: Peking Union Medical College, 1917-1951*, The Josiah Macy, Jr. Foundation, 1972; Mary B. Bullock, *An American Transplant: The Rockefeller Foundation and Peking Union Medical College*, University of California Press, 1980; Bridie Andrews and Mary Brown Bullock, eds., *Medical Transitions in Twentieth-Century China*, Indiana University Press, 2014.

於此時的中國已經在中共高度中央集權的統治模式之下，以舉國之力推進公共衛生事務，採取強大的群眾動員模式控制如鼠疫、霍亂、傷害、血吸蟲等烈性傳染病的蔓延和傳播。這些舉措一定程度上改善了普通民眾的醫療衛生條件，人民的預期壽命有了較大幅度地提高。再隨著 1953-1957 年第一個五年計畫的推進，工業化、城市化得又到了進一步的發展，國家開始需要盡可能地提升醫療專業化水準，在城市創辦一批治療條件更好、設備更加完善的醫療機構，以控制對全民健康有更多危害的心血管系統疾病和不斷增高的腫瘤發病率。所以，此時「舊協和」雖還與「反美主義」緊密捆綁在一起，但其辦學理念和各項制度、舉措，則是中共想要提升醫學專業化水準而不能不繼承的一項優質學術傳統。

這裡不必重複上面談及較多的歷史細節，值得濃墨重彩的是在那個年代「反美主義」的政治高壓之下，一批中國學者冒著被解職、被迫勞動改造和被關押監禁的風險，堅持科學研究超越國界的專業精神，竭力抵制狹隘民族主義以抵抗「美國文化侵略之名」的自我封閉和自我禁錮。例如 1962 年 4 月，個性溫和、慎重的黃家駟院長主持召開關於「老協和醫學院教學工作經驗初步總結」會議，用當時中國共產黨最能夠接受的語言充分肯定了「老協和」的醫學專業化對於中國的正面意義。[59] 還有在《人民日報》刊發「反美主義」文字最多的進步教授林巧稚，私下裡不時讚頌「『舊協和』的好傳統、好經驗」。[60] 再到最激進地批判「舊協和」陰魂不散的「文化大革命」之時，[61] 曾作為婁克斯下屬同事的協和外科醫生曾憲九，雖被戴上有嚴重「崇美思想」的高帽（label），卻無所畏懼地直言道：「我確實認為美國的科學發達，醫學技術高超。科學是沒有國界的。」[62] 1957 年訪問中國的《柳葉刀》（*The Lancet*）主編福克斯（T. F. Fox）也有類似記述。他說，儘管中共大力號召向蘇聯學習，但中國醫學界對歐美更有感覺。全國 15 份醫學期刊，或用中文，或用英文，卻沒有

[59] 中國協和醫科大學編：《中國協和醫科大學校史 1917-1987》，第 73 頁。
[60] 章央芬：《自豪的回憶》，第 177 頁。
[61] 中國醫科大學紅小兵：〈從洛克菲勒到中國赫魯曉夫〉，《人民日報》1968 年 2 月 24 日，第 4 版。
[62] 鐘守先：《憶我的恩師曾憲九教授》。

一份是用俄文出版的。福克斯總結出來的原因是很多資深研究者為海外留學回國之人，「他們和我們之間的交流並不困難，在精神上與我們的事業緊密聯繫在一起」[63]。由此，我們從「學者共和國」（republic of literati）的世界主義之立場出發，更能理解小約翰‧洛克菲勒（John D. Rockefeller, Jr., 1874-1960）在 1951 年 4 月 4 日寫下的那封信。他雖為協和被北京政府接管而深感遺憾，但還寫道：「有誰敢說，這不是上帝的旨意，以這樣的方式，達成其創建者最初的目的。儘管這種方式與我們心中所想的完全不同。讓我們希望，祈禱並相信：最終一切都能達到最好的。（Let us hope, pray and believe that all may be ultimately for the best.）」[64]

---

[63] T. F. Fox, "The New China, Some Medical Impressions", *The Lancet*, Nov. 23, 1957, p.1057.

[64] Mary E. Ferguson, *China Medical Board and Peking Union Medical College: A Chronicle of Fruitful Collaboration (1914-1951)*, p.227；[美] 福梅玲：《美國中華醫學基金會和北京協和醫學院》，閆海英、蔣育紅譯，中國協和醫科大學出版社 2014 年版，第 210 頁。

國際民主婦女聯合會國際女性調查團中的三名中國女性——劉清揚、白朗、李鏗

［日］藤目由紀*

　　國際民主婦女聯合會（Women's International Democratic Federation，簡稱WIDF）應朝鮮民主女性同盟的邀請，於 1951 年 5 月派遣國際女性調查團前往朝鮮，調查美國和李承晚軍隊在朝鮮犯下的暴行。調查團由來自加拿大、英國、丹麥、法國、義大利、捷克斯洛伐克、荷蘭、蘇聯、中國、澳大利亞、民主德國、聯邦德國、比利時、越南、古巴、阿根廷、突尼斯、阿爾及利亞的 20 名女性組成。調查團的成員們首先在瀋陽集合，而後從邊陲小鎮安東（今稱丹東）渡過鴨綠江進入朝鮮境內。[1] 由 18 個國家的女性組成調查團，途經仍處於戰時狀態的鴨綠江，並在短時間內對朝鮮各地區進行考察，並提交總結報告，可謂非比尋常。她們必須要有全方位的過境準備和細緻的籌劃，處理包括多語言翻譯的配備、會談面訪的安排、安全的行程計畫、食宿問題、交通工具的確保，以及與考察地的人們進行交涉在內的各種事務與挑戰。

　　中國女性在調查團的成功中發揮了重大的作用。作為 WIDF 成員的中華全國民主婦女聯合會（All-China Women's Democratic Federation，簡稱 ACWF）[2] 對調查團的收容體制進行了調整，並承擔了必要的事務性工作。另外，劉清揚、白朗和李鏗三名中國女性還直接參加了調查團。中國在朝鮮戰爭爆發以後向前線派出了志願軍，全國掀起了「抗美援朝運動」的熱潮，在這其中 ACWF 也

---

* 藤目由紀，大阪大學教授，主要從事女性史、日本史的研究。

[1] 調查結束後，代表團發表了 "We Accuse: Report of the Commission of the Women's International Democratic Federation in Korea, May 16-27, 1951"，該文載於 *Report on U.S. Crimes in Korea 1945-2001*，由 Korea Truth Commission Joint Secretariat 在 2001 年編輯。

[2] 「中華全國民主婦女聯合會」1957 年改為「中華人民共和國婦女聯合會」，1978 年改為現在的「中華全國婦女聯合會」，英文簡稱一直為 ACWF。

扮演了重要的角色。除了兩者的隸屬關係之外，參與 WIDF 調查團也是 ACWF 開展抗美援朝運動的一部分。

在西方國家，WIDF 幾乎不被視為女權組織，通常被描述為「蘇聯附屬組織」或者「共產黨領導的組織」，就彷彿那些加入 WIDF 的女性只能被男性主導的共產主義組織所操縱，可以被輕易操縱和欺騙。由於這種被歷史學家弗朗西斯卡・德・韓（Francisca de Haan）稱為「冷戰假設」的存在，即便是女權主義歷史學家，也很少關注冷戰期間東西方女性之間的互動。此次調查團的行動迄今為止也還未成為中國女性史學術研究的對象，只是在作為 ACWF 通史的《中國婦女運動百年大記事事記：1901-2000》（中國婦女出版社 2003 年版）和《中國婦女運動百年》（中國婦女出版社 2011 年版）等著作中，有對於 ACWF 和 WIDF 的關係及 ACWF 參與抗美援朝運動的簡單敘述，但是其中並沒有針對 WIDF 調查團的詳細論述。因此，本文首先著眼於參加調查團的劉清揚、白朗、李鏗三名中國女性，對她們參加調查團的經過、在調查團中所起的作用和所取得的成就，以及歸國後的活動等進行追蹤調查。通過對三人形象的分析，筆者試圖對處於冷戰高峰期的朝鮮戰爭中的中國女性，究竟是如何參與到 WIDF 開展的國際團結活動中來的這一歷史片段進行探究。通過對這些女性故事的講述，人們可以更好地瞭解冷戰初期國際婦女運動這一不為人熟知的側面。

一、劉清揚與中華全國婦女聯合會

劉清揚（1894-1977），時任 WIDF 調查團副團長。[3] 當時 57 歲的她是中國團員中最年長的，擔任中國團員內部的負責人。劉清揚出生於天津一個回族家庭，歷經辛亥革命到五四運動後的民族解放運動、抗日戰爭，再到國共內戰進入新民主主義革命的 20 世紀前半葉，在劇烈的革命動盪中存活下來。她十二、三歲的時候就因為捐獻金戒指用於軍艦建設，而成為當地有名的愛國少女，並

---

[3] 關於劉清揚的生平經歷，參見舒衡哲：《張申府訪談錄》，北京圖書館出版社 2001 年版；劉方清：〈我的母親劉清揚〉，《回族研究》2005 年第 2 期。

在辛亥革命期間宣傳反清革命的軍事起義，並從事財政活動。五四運動時，她作為天津直隸第一女子師範學校的學生，同鄧穎超等人一起發起成立了天津女界愛國同志會，被選為會長。另外還同鄧穎超、周恩來等20人一起創立學生運動指導組織「覺悟社」。周恩來等被捕後，她於全國各界人士之中奔走呼號，取得了全員釋放的最終勝利。她以超群的組織才能和慷慨激昂、振奮人心的演說鼓舞了人們。

1920年，劉清揚赴法國深造學習。作為中國共產黨創立時的56名黨員之一，劉清揚在1921年7月中國共產黨在上海正式成立之前，便於同年早些時候在法國巴黎同周恩來、張申府等人一起組建了中國人在歐洲的第一個共產主義小組，並在歐洲和張申府結婚，後輾轉德國、蘇聯多地。1923年後回國後的劉清揚參加了鄧穎超等人領導的天津婦女進步團體「女星社」，創辦了《婦女日報》，並擔任報社總經理一職。第一次國共合作時期，她在何香凝領導的國民黨中央婦女部以及宋慶齡主辦的國民黨中央婦女高級幹部訓練班等組織中均擔任要職。

第一次國共合作破產後的一段時期，由於正懷身孕以及丈夫的退黨，劉清揚中止了政治活動並脫離了共產黨。但在九‧一八事變之後她又重新踏上了政治舞臺，投身於抗日鬥爭之中，同共產黨攜手組建救國組織，從事革命工作。七七事變後，她將幼子託付給年邁的母親，便去參加了戰鬥。她號召為抗日救國團結奮戰的演說慷慨激昂，使青年們熱血沸騰。抗日戰爭初期，她在武漢向周恩來提出了復原黨籍的願望，但周恩來建議她「還是暫時留在黨外，便於做統一戰線工作」。因此她便留在了黨外，在武漢同李德全等人一起組織戰時兒童保育會，並且於1938年5月和國民黨、共產黨的女性代表及各界女性領導者們一同出席了廬山婦女談話會，傾力於女性統一戰線的構築。從這個談話會開始，女性運動指導委員會組建，劉清揚任訓練組的負責人，兩年間培養了近千名「抗日婦女幹部」，其中絕大多數女性自此走上了革命的道路。

為了抗日活動，劉清揚遠離家庭東奔西走，1944年，她在重慶迎來了自己的50歲壽辰。生日當天，周恩來親自為其下廚，郭沫若為其賦詩。劉清揚在抗戰期間加入了反對國民黨一黨獨裁的民主主義統一戰線組織中國民主同

盟，並於抗日戰爭勝利後的 10 月當選為民盟中央執行委員兼民盟中央婦女委員會主任。之後，為了革命工作她又經常與北京和天津的學生運動領袖祕密聯繫，組織進步的青年知識分子加入到「反飢餓、反內戰、反蔣、反美」的運動中，並向解放區輸送青年血液。因此她的活動常常處於國民黨的監視之下。1948 年秋，國共內戰的最後階段，暗殺劉清揚的計畫暴露，她便因此向河北省平山縣的中共中央統戰部所在地李莊轉移，年底又轉移到了中共中央和人民解放軍的總部西柏坡。也是在這個時候，她離了婚。張申府公然號召對國民黨讓步，並被中國民主同盟作為「叛徒」驅逐了出去。劉清揚宣告離婚，選擇了與共產黨共進退。

1949 年 1 月，北平解放。劉清揚回到了北平，並於同年 2 月 2 日登上正陽門城樓參加了人民解放軍入城盛典。雖然直到 1961 年，劉清揚還沒有恢復中國共產黨黨籍，但是她從心底裡信任黨，並作為黨外人士積極獻身統一戰線運動，為新民主主義國家的建設勇往直前。劉清揚參與中國第一個全國婦女組織 ACWF 的創立，並在其中起主導作用是理所當然的事情。

1949 年 3 月 24 日至 4 月 3 日，第一次全國婦女代表大會在北京召開，來自解放區和國民政府統治區的 500 多名不同政治背景和宗教背景的女代表參加了會議。為爭取革命的勝利，「中國各族各界民主婦女聯合起來的統一戰線組織」—— ACWF 成立了。[4] ACWF 不但接納共產黨領導下的女性團體，國民黨領導下的擁護革命的民主團體以及基督教團的女性們也可以自主參加，實現了以婦女解放為目標的全國性的女性團體的聯合。ACWF 的名譽主席由何香凝擔任，主席為蔡暢，副主席為鄧穎超、李德全、許廣平，祕書長是區夢覺、章蘊。劉清揚則是 21 名候補執行委員之一。[5] 出席中國人民政治協商會議全國委員會第一次全體會議的女性代表共 69 人（全體代表為 662 人）。劉清揚和蔡暢、鄧穎超一同作為從 ACWF 選出的 15 名正式代表之一出席了此次會議。[6]

---

[4] 中華全國婦女連合會：『中國女性運動史 1919-1949』，中國女性史研究會訳，論創社 1995 年；[日] 末次禮子：『20 世紀中國女性史』，青木書店，2009 年。

[5] 根據 AWCF 主頁的「中華全國婦女聯合會第一屆執行委員會委員名單」，ACWF 第一期執行委員會共選出執行委員 51 名，候補執行委員 21 名。

[6] 中華全國婦女連合會：『中國女性運動史 1919-1949』，中國女性史研究會訳，論創社

二、劉清揚與抗美援朝運動

1950 年 6 月，朝鮮內戰因美國的介入轉化成了國際戰爭。同年 10 月，聯合國軍隊占領了平壤，直逼中國邊境。中國政府為抗美援朝、保家衛國決定派遣志願軍，並於 10 月 25 日在朝鮮北部依靠中國人民志願軍對美韓軍隊發起了第一次攻擊。中國人民志願軍協同朝鮮人民軍於 12 月一起奪回了平壤，越過三八線向南挺進，但在 1951 年春天被聯合國軍隊扼制，戰局在三八線附近膠著。在此期間，中國人民保衛世界和平反對美國侵略委員會（抗美援朝總會，郭沫若任會長）於 1950 年 10 月 26 日成立。全國掀起了抗美援朝運動，ACWF 在其中扮演了重要角色，劉清揚也參與到各種活動中。1951 年 1 月 28 日，抗美援朝、反對日本重整軍備的婦女大會在北京故宮太和殿召開，劉清揚作為大會主席致開幕詞並領導了示威遊行，有遠遠超出主辦方預想的 45,000 人參與其中。家庭主婦、工人、農民、學生、醫護工作者和修女、尼姑等各界各階層的女性，上至祖母、母親，下到女兒、孫女一代的女性們都被召集在了一起，發出「反對侵略，維護和平！」、「反對美帝國主義和日本重整軍備！」、「教育子女！」的呼聲。其中有不少人是生平第一次參加政治集會活動。

抗美援朝總會為表示對中國人民志願軍、朝鮮人民軍和朝鮮人民的慰問，於 3 月末至 5 月中旬期間派遣了「中國人民赴朝慰問團中央總團」（廖成志任團長），劉清揚在其中同樣發揮了重要的指導作用。來自 ACWF 的劉清揚、雷潔瓊等 26 人也出席了在 3 月 9 日的慰問團成立大會。中國各地各民族、團體、革命烈士家屬及軍人家族代表、著名勞動模範、志願軍戰鬥英雄、各界知名人士、文藝工作者等共計 575 人參加了慰問團。慰問團由一個直屬分團和另外 7 個分團編成，劉清揚作為 ACWF 的代表履任直屬分團團長。另外，後文所述的白朗參加了第七分團。

WIDF 應朝鮮民主女性同盟的邀請，決定派遣調查團前往朝鮮，來自中國

1995 年，501 頁。

的劉清揚、白朗、李鏗作為中國女性的代表參加了此調查團。來自世界各地的女成員們於 5 月 13 日在瀋陽集合，16 日渡過鴨綠江進入朝鮮。WIDF 調查團一到朝鮮境內，600 餘名平壤各界代表便於 5 月 19 日夜裡召開了熱烈的歡迎大會。朝鮮民主女性同盟的朴正愛作為朝鮮女性的代表致歡迎詞，對她們的到來致敬、致謝。朴正愛曾是日本殖民時期朝鮮獨立運動的先鋒，是 1950 年國際史達林和平獎的首批獲獎者之一，當時在朝鮮擔任高級政治職務。她不僅作為朝鮮婦女運動的領導人，也是朝鮮勞動黨的中央政治會員會委員，以及全國人民代表大會常務委員會的委員。朴正愛在演講中慷慨悲憤地怒斥了美軍的暴行，她說，朝鮮的優秀兒女正在前線與中國人民志願軍一起進行著英勇的戰鬥。朝鮮的廣大婦女們在工廠、礦山、農村支援前線，並強調「受著全世界婦女強有力支援和鼓舞的朝鮮婦女是不可征服的」。WIDF 調查團團長諾拉·羅德夫人（Nora Rodd）對此也做了熱情洋溢的講話，她說：「我們將盡最大的努力，向本國的人民傳達你們的鬥爭狀況以及歐美士兵在這裡進行的種種暴行。讓我們全力爭取和平吧！如果我還年輕的話，我將留在朝鮮幫助你們重新建設家園。」接下來，身為調查團副團長的中國代表劉清揚致詞說：「朝鮮人民站在保衛世界和平的最前線，進行英雄的、正義的戰鬥，使全中國的人民和婦女非常感動。中朝兩國人民的利益是一致的。因此，讓我們為了消滅美帝國主義侵略者而共同努力吧！我們一定忠實地完成此次調查任務，書寫報告書並向全世界公布。」[7]

調查團在 21 日之前於平壤及其近郊停留，22 日之後便赴黃海道、平安南道、江原道、慈江道四地分散進行調查。劉清揚與比利時、義大利、捷克的代表一起在江原道文川郡的萬先村和元山港等地進行訪問。[8] 她們探訪了在空襲中化為廢墟的村莊，被燒毀的山林和田地，以及為了躲避空襲只能在夜裡幹活的村民們。她們見證了這些在聯合國軍隊的屠殺以及野蠻行徑下的活生生的痕

---

[7] 原文載《人民日報》1951 年 5 月 25 日。

[8] "We Accuse: Report of the Commission of the Women's International Democratic Federation in Korea, May 16-27, 1951", *Report on U.S. Crimes in Korea 1945-2001*, Korea Truth Commission Joint Secretariat, ed., 2001.

跡，聽取了眾多朝鮮人的證言，並把這些都詳細地記錄了下來。劉清揚以此履行了自己在平壤歡迎會上所做出的承諾，報告調查團在朝鮮的所見所聞，向全世界控訴了聯合國軍隊的犯罪事實。

三、白朗：從抗日戰爭、解放戰爭到抗美援朝戰爭

　　白朗（1912-1994）是一位著名作家。[9] 她出生於瀋陽的一個醫生家庭，父親死後，同母親一同寄居在曾為著名中醫的祖父家裡。不久，祖父帶著她們移居到齊齊哈爾，出任黑龍江省督軍吳俊升的軍醫處長。但祖父在張作霖和吳俊升被殺後便失業了，全家的生活也隨之陷入窘境。據說，白朗的姊弟因貧困、得不到良好的治療而早逝，母親也在接二連三的不幸中患了精神病。1929年白朗從黑龍江省立女子師範學校畢業後，同她的表兄、當時已經是中國共產黨員的羅烽結婚。九・一八事變爆發後，白朗參加了抗日地下活動，受中國共產黨的指示加入哈爾濱的國際協報社，以記者和編輯的身分進行活動。1935年末，在鎮壓抗日的活動不斷加強的過程中，她同羅烽逃往上海，此後，相繼發表了一系列抗日作品。1937年七七事變後，面對日本對中國的全面侵略，中國的許多作家都投身到了抗日戰爭當中。同年8月，日軍進攻上海，白朗便加入了上海文藝界戰地服務團，開始為抗日活動奔走呼號。雖然戰時過於嚴酷的生活使她流產，但她以抗日解放的大義為主，1939年將老母親和孩子留在家中，和羅烽一起加入了由中華全國文藝界抗敵協會組織的作家戰地訪問團（王禮錫任團長），1945年在延安入黨。抗戰勝利後，白朗歷任哈爾濱臨時參議會參議員、東北文藝家協會副部長、東北作家協會輪執主席等職，並深入農村開展解放區的文藝工作，與參加土地改革的農民們接觸。她的短篇小說集《牛四的故事》（香港新中國書局1949年版）就描寫了解放前農民的苦難和

9　關於白朗的生平，參見閻純德編：《二十世紀中國著名女作家——白朗》，北京語言文化大學出版社2000年版；[日] 平石淑子：「白朗試論」，『御茶ノ水女子大学中国文学会報』1987年第6号；「白朗の初期作品について—出ていく若者たち」，『立命館文学』2010年第615号；「戦地作家訪問団について」，『鴨台史学』2011年第11号，等等。

對土地的熱切期盼之情。

中華人民共和國成立前後，白朗出席了中華全國文學藝術界工作者代表大會，並參與了東北文聯和東北文藝工作者協會的創立。小說《為了幸福的明天》[10] 於 1950 年完成，先後印行了 14 版、20 餘萬冊，並作為其代表作被翻譯成了朝鮮文和日文。小說的主人公邵玉梅雖然自幼過著貧苦的生活，受盡了虐待，但卻有著善良的性格。共產黨指導下的「新中國」建設讓她看到了光明的希望。她進入了工廠，成長為工人階級的一員，並毫不顧忌犧牲自己的身體，走在堅信黨和「新中國」未來的前進道路上。這部作品不僅生動地表現了建國初期的新社會和文化、人與人之間的新型關係、中蘇友誼、組織對主人公的關心和愛護，同時還描寫了純潔女性勞動者的心靈美，感人至深，被給予了很高的評價。主人公使人聯想到「勞動模範」趙桂蘭。她帶病仍堅持到工廠上班，在危險藥品爆炸中為了保護工廠毅然犧牲自己的身體，以致殘廢。不難看出，這樣的自我犧牲的行為以及在同志們的愛護下前進的主人公的軌跡，與趙桂蘭是相吻合的。

朝鮮戰爭爆發後，白朗便投身到了抗美援朝的文藝運動之中，1951 年春天參加了中國人民赴朝慰問團的第七分團。第七分團是由抗美援朝總會東北分會和中國新民主主義青年團東北委員會、解放軍東北軍區部隊、東北文聯、東北農民協會，以及白朗所在的東北作家協會分別派代表組成的。5 月 WIDF 調查團一行在瀋陽集合時，正是白朗從抗美援朝總會的朝鮮慰問團剛剛回國的時候。

四、參加WIDF調查團前後的白朗

1951 年 5 月 13 日，調查團第一天的會議就擦出了對立的火花。丹麥的卡特・弗雷隆女士（Kate Fleron）和英國的莫妮卡・費爾頓夫人（Monica

---

[10] 白朗：《為了幸福的明天》，人民文學出版社 1951 年版。作品由伊藤克（鮑秀蘭）翻譯成日文，在日本以『幸福な明日のために』為題，分別於 1952 年 8 月由三一書房、1953 年 1 月由民主新聞社出版發行。伊藤在抗日戰爭爆發前和一名中國男性結婚並來到中國，中華人民共和國成立後在遼寧鞍山制鐵所圖書館擔任資料員，從事將中文資料翻譯成日文的工作，著有自傳《越過悲哀的海》（講談社 1982 年版）。

Felton）認為代表團應該由支持各方陣營或者保持中立的、有各種政治立場的代表構成，應該是出自人道主義，而非服務於政治的目的。她們主張調查團應以調查為目的，調查之前就做出結論是絕對不可以的。與此相反，蘇聯的瑪麗亞・奧夫桑尼科娃女士（Maria Ovsyannikova）和白朗卻表示質疑，蘇聯代表強烈地譴責了費爾頓夫人等人的態度，認為她們缺乏同情心和理解力。費爾頓夫人在訪朝後所寫的《那就是為什麼我去了》（*That's Why I Went*）一書中這樣回憶：「白朗作為三位中國代表之一，隨中國訪朝團剛剛訪問過朝鮮。她對我講述了自己在朝鮮的親眼所見，譴責了已經處於人類忍受極限的朝鮮人民所承受的痛苦將進一步加重的情況。還揭露了美國資本家的惡行，使我生平第一次感覺自己就像是洛克菲勒或芭芭拉・哈頓一樣。」[11]

　　對於持有抗美援朝鮮明立場的白朗等人來說，西方國家的女性們的議論是不負責任的中立主義的表現。而對於費爾頓夫人等人來說，從一開始就下結論便不能被稱為調查團，同時也存在著標榜同邪惡的資產階級做鬥爭的道德優越性的意外情況。但即便如此，女士們還是很快便相互讓步，在只有查明真相才是共同目的這一點上達成了共識。[12]

　　白朗在調查團會議上負責向團員們說明行程。費爾頓夫人在描寫她當時的樣子時稱，白朗是「有著白皙的皮膚和明朗的眼神的作家」，但在說明行程的過程中神色卻變得嚴肅起來。白朗對團員們這樣說：「我必須警告各位。各位注意到進入朝鮮之前就像戰爭一樣的情況了吧。從瀋陽到丹東行進的路程一過半，也就進入了美國空軍的轟炸區。為了我們自身的安全起見，不管是在中國境內還是在朝鮮，都必須在夜間行進。而且，也不知道哪裡會有間諜，所以從丹東出發前最好還是不要離開酒店吧。想稍加運動的人可以到酒店裡的普拉貝特花園（音譯）。」[13]白朗的話再次提醒了她們，WIDF調查團將要去的地方是危險的戰場，她們可能永遠無法再回來。

　　WIDF調查團在朝鮮分為四個小組，白朗和民主德國、聯邦德國、荷蘭的

---

[11] Monica Felton, *That's Why I Went*, Lawrence & Wishart, 1953, pp.68-69.
[12] Monica Felton, *That's Why I Went*, pp.69-71.
[13] Monica Felton, *That's Why I Went*, pp.71.

代表一起從平壤到介川、熙川、江界、滿浦走訪。另外白朗還與奧夫桑尼柯娃和費爾頓、日列特‧季格利爾（Gilette Ziegler，法國）、艾娃‧普利斯特爾（Eva Priester，奧地利）一起成為 5 位報告書制訂委員中的一員。她們共同協作，將調查團報告同時編寫成中文、英語、法語、朝鮮語、俄語五國語言。[14] 1951 年 6 月，調查團在保加利亞的索非亞召開的 WIDF 執行委員會上正式提交了此報告書。與作為婦女解放運動家的「老大姐」劉清揚相比，白朗是以 WIDF 調查團為契機，加入主要國際婦女運動之中的。白朗也參加了 ACWF 在索非亞召開的 WIDF 執行委員會派遣的 5 人特派團（副主席李德全任團長）。

1952 年 9 月，白朗與費爾頓夫人再次會面。那年春天，白朗作為由 18 位作家、音樂家、美術家等組成的訪問團（巴金任團長）中的一員再次訪問朝鮮。她總共訪問過朝鮮 6 次。她的報告《平壤七日》對 1952 年 4 月的平壤進行了這樣的描述：「春天的平壤是在戰爭中依然充滿生氣的首都。我滿懷敬意和熱愛之情來到這裡。那時的我因平壤市民嚮往新生的偉大氣魄和這個城市繁榮的風氣而感到溫暖。」[15] 同年 4 月，費爾頓夫人出席了史達林和平獎頒獎儀式，在莫斯科停留。之後她又到蘇聯各地旅行，不久受中國政府的邀請作為國家貴賓來到中國。9 月，白朗奉周恩來總理委派，陪同費爾頓夫人再次訪朝。《平壤七日》生動地描寫了費爾頓夫人和白朗共同走訪平壤的孤兒收容設施及俘虜收容所等地的情形。

白朗與費爾頓夫人雖然起初存在對立，但之後通過和平運動相互信任，並成了親密的朋友。費爾頓夫人於 10 月出席了在北京召開的亞太地區和平會議，12 月參加了維也納世界和平會議。白朗也以中國代表團一員的身分前往，並與調查團的西德和比利時的女團員們時隔一年半之後再次欣喜會面。[16] 次年 3

---

[14] Monica Felton, *That's Why I Went*, pp.71.

[15] 白朗：《白朗文集》第 3-4 卷，春風文藝出版社 1986 年版，第 440 頁。

[16] 白朗：〈對戰爭的莊嚴宣判〉，載《白朗文集》第 3-4 卷，第 147-155 頁；〈我懷念著遠方的朋友〉，載《白朗文集》第 3-4 卷，第 199-214 頁。WIDF 調查團中最年長的是比利時代表海露馬以內‧漢尼瓦，時年 65 歲。白朗描述其是「一個身材細瘦，個子很高，腰桿兒筆直，目光嚴厲的老太太」，雖然感覺很難接近，但在維也納再會的時候完全不拘束，感覺非常親切。參見白朗：〈我懷念著遠方的朋友〉，載《白朗文集》第 3-4 卷，第 204 頁。

月，費爾頓夫人意圖在全英女性會議（National Assembly of Women）舉行的「三八」婦女節上邀請中國代表參加，但因保守黨政府拖延簽證而未能成行。[17]

1953 年 6 月，WIDF 世界女性大會於哥本哈根召開。白朗也隨 30 人的中國代表團（李德全團長、章蘊副團長）前往參加。1951 年的調查團中有 8 人出席了這次大會，她們在卡特 · 弗雷隆女士的家中度過了再次相聚的開心時刻。弗雷隆女士雖然在 1951 年調查時試圖堅持「客觀的」觀點貫徹觀察員的立場，但仍把白朗視為親愛的朋友予以熱烈的歡迎。她舉杯慶賀說：「今天，來自世界各地的好朋友們聚集在我的家裡。我們在戰鬥中締結的友誼無法忘懷。」「中國的事情讓人難以忘懷。如果沒有來自中國方面的幫助，我們是無法完成任務的。親愛的白朗，讓我們為了偉大的中國乾杯！」她眼含淚水地追憶著對中國女性特別的情結。[18]

對白朗而言，哥本哈根大會實在是令人難忘的回憶。之後她又撰寫了《心逢著心》和《我懷念著遠方的朋友》等報告，以此懷念調查團的夥伴們。另外，她還繼續介紹了以費爾頓夫人為首的聯邦德國、古巴和法國的團員們從朝鮮回國後，遭受迫害而不屈不撓的事實，並將同感和尊敬之情傾注其中。[19]這些報告和費爾頓夫人的《那就是為什麼我去了》一書一樣，都是 WIDF 的官方報告書上沒有的個人印象和人物描寫，其中包括各種逸事，是女性史研究的珍貴史料。

白朗在哥本哈根女性大會之後又出席了於赫爾辛基召開的婦女大會。7 月剛回國，她便參加了開城訪問團（羅烽為組長），參加了在板門店舉行的朝鮮停戰簽字儀式。8 月在全國第二次文代會上，她當選為全國文聯委員和中國作家協會理事。1954 年，白朗當選為第一次全國人民代表大會代表、ACWF 委員，

---

[17] 莫妮卡 · 費爾頓夫人在對英國政府的舉措感到憤慨的同時，介紹了白朗送來的包含友誼的信件。參見白朗：〈我懷念著遠方的朋友〉，載《白朗文集》第 3-4 卷，第 208-209 頁。

[18] 白朗：〈我懷念著遠方的朋友〉，載《白朗文集》第 3-4 卷，第 204-205 頁。

[19] 關於西德的莉莉 · 瓦赫特，參見《白朗文集》第 3-4 卷，第 150、206、208、211-212 頁；關於法國的日列特 · 季格利爾，參見上書第 212-213 頁；關於古巴的坎德拉里亞 · 羅得利吉斯，參見上書第 150 頁、202 頁。

兩年後出席在印度舉行的亞洲作家會議。就這樣，白朗為 20 世紀 50 年代的國際文化交流和世界和平運動做出了卓越的貢獻。1950-1955 年是白朗一生中最為活躍、創作最多的 5 年。她這一時期的作品除了前文提及的《為了幸福的明天》等為數眾多的報告，還有描寫醫療工作者在抗美援朝醫療戰線上鬥爭的長篇小說《在軌道上前進》。

五、在學者之家長大的李鏗

李鏗（1914-1968）[20] 是福州名門望族李家的二女兒。祖父李世暢是清朝時閩浙總督署的官吏。父親李景堃通過清末的科舉考試當了官，中華民國時期在外交部工作，而且善書畫、精通學問，是一位著名詩人，著有《愉園詩集》。1905 年因全家移居到北京，李鏗便在北京出生長大了。順便一提，李景堃的幼弟李喬蘋（1895-1981）作為化學教育家和化學史家名望頗高，並與英國的約瑟夫 • 尼德姆結有深交。據王夏宇說，引薦李喬蘋 1952 年和尼德姆相識的正是李鏗。[21]

李鏗的父親李景堃受儒教影響，十分保守，並反對女子教育，但是母親陶碧若卻不同。陶碧若幼時便說服兄弟們教自己讀書寫字，非常好學。雖然當時按慣例，她遵照父母之命結了婚，但在婆婆的幫助下進入了福州女子師範學校學習。3 年後，她以優異的成績畢業，並留校擔任助教，生育前幾年一直從事著教師工作。[22] 李景堃和陶碧若育有四男四女。同反對女子教育的李景堃相反，母親主張不管男子還是女子，都必須接受教育，令李鏗得以上學。而一家人在學術界的耀眼表現，應該算作陶碧若的信念得以實現的最好證明了。李鏗的哥

---

[20] 北京大學黨史校史研究室編：《戰鬥的歷程：1925-1949.2 燕京大學地下黨概況》，北京大學出版社 1993 年版，第 207-208 頁。

[21] 尼達姆在 1952 年組織國際科學委員會進行關於朝鮮戰爭下的細菌戰的研究。趙慧芝在文章中提及李喬蘋在 1946 年和尼達姆第一次會面，但並未談到李鏗。參見趙慧芝：〈著名化學史家李喬蘋及其成就〉，《中國科技史料》1991 年第 1 期。

[22] 李鏗詳細向費爾頓夫人介紹了陶碧若，以及對兒媳的升學及外孫女的教育給予幫助的李景堃的母親等的情況。參見 Monica Felton, *That's Why I Went*, p.73.

哥耀滋（1914 年生）、弟弟詩穎（1922 年生）都是工學專業，取得麻省理工學院博士學位，並成為該校教授。其妹懿穎（1916 年生）是耀滋的校友，與錢學森的堂兄錢學榘結了婚。兩人 1952 年在美國生下的兒子（李鏗的外甥）就是 2008 年諾貝爾化學獎獲得者錢永健（Roger Y. Tsien）。

1935 年，李鏗從燕京大學女子文理學院英文系畢業後，在山東省當了一名教師。1938 年 7 月，她赴延安抗日軍政大學學習，同年 8 月加入中國共產黨。此後，她被派往四川省的潼南和溫江等地，從事基督教女子青年會（YWCA）的農村活動。[23] 剛開始教農村婦女讀書和兒童保育知識的時候，李鏗沒少遭到反對。農村的男人們認為「教給女人東西什麼用也沒有」，女人們也覺得從別人那裡學習照顧孩子的方法沒什麼意思。但氣氛很快發生了轉變，人們開始對學習產生了興趣。文字和兒童保育知識的教育，幫助了通過大字報和政治集會等政治宣傳喚起人民的政治意識。就這樣，在一個村子的組織基礎得以鞏固後，她再轉向別的村子。[24] 李鏗就是這樣傾力於抗日根據地的建設的。

YWCA 的莉莉・K・哈斯（Lily K. Haass）在 1939 年 12 月 16 日給伊麗莎白・克頓（Elizabeth B. Cotton）的信中，介紹了 YWCA 農村部的李鏗在中國中部和西部開展農村活動的事情後，這樣寫道：

> 她的活動方式有著少有的民主性，總能讓相關人員得到最大限度的成長，知道李鏗的人都對她的這種能力有著很高的評價。雖然所有人都認可她有著很好的哲學修養，但她卻並不是正式的教會會員。她被在激進運動中為祖國獻身的人們的自我犧牲精神所深深感動著，即使奉獻出自己及自己的一切也在所不惜。[25]

[23] 北京大學黨史校史研究室編：《戰鬥的歷程：1925-1949.2 燕京大學地下黨概況》，第 207-208 頁。

[24] Monica Felton, *That's Why I Went*, p.73.

[25] 參見 *Letter of Lily K. Haass to Mrs. Cotton* (Dec. 16, 1939), *The Archives of the United Board for Christian Higher Education in Asia*, Yale Divinity School Library, RG 11, Box 23, Folder 572.

哈斯對李鏗的能力和豐富的活動經驗給予了高度的評價，並期望她擔任下一任 YWCA 農村活動的幹部，還同亞洲基督教主義高等教育支援財團的麥美倫商談，為其尋求去美國留學的機會。1940 年 5 月便傳來了李鏗獲得俄勒岡州立大學獎學金的消息。[26] 同年 10 月，李鏗徵得黨的同意，入學俄勒岡州立大學，1941 年 12 月取得碩士學位回國，1942 年至 1946 年期間於山東省福山、北平、昆明等地從事 YWCA 的工作，1946 年 7 月到 1948 年 7 月期間在燕京大學家政學部擔任講師，1948 年夏在清華大學設立了暑期托兒所和家庭婦女會。[27]

　　在此期間，李鏗不顧父母反對與在政治活動中相識的比她小兩歲的董壽莘結婚。董壽莘受已是黨員的李鏗的影響，也加入了共產黨。他是 1942 年秋畢業於西南聯合大學航空系的工程師。大學一畢業，他就加入了貴州大定航空發動機製造廠的建設準備活動之中。當時中華民國政府認為飛機開發與國運息息相關，於 1939 年設立製造廠準備處，召回正在美國留學的李耀滋和錢學榘等七名航空工學研究者，負責製造廠的各個部門。[28] 也就是說，董壽莘就是在李鏗的哥哥和妹夫指導飛機開發的製造廠裡工作。1944 年夏，他被派往美國賓夕法尼亞州的發動機工廠，直至 1947 年回國一直在那裡學習發動機製造技術。[29] 李鏗和董壽莘的長子、長女分別出生在 1944 年和 1947 年前後。[30]

　　在抗日戰爭期間，李鏗不僅是學生援助組織的協調者，並在 1943 年接受保育人員培訓之後便積極開展托兒所運動。起初有人擔心「送去的孩子可能會

---

[26] 參見 Letter form Mrs. Elizabeth Boyes Cotton to Mrs. T. D. Macmillan (May 10, 1940), The Archives of the United Board for Christian Higher Education in Asia, Yale Divinity School Library, RG 11, Box 23, Folder 572. 從家庭背景來看，李鏗的留學是自然的選擇。兄長李耀滋於 1937 年赴美留學，他的好友錢學榘也開始了和耀滋與鏗的妹妹懿穎的長距離戀愛。1942 年弟弟詩穎也留學了。

[27] 北京大學黨史校史研究室編：《戰鬥的歷程：1925-1949.2 燕京大學地下黨概況》，第 207-208 頁。

[28] 楊蘇之：〈大定發動機製造廠滄桑〉，《中華科技史學會學刊》2011 年第 16 期；劉宗平：〈大定廠探密──訪王文煥先生談烏鴉洞的奇跡〉，《中華科技史學會學刊》2011 第 16 期。

[29] 楊寶茹編：《清華革命先驅（上冊）：中共清華大學地下組織活動及組織史要》，清華大學出版社 2004 年版，第 449 頁。

[30] 1951 年 5 月，李鏗提到兒子 7 歲、女兒 5 歲。參見 Monica Felton, That's Why I Went, p.67.

被偷」，所以剛開始托兒所的規模非常小。但是看見孩子們在托兒所健康茁壯成長的樣子，越來越多的母親開始把孩子送到了幼兒園。李鏗的長子和長女也分別在剛出生一個月後被送入幼兒園，這也算是她自己對保育人員培訓所做出的奉獻。[31]

　　李鏗的托兒所運動，是抗日戰爭時期至國共內戰時期婦女運動中重視托兒所建設和保育人員培養事業的一部分。解放區的婦女們很早就開始組建托兒所，來撫養在戰爭中失去父母的孤兒和女戰士的嬰幼兒，1946 年終由蔡暢、康克清等人設立了兒童保育委員會。[32] 宋慶齡在 1938 年創設的保衛中國同盟（1942 年改名為「中國福利基金會」）也利用來自全世界的抗日支援物資，來幫助解放區的兒童保育事業。這一組織在中華人民共和國成立後的 1950 年改名為中國福利會，李鏗也是委員之一。在此形勢下，ACWF 成立了全國婦女幹部學校[33] 以推進保育事業的幹部培養，1950 年有 1,850 名女性接受了培訓。當年的保育設施從解放前的 147 所發展到了 643 所，增加了近 5 倍。李鏗在抗日戰爭勝利之後不久，便作為 ACWF 的一員開始從事農村部的其他學生工作部的工作。不久，隨著 ACWF 活動場所的轉移[34]，她擔任了婦幹校保育科的科長。婦幹校保育科的主要工作任務是培養托兒所、幼兒園、保育院的保育人員，對象為托幼設施的保育人員以及參加 ACWF 的省、地、縣級女性組織中從事兒童福利活動的幹部。當時保育科有教員 7 人，輔導員 3 人。科長李鏗有在美國獲得的碩士學位，其他的教員和輔導員也都是大學畢業。

---

[31] Monica Felton, *That's Why I Went*, pp.67, 74.

[32] 中華全國婦女連合會：『中國女性運動史 1919-1949』，中國女性史研究會訳，論創社 1995 年，443 頁。

[33] 1949 年宋慶齡、何香凝、蔡暢設立的 ACWF 幹部學校最初名為新中國婦女職業學校，並於 1950 年更名為全國婦女幹部學校（中華全國民主婦女聯合會婦女幹部學校）（National School Women's Cadres，縮寫為 SWC）。1995 年改為「中華女子學院」，1996 年升為大學直至今日。

[34] 抗日戰爭期，YWCA（基督教女子青年會）和 YMCA（基督教男子青年會）是國立西南聯合大學在雲南省昆明市設置的學生公社，負責學生援助活動。昆明學生公社的幹事是 YMCA 的李儲文和 YWCA 的李鏗。抗日戰爭勝利後的 5 月國立西南聯合大學解散，學生們返回北京，YMCA 和 YMCA 重新設立了北平基督教學生公社。李鏗開始為北平基督教學生公社（北京大學附近的景山後街太平街 13 號）做準備不久便離開了學生公社，轉移到了 ACWF。那之後 YMCA 的張秀就任北平基督教學生公社的執行幹事。

六、參加WIDF調查團及之後的李鏗

　　莫妮卡・費爾頓夫人在《那就是為什麼我去了》一書中說，李鏗是那種讓人一想起，她的形象便會栩栩如生浮現在眼前的充滿魅力的女性。李鏗是費爾頓夫人一行來到瀋陽後最早與之親密會談的中國人。她在 5 月 12 日夜晚，於她們下榻的賓館拜訪了剛剛到達的費爾頓夫人與艾達・巴赫曼女士等人，並以美式英語寒暄道「我也會和大家一起去朝鮮」。她眼睛大而細長，皮膚帶著晒傷的痕跡，一頭油亮的短髮，讓人一見便心生喜愛。

　　李鏗說：「劉清揚是負責人，白朗是作家。」巴克曼問道：「那您是？」李鏗便把自己開辦保育員培訓學校的事情，以及中國重建工作繁多，許多已婚婦女都渴望工作，因此培養托兒所保育員之重要性等進行了介紹。一聽李鏗已是 5 歲和 7 歲孩子的母親，並且已經 37 歲了，在場的西歐女士們都瞠目結舌，一時說不出話來。在這些西歐的女士們眼裡，她大概也就只有 20 歲左右的樣子吧。後來費爾頓夫人回憶說：「直到從瀋陽出發，我們終於放棄了推測中國女人的年齡。最接近的一次推測也相差了有 5 歲。」費爾頓夫人對她在孩子出生一個月後就送到保育園的經驗很感興趣，問道：「這麼小的孩子就送到保育園，不擔心嗎？」李鏗否定到：「不啊，沒有這樣的事兒。我當然也想自己照看孩子，但現在的中國有太多應該做的事情。因此，為了子孫後代，不得不忍耐。而且，小孩子們在保育園也能得到很好的照看。」當被問道「那孩子們長大了就不會埋怨父母嗎」時，她回答說：「沒這麼想過啊。孩子們一定會理解父母為什麼一定要這樣做的原因吧。」[35] 李鏗向西歐的女士們介紹了中國女性想要如何去建設中華人民共和國的情況，西歐的女士們也通過她的介紹對中國產生了興趣。也只有像李鏗這樣既有赴美經驗，又能流利地用英文進行交流的人，才能夠如此為增進中國女性同英語圈國家的女性們之間的相互交流與理解做出貢獻。

---

[35] Monica Felton, *That's Why I Went*, pp.67, 68.

即使是在調查團一行從瀋陽前往丹東的列車上，李鏗和費爾頓夫人仍就各自的人生經歷和從事的活動等進行著交流。這些內容也被費爾頓夫人詳細地記錄在了其《那就是為什麼我去了》一書中。[36] 李鏗談到自己的祖母和母親、父親和兄弟的事情，以及她自己的活動經驗、婚姻和孩子的故事，可以稱得上是一位中國女性講述的活生生的中國近代史。從李鏗的講述中，費爾頓夫人感受到了活在儒家思想和封建制度，以及外國侵略之下的中國女性們是怎樣鬥爭來開創新時代、建設新社會的，同時也一定記住了她們對美好未來的堅定信念、為中國建設大步向前的身姿。

費爾頓夫人在書中只生動地描寫了李鏗活潑開朗的形象，筆者對她關於WIDF調查團訪朝有何感受、作何感想也都抱有很深的興趣。但遺憾的是，目前還沒有找到這方面的資訊。從1951年後半年到1957年為止，我們瞭解到的僅有她擔任了中國福利會的委員和婦幹校保育科長、中南海機關幼兒園主任等職務，廢寢忘食地從事著社會活動，以及1951年秋為了進行土地改革而暫時離開北京的事情。她的第三個和第四個孩子也被認為出生在這一時期。

20世紀50年代以後，李鏗的丈夫董壽莘受到相對更多的公眾矚目，相關資料也更多。董壽莘1947年在清華大學就職並從事地下黨工作，在抗美援朝運動中是清華大學率先申請參加志願軍的人之一。[37] 1951年秋他被任命為「中央土地改革團第三團」的祕書長兼黨支部書記，奔赴四川內江進行土地改革，[38] 李鏗也隨同前往。董壽莘1952年加入朝鮮戰爭停戰交涉代表團，擔任了翻譯等工作，並被授予了朝鮮人民共和國三級軍功章及中國人民志願軍抗美援朝紀念章。1953年第一個五年計畫開始，出於軍事目的航空開發受到重視，由八

---

[36] Monica Felton, *That's Why I Went*, pp.67, 68.

[37] 董壽莘於1947年從美國回國。回到原來的航空廠以後，又去了北京清華大學就任教師。1948年春，清華大學的教師黨員組織了「清華講師教員助教聯合會」，不久董壽莘出任主席。1950年秋，北京的各個大學表示願意參加志願軍的教師和學生們陸續遞交了報名表。在清華大學截至11月5日包括董壽莘在內的40名教師和學生表達了參軍的決心。參見〈北大清華燕京等學生紛紛報名志願赴朝抗美各民主黨派宣言受到廣大師生擁護〉，《人民日報》1950年11月6日。

[38] 中華全國婦女連合會：『中國女性運動史1919-1949』，中國女性史研究會訳，論創社1995年，443頁。

所大學航空學院聯合設立了北京航空學院。董壽莘參加了北航的建設和教學活動，歷任北航發動機系主任、火箭系主任等職務。[39] 由此可見，抗日戰爭勝利後的 10 年，是董壽莘作為黨員在大學地下黨組織中的地位得到提高，並且作為著名的航空工學專家，在黨極其重視的國家航空機關擔任要職的 10 年。與丈夫相比，李鏗儘管在解放後的僅僅數年間就訪問了蘇聯及東歐社會主義諸國，並且在建國初期每年在天安門舉行的國慶慶典也都受到了邀請，但 1951 年秋天以後，活躍在政治舞臺上的機會似乎變少了。

20 世紀 60 年代，董壽莘工作在中國核開發的最前沿，作為技術人員承擔了第一次到第三次的核爆炸實驗任務。[40] 但是，李鏗在 1957 年卻被貼上了「右派」的標籤，強制下放到農村勞動。1960 年代李得以摘下「右派」的帽子，之後在北航從事英語教學工作。1968 年夏天，在文革洶湧澎湃的風暴中，李鏗從被監禁的北航大樓四樓跳下，自殺身亡。

成長於學者家庭、同英語圈人士有著廣泛交際的李鏗，和 WIDF 調查團的西歐女性成員們很快就進行了融洽的相處，同時她致力於「新中國」建設的中國女性形象也給人留下了鮮明而深刻的印象。但也正是這樣的李鏗，在中國的反右派鬥爭和「文化大革命」中，卻因為「出身成分」不好，被當作「臭老九」、「階級敵人」，最後淒慘地結束了自己的生命。[41]

---

[39] 楊寶茹編：《清華革命先驅（上冊）：中共清華大學地下組織活動及組織史要》，第 449 頁。

[40] 楊寶茹編：《清華革命先驅（上冊）：中共清華大學地下組織活動及組織史要》，第 449 頁。另，董壽莘於 1962 年 10 月成為中國人民解放軍國防科工委 21 試驗基地研究所副所長，從事地下核實驗。1984 年成為基地司令部副參謀長，繼續從事地下核實驗。同年 2 月兼任國防科情報資料研究所顧問。

[41] 李鏗想到什麼就說什麼的性格被認為是招此災禍的原因。李鏗最小的弟弟李森滋也在「文革」期因為「成分不好」、有海外關係，作為「臭老九」受到了迫害。另外，反右派鬥爭和「文革」的洪流也吞噬了劉清揚和白朗。白朗在 1958 年反右派鬥爭的漩渦中，作為丁玲等人的「反黨集團」的右派分子遭到了非難，被送往阜新煤窯強制勞動。直到 1961 年除去了右派的帽子，再度開始創作活動。但是由於在「文革」期間遭到了嚴重的迫害，身心都受到了極大摧殘，一度陷入瀕死的邊緣。儘管劉清揚在「文革」開始時已經 70 多歲了，仍未倖免於難。她在被拘留了 7 年半之後，帶著被誣陷的罪名於 1977 年離開了人世。中國共產黨在 1978 年 12 月的十一屆三中全會上對「文革」進行了清算並制訂了改革開放的路線，劉清揚、白朗、李鏗也是在這之後才得以平反。

結語

　　1952 年 6 月，WIDF 收到了調查團的報告書，並將該書的內容向全世界公布。最初由 5 國語言寫成的報告書通過 WIDF 的國際網絡被翻譯成歐洲、非洲、南北美洲以及亞洲各地的語言，喚起了國際輿論要求朝鮮戰爭立即停戰的呼聲。卡特・弗雷隆女士在哥本哈根與調查團成員們再會的時候說：「中國的事情讓人難以忘懷。如果沒有來自中國方面的幫助，我們是無法完成任務的。」相信其他的調查團成員們也會有同樣的感念吧。實際上，這裡還有一個小插曲：有些儘管參加了調查團、但仍對中國抱有疑慮的調查團成員們，經過在中國和朝鮮的駐留，對中國的看法發生了澈底的改變，並時常在出席集會的時候穿上 ACWF 贈送的中式紀念服裝，且引以為傲。如若沒有中國成員們的貢獻，1951 年 WIDF 派出的國際女性調查團是無法取得這樣的成果的。

　　可以說，這 3 名中國女性對調查團做出了巨大的貢獻。劉清揚，從五四運動時期開始長期從事女性解放鬥爭事業，有赴歐洲生活的經歷，是在嚴酷的抗日戰爭和國共內戰時期作為統一戰線的旗手戰鬥不息的年長者。作為 ACWF 調查團的中國代表團的負責人，劉清揚受到了大家的信任，而她也完全沒有辜負這份信任。白朗，比劉清揚小了近 20 歲，是正處於創造高峰期的作家。對於從抗日戰爭時期開始就以從軍作家的身分活躍於中國文壇的白朗來說，關於國際女性調查團訪朝的「文字工作」是她的最高追求。其實，白朗不僅肩負作為調查團的執筆委員負責報告書的寫作任務，還通過《平壤七日》、《心逢著心》、《我懷念著遠方的朋友》等報告文學，將平壤的情況和國際女性運動中結下的友誼記錄了下來。李鏗，雖然目前關於她在調查團及 ACWF 內承擔的任務還不清楚，只知道她和英國、蘇聯、奧地利和古巴代表一起去了黃海道、安岳郡和信川郡，但她有著豐富的農村運動和托兒所運動的經驗，是作為把奔赴「新中國」建設的中國女性的思想和動向傳達給外國代表們的最佳發言人，其貢獻也不容小覷。綜上所述，劉清揚、白朗、李鏗三人分別擔負了 WIDF 調查團中不可欠缺的重要職責，為這次大規模的國際合作事業做出了卓越的貢獻。

冷戰祛魅
——1966年美國「中國通」的「時代證詞」及其
　　國家角色的反思

　　在第二次世界大戰之後的美國對外關係中，中美關係是最為特殊的雙邊關係。中美關係的「特殊性」在於兩國在長期的交往過程中，由於彼此文化的巨大差異，都不可避免地帶著「自己的文化形態和價值觀念去觀察對方，逐漸形成了關於對方的基本看法；這些看法又處在不斷發展變化的過程中，受到國際環境、本國相對實力、本國和對方的社會內部變革等種種變動因素的影響」。[1]在中美 200 多年的關係史上，這種複雜的「意識形態」觀念對冷戰時期的中美關係的影響達到了史無前例的巔峰狀態，中美關係的複雜性、特殊性也由此得到了充分的彰顯。

　　在冷戰時期，中美兩國從第二次世界大戰時期的軍事盟友變成了勢不兩立的敵國。這種意識形態上的敵對關係，讓兩國政府的外交決策者和一般公眾無法理性地看待兩國關係。在此背景下，那些曾經深度參與中美交往歷史的美國的「中國通」們，以及曾在美國受過教育的中國自由主義知識分子們，他們的個體命運都遭遇了冷戰意識的傷害。雖然這些最瞭解中美關係的「中國通」或者「美國通」曾經遭遇了冷戰政治的迫害，但是當人類歷史發生轉機時，他們在促進中美關係的正常化以及重塑各自的國家認同上，都發揮了無法替代的作用。本文即聚焦於 1966 年的美國「中國通」關於冷戰的時代證詞，以此來探討美國的「中國通」對冷戰的思考，以及他們重塑美國國家認同的努力。

　　1966 年在美國參議院對外關係委員會召開的中國聽證會上，14 位美國的頂級中國問題專家就中國、中美關係和美國對華政策等問題進行了發言和討

---

[*] 馬建標，復旦大學歷史系教授，研究方向包括中美關係史、北洋軍閥史和近代傳播史。
[1] 王緝思：〈1945-1955 年美國對華政策及其後果〉，《美國研究》1987 年第 1 期。

論。關於「中國通」在這次聽證會中發揮的作用，以往的研究多從其對中美關係改善的影響出發，[2] 而忽略了他們的見證詞，其實也是美國國內權力菁英（參議員、輿論領袖，外交智囊等）對美國冷戰行為的反思，以及對美國國家認同的調試的努力。此時，美國的中國通對中美關係的反思，也是對美國偏激的冷戰意識的一種袪魅的嘗試。

一、美國認同的焦慮：冷戰初期「中國通」的遭遇

第二次世界大戰確立了美國的世界領袖地位，這種新的「世界領袖」的國家認同感給人類的命運造成了深遠的影響，美國所建立的戰後世界新秩序給「人類既帶來了福祉，也造成了災禍。使人類離實現持久和平和普遍正義的目標還相當遙遠」[3]。第二次世界大戰之後，美蘇爭霸將人類社會帶入了長達數十年的冷戰時代。由於冷戰思維，在從 1945 年到 1965 年的 20 年中，美國的對華政策經歷了劇烈的變化。中美關係的矛盾進一步加劇了冷戰時期美國國家認同的焦慮，使得美國人對其第二次世界大戰之後確立的「世界領袖地位」產生焦慮感。這種焦慮感直接表現為美國人對自身國家認同的不自信。在這種普遍彌漫的對國家忠誠的焦慮狀態下，美國的中國通的「跨文化認同經歷」便遭遇了以麥卡錫（Joseph Raymond McCarthy, 1908-1957）為代表的冷戰鬥士的質疑。

麥卡錫主義的本質是對美國自由主義傳統的攻擊，而自由主義傳統是美國國家認同的精神內核。在這個意義上，麥卡錫主義的興起是冷戰初期美國國家認同危機的表現。由於美國的自由主義傳統在其對華政策上表現的最為充分，因此麥卡錫攻擊的主要目標就是美國對華政策。[4] 換言之，冷戰初期的中美關

2　中國國內相關的研究主要從中美關係解凍的視角來看，相關的文章有蘇格：〈60 年代後期美國對華政策的「解凍」〉，《美國研究》1997 年第 2 期；李增田：〈鮑大可與中美關係正常化〉，《美國研究》2004 年第 2 期；顧寧：〈美國「遏制但不孤立」中國政策提議的歷史由來、反響及其意義〉，《世界歷史》1997 年第 1 期；資中筠：〈美國的中國問題學者與中美關係解凍〉，《美國研究》1997 第 2 期；李期鏗、謝超：〈中美關係解凍的輿論準備——富布賴特的「中國聽證會」〉，《美國研究》2006 年第 4 期。

3　王立新：《躊躇的霸權：美國崛起後的身分困惑與秩序追求》，中國社會科學出版社 2015 年版，第 551 頁。

4　鄒讜：《美國在中國的失敗》，上海世紀出版集團 2012 年版，第 427 頁。

係問題是引發美國國家認同危機的一個重要的外部刺激因素。在此背景下，美國的「中國通」就成為美國對華政策失敗的「替罪羊」。

美國的「中國通」大體分為兩類：其一是美國外交系統中涉華事務的職業外交官，如約翰 · S · 謝偉思（John S. Service, 1909-1999）等人；其二是以鮑大可（A. Doak Barnett, 1921-1999）和費正清（John K. Fairbanks, 1907-1991）為代表的學者型「中國通」。自然，遭受攻擊最厲害的當屬外交官群體。1952 年 2月 9 日，麥卡錫參議員在一次講話中點名攻擊了謝偉思，說他「以前曾竭力主張共產主義是中國最好的希望」，指責謝偉思是「共產黨的同夥」。[5] 在此期間，以費正清、伊羅生（Harold R. Isaacs, 1910-1986）、韋慕庭（Clarence M. Wilbur, 1908-1997）為代表的中國研究專家也遭到了麥卡錫主義者的指控。[6] 儘管遭到麥卡錫等冷戰鬥士的指控和壓迫，但是這些「中國通」關於中國的「經歷」不會因此而消失，而是隱藏在他們的心靈深處，並作為他們所感知的中國「真相」維繫著這群「跨文化者」被壓抑的精神世界。

在 20 世紀 50 年代，麥卡錫主義者利用美國社會上彌漫著的「國家認同」普遍焦慮感，經常以「不忠誠」來指控與失敗的美國對華政策有關聯的每一個人，包括那些對「這樣的結局發出警告的外交官，以及那些拒絕全面援救南京政府的決策者」。有關「對華政策失敗的辯論」成為 1950 年代美國政治中最激烈而持久的爭論，在此過程中，許多美國「中國通」遭到殘酷的迫害，許多人因此身敗名裂。[7] 然而，物極必反。麥卡錫主義者在 1950 年代猖狂至極，他們以「把中國丟失給共產黨的罪名」強加給「中國通」們，終於導致天怒人怨，故而到了 1960 年代，麥卡錫主義轉而失勢，美國的自由主義傳統復甦，自由主義者的口號「中國不是我們能丟失的」開始占據壓倒性優勢。[8] 在新的局勢下，以鮑大可、費正清、史華慈（Benjamin Schwartz, 1916-1999）為代表的學者

---

[5]　鄒讜：《美國在中國的失敗》，第 428 頁。
[6]　[美] 保羅 · 埃文斯：《費正清看中國》，陳同、羅蘇文、袁燮銘等譯，上海人民出版社 1995 年版，第 163 頁。
[7]　[美] 胡素珊：《中國的內戰：1945-1949 年的政治鬥爭》，中國青年出版社 1997 年版，中文版自序第 7 頁。
[8]　[美] 胡素珊：《中國的內戰：1945-1949 年的政治鬥爭》，第 7 頁。

型「中國通」開始在中美關係上發揮特殊的作用。而此次轉機，就是美國的越戰問題。

1966 年的美國，正處於越南戰爭的泥潭中，逐步升級的戰爭引起國會內部的反戰派和美國民眾的強烈不滿。在此背景下，作為知名的主張國際合作、對蘇緩和開創了「富布萊特學者項目」的「國際主義者」，美國參議院對外關係委員會在主席富布萊特參議員（James William Fulbright, 1905-1995）的主持下於 1966 年 1 月和 2 月舉辦了一系列關於越南戰爭的聽證會，邀請諸多支持或反對越戰的高級別官員就越南戰爭本身和相關的美國對亞洲政策問題進行辯論，參與者包括馬克斯韋爾・泰勒將軍（General Maxwell D. Taylor, 1901-1987）、國務卿魯斯克（David Dean Rusk, 1909-1994）和遏制政策的設計者喬治・凱南（George F. Kennan, 1904-2005）。聽證會首次採取了電視直播的形式，將辯論的全程向公眾公開，雖然最終並沒有使得林登・詹森總統（Lyndon B. Johnson, 1908-1973）的戰爭政策發生重大變化，但聽證會本身成為了關於越南問題的「令人鼓舞的公開辯論的開端」，從此社會輿論的導向也悄然發生變化，「反戰開始變得令人尊敬了」。[9]

討論越南問題，無論如何都避不開中國問題，因為從一定程度上講，越南戰爭就是美國遏制共產主義在亞洲傳播而造成的多米諾骨牌效應，遏制越南就是遏制中國。在關於越南戰爭的討論中，美國官員首先擔心的是，中國是否會如朝鮮戰爭一樣大規模介入越南戰爭，最終形成第二次中美戰爭乃至爆發核戰爭。富布萊特這樣說：「老實講，在我們大多數人憂慮的不僅是越南。二是現在的局勢有可能升級到與中國發生戰爭。我們常常猶豫談論這些問題，但這是我的一個擔憂。我會感到非常遺憾，如果最終導致我們與中國爆發了一場全面戰爭。很多比我更睿智的人都相信有這樣的可能性。」[10]

但讓富布萊特失望的是，參加聽證會的軍政高官都沒能給出明確、共識性的答案。曾任美軍 82 空降師師長的詹姆斯・加文中將（James Gavin, 1907-

---

9 Joseph A. Fry, *Debating Vietnam: Fulbright, Stennis, and Their Senate Hearings*, Rowman & Littlefield, 2006, p.80.

10 Akira Irive, *U.S. Policy toward China: Testimony Taken from the Senate Foreign Relations Committee Hearings*, Little, Brown and Company, 1968, p.19.

1990）警告，「如果中國共產黨繼續現在的侵略性並且同時發展大規模殺傷性武器的話，中國就可能會面臨一場核戰爭」，因為中國對於原子彈的破壞性並沒有清晰的認識。[11] 更令其感到擔憂的是，假設美國最終擊敗中國，上億的中國人將面臨可怕的境地，很多人會遭受核輻射帶來的疾病，整個食品生產、經濟、農業都會被遭到沉重打擊，而「美國將不得不承擔起解決這一問題的責任，這將是令人感到極其恐懼的問題」[12]。而 101 空降師傳奇師長、直接指揮越戰的美國參聯會主席馬克斯韋爾‧泰勒將軍卻自信地認為中國將不堪一擊，「中國在一些方面極端脆弱，國內是因為龐大人口導致的食品問題。他們的脆弱也表現在花費如此大的精力獲得的有限的核能力卻極其容易被摧毀」。

富布萊特模模糊糊地意識到，過去 20 年間，中國在美國公眾中存在的「邪惡巨龍」形象與事實並不符合，中國表現出的侵略性似乎背後別有隱情，中國的行為應當有獨特的歷史原因。他和加文將軍發生了這樣的對話：

富布萊特：現在是誰在包圍誰？

加　　文：我傾向於相信中國人認為他們正在被包圍。

富布萊特：相比起我們，他們是否被包圍得更厲害？

加　　文：毫無疑問。

富布萊特：你是否認為，從他們的角度看，認為被包圍是有道理的？

加　　文：如果處於他們的情況，我會這麼認為……

富布萊特：你非常瞭解軍事史和政治史。在過去的一百和兩百年中，中國是否是一個特別具有侵略性的國家？我是指公開侵略鄰國領土。

加　　文：不。

富布萊特：真的嗎？

加　　文：就我所知沒有。

富布萊特：對於西方國家而言，過去一百年是誰侵略了誰？是中國攻擊

[11] Akira Irive, *U.S. Policy toward China*, p.2.
[12] Akira Irive, *U.S. Policy toward China*, p.4.

富布萊特：很嚴重嗎？

加　　文：是的，我清楚地記得讀過關於天津義和團叛亂的事情，我也
記得不久前看到戈登的生活和英國占領了大量中國的領土，
以及很多歐洲國家也是這樣的。

富布萊特：事實上，在近一個世紀中，很多西方國家實際上占領、羞辱
和削弱了中國，難道不是嗎？

加　　文：毫無疑問這是真的。[13]

富布萊特愈發感到，美國對中國的瞭解存在巨大的鴻溝，真正瞭解中國的
「中國通」們由於冷戰的因素長期遭受排擠，早已失去了政策影響力，而政治
菁英的似懂非懂、公眾認知的膚淺片面更使得美國對華政策長期以來建立在一
種錯覺上。隨著中國實力的快速加強，特別是具備了核能力後，這樣的認知匱
乏很可能會導致兩國關係陷入更大的、致命危機中。

因此，富布萊特和其參議院對外關係委員會的同事們決定，在越南聽證會
後立即於 1966 年 3 月陸續舉辦 9 場中國聽證會，邀請包括鮑大可、費正清、
史華慈、漢斯・摩根索（Hans J. Morgenthau, 1904-1980）等 14 位關於中國問題
研究的頂尖學者，針對中國的歷史、現實和相關政策提供知識和建議，並通過
電視向美國民眾傳播。正如富布萊特在聽證會前夜在《紐約時報》撰文所寫，
「這些聽證會的首要目的是教育性的，儘管最終的目標是政治性的，即阻止戰
爭」[14]。鑑於 20 世紀 60 年代之前，一般美國輿論認為「亞洲會對美國的未來
構成威脅」[15]，而中國在亞洲又居於支配地位，因此 1966 年美國中國通的聽證
會，對於調整美國公眾輿論對中國的偏激印象，是有其特殊的時代價值的。

[13] Akira Irive, *U.S. Policy toward China*, p.9.

[14] Akira Irive, *U.S. Policy toward China*, p.xiv.

[15] [美] 哈羅德・伊薩克斯：《美國的中國形象》，於殿利、陸日宇譯，時事出版社 1999
年版，第 73 頁。

二、冷戰祛魅：中國通的思考及其反冷戰意識的努力

1966 年美國參議院聽證會首先關注的是中國特殊的歷史傳統。正如費正清所言：「我們被僅僅關注話語而不研究中國歷史的做法引入了歧途，從一個中國史學家的角度看，這毫無疑問是片面的，要同中國人打交道，就需要更多的中國歷史知識。」[16]

鮑大可首先就從中國近代不斷「在黑暗中尋找光明」的獨特經歷講起。他提出，直到 19 世紀前的大約 2,000 年的時間裡，中國一直是世界文明中心之一，和其他中心保持著相對隔離；中國也認為自己高於自己所有的鄰國，也扮演不可動搖的首要角色。但這種孤立狀態在 19 世紀中期被技術強大的西方國家的擴張打破，中國成為了帝國主義和殖民勢力競爭的賽場。費正清也同樣提出：「發生在 19 世紀中國的災難是一切民族所遭遇過最廣泛的災難。中國優越性的古老傳統加上現代災難，毫無疑問地製造了最好的失望的案例。任何一個曾經處於世界之巔的文明都不應該遭受如此糟糕的境遇。」[17]

鮑大可和費正清敏銳地看到，強盛帝國衰敗的經歷在中國人心中留下了一種大國悲情主義的情感色彩，這樣的災難帶來的羞辱和悲痛使得現代中國人都愈發感到自己的國家成了「命運的受害者」。這樣的經歷和情緒也成為了近代全體中國人謀求民族復興、國家富強的根本動力。在 19 世紀的這場變革中，中國人民在黑暗中痛苦、緩慢地探索，尋求的就是實現現代化和國家發展的有效辦法，以構建一個強大、現代的民族國家，並重新恢復中國的世界地位。鮑大可說：「這段百年歷史的一部分遺產就是：不論意識形態怎樣，所有中國人都感到強烈的民族主義和自我意識。所有的中國人，包括非共產黨人和共產黨人，都堅信一定要終結中國低人一等的境況，並且重現大國地位。」[18]

---

[16] *U.S. Policy with Respect to Mainland China: Hearings before the United States Senate Committee on Foreign Relations*, Eighty-Ninth Congress, second session, United States, U. S. Government Printing Office, 1966, p.116.

[17] *U.S. Policy with Respect to Mainland China*, p.99.

[18] *U.S. Policy with Respect to Mainland China*, p.99.

在中西關係方面，鮑大可提出中國和西方世界始終處於一種體系碰撞的動態中，「直到現在中國和西方世界之間都從未在合理平等的基礎上建立和平的關係」。他提出，在 19 世紀中期前，處於強勢地位的中國一直試圖將西方勢力納入其傳統的帝國朝貢體系中，但這種嘗試最終以失敗告終。在接下來的 100 年中，情況發生逆轉，西方國家又占據了強勢的地位並試圖將中國納入現代的國際關係體系中，但同樣未能成功。[19] 當時間進入到 1949 年以後，中美又進入到冷戰的殊死鬥爭之中，體系碰撞變成了社會主義和資本主義的競爭，這也成為了困擾 20 世紀 60 年代中美關係的核心問題。鮑大可認為，未來要解決這一內在矛盾的關鍵就在於，要在雙方都承認彼此權利和義務的基礎上，最終使中國可接受地和平融入現代民族國家體系中。[20]

從中國的歷史傳統出發，中國通們不約而同地提出，中國存在著一種「向內看」的傾向，即優先關注國內事務。特別是傳統中國政權，「只要中華帝國保持充實，那麼這種傾向就會將與外部世界的聯繫降到最低」[21]。費正清指出：「這個最大、最孤立、最特別、延續最久遠的文化和社會發展出一種強烈的向內看的趨勢、種族中心主義或中華中心主義的態度，即中國是已知世界和文明的中心，非華夏之地為邊緣或低劣，中華優越於一切國外地區。」

中華人民共和國建立後，儘管共產主義的政策會導致一些變動，但總體看來，他們認為中國向內看的趨勢並沒有發生根本變化。但這卻與朝鮮戰爭以來，中國在美國公眾輿論中爭強好鬥、極具侵略性的形象產生了極大反差。長期以來，美國媒體都將中國刻畫為一個將國際關係列為首要工作的進攻性國家。如此錯覺的影響根深柢固，以至於當聽到中國通們提出中國政府的「內向性」時，富布萊特竟然說：「在你的陳述中，你明確地提出中國政府專注於國內事務，這令我感到十分驚訝！」[22]

鮑大可指出，雖然共產主義的世界觀使得中國大陸的部分意識形態變得非

---

[19] *U.S. Policy with Respect to Mainland China*, p.99.

[20] *U.S. Policy with Respect to Mainland China*, p.99.

[21] *U.S. Policy with Respect to Mainland China*, p.23-27.

[22] *U.S. Policy with Respect to Mainland China*, p.205-207.

常「向外看」，但中國共產黨的「向外看」和舊式的軍事征服不同，「他們將自己的革命經歷投射到對世界的看法上，看到在很多領域的潛在革命形勢，同時感到應當提供支持……但是，就支持革命的具體能力和意願而言，他們主要提供的仍是道義支持和意識形態領導」[23]。因此，如果使用「征服世界」（world conquest）的概念來描述中國的「向外看」，就十分不準確。

在具體政策方面，哈佛大學東亞研究中心副主任林德貝克（John M. H. Lindbeck）又給出了支持「向內看」的證詞。「事實上，中國的領導人專注於中國的國內問題和國家的內部問題與發展……中國共產黨領導人都是中國國內政治的專家，但是世界政治領域的新手」。他提出，不能僅僅被話語的信號欺騙，應該關注中國的資源和預算的實際分配情況。「形成對比的是，一個宣稱是國際主義者的政權卻只投入了少量的精力和資源在外事活動中。除了投入到國家軍事力量中的精力、資源，從事對外政治、經濟和文化關係的人員數量、分配到外交中的預算、政府機構用於國際事務的時間和年度官方報告，都只占據總體中的一小部分。」[24]

通過關注中國領導人的所作所為，關注他們如何編制預算、制定發展計畫，林德貝克教授得到一個和媒體呈現的大相徑庭的印象：如果聚焦國內政治，就會發現「他們關心的主要問題都與他們推動的工業化、政治控制和社會政治氣候改革的計畫有關」。他提出了，如果運用一種量化的測量工具來分析中國領導人的時間分配情況和關心的主要問題，並形成一組「測量注意力的時間跨度和行為」的數據，就會發現「毛澤東和他的大多數同事會表現得更加專注於國內事務而非外交問題」，的確有少部分人關注中國的對外經濟、政治和軍事關係，但如中國的菁英正變得更加專注於中國的事情，並付出一切努力使中國成為「盈利企業」。[25]

他們幾乎一致得出結論：「有關中國擴張主義的證據是十分有限的；也就是說，中國人在語言上十分有擴張性，但在行動上十分謹慎。至少自 1962 年以

---

[23] *U.S. Policy with Respect to Mainland China*, p.24.
[24] *U.S. Policy with Respect to Mainland China*, p.205-206.
[25] *U.S. Policy with Respect to Mainland China*, p.205-206.

來，中國人主要都全神貫注於內部問題和國內的恢復。」[26]著名現實主義國際關係學家漢斯‧摩根索說道：「關於對外事務，中國領導人極端的、幾乎瘋狂的言論和採取行動時的極端謹慎之間形成了鮮明對比。」如果具體關注中國政府對外政策的實際目標，會發現臺灣、朝鮮、東南亞、西藏和印度邊境和外蒙古這些地區實際上都處於中國的傳統勢力範圍之內，而這是無論共產黨人還是非共產黨人都堅定支持的。這些領土要求是中國傳統的歷史性主張，並不能說明共產黨政權有額外的侵略性。例如「蔣介石和毛澤東都毫無分歧地認為臺灣是中國的一部分，只是對於誰應當統治中國產生了分歧。毛、蔣對於西藏屬中國也毫無異議。他們對於中印之間的麥克馬洪線是非法的也毫無分歧」[27]。

在中國的政治穩定性方面，中國通再次沒能給出美國政府想聽的答案——「中國崩潰論」——反而給出了相反的觀點，即共產黨人已經建立起有穩固支持的政權，證明了其擁有制定和執行決策的卓越能力和動員民眾、資源的能力。儘管社會中也存在著許多矛盾，不少人也對共產黨的政策和統治方式的不滿，但是並沒有形成有組織的反對派，而且也沒有可預見的發展前景。當被問到國民黨政權有無可能重返大陸，或者中國內部有無可能出現成功的起義時，史華慈表示：「我確實感到國民黨在臺灣表現出了一定的效率，但用一句中國的老話來說，『它已經喪失了在大陸的法統』。」而林德貝克的答案更為乾脆：「不可能。」[28]因此，「簡而言之，該體制不是一個轉瞬即逝的現象。假以時日，它可能會改變自己，但它將繼續存在，在可預見的未來中我們也將繼續和其打交道」[29]。

1949年以來的美國對華政策，一定程度上是美國在歐洲對蘇聯採取的遏制政策的翻版。它的前提是中共政權是不穩定的，只要既在軍事和政治上遏制，又試圖在外交、商業上、政治上孤立中國，以削弱共產黨政府的執政基礎，破壞中華人民共和國政府的合法性，中共政權就能夠被推翻。用鮑大可的

---

[26] *U.S. Policy with Respect to Mainland China*, p.339.

[27] *U.S. Policy with Respect to Mainland China*, p.523.

[28] *U.S. Policy with Respect to Mainland China*, p.197-198.

[29] *U.S. Policy with Respect to Mainland China*, p.52.

話說，在過去 17 年的時間裡，美國都在尋求一種「遏制且孤立」（containment and isolation）的對華政策。

摩根索認為，這一孤立政策是與承認蔣介石政府為合法政府緊密聯繫起來的，認為通過拒絕和說服大多數國家拒絕承認中國，就可以破壞共產黨政府的合法性並推翻它。但「顯然是個徹頭徹尾的失敗。就從正常的外交、政治和商業關係上而言，反倒是美國被孤立了，而非中國」[30]。摩根索是冷戰之後美國「政治現實主義理論」的開創者，他用現實主義的權力觀和利益觀來考察冷戰開始後的國際政治，反對用「理想主義」原則來處理國際關係。儘管摩根索在其 1948 年出版的名著《國家間政治》（*Politics Among Nations: The Struggle for Power and Peace*）一書中呼籲「政府要做公眾輿論的領導者，而不是它的奴隸」，但是在越戰問題和中國問題上，他卻是站在「美國政府立場的對立面，明確希望公眾輿論能迫使政府改變政策」。[31] 在這一點上，摩根索的學術觀點和他的個人實踐之間的悖論，集中體現了「中國和亞洲問題」對美國國際問題專家思想行為的影響，是何其深刻。

然而，孤立政策的核心——對華貿易禁運政策——沒有產生任何作用，任何向中國施加的壓力或限制都是無效率的。密西根大學經濟學教授埃克斯坦（Alexander Eckstein, 1915-1976）認為，美國對華的貿易政策從 1950 年起就沒有變化，但其他的西方國家都逐步和漸進地放鬆對中國的貿易管制，儘管在很多案例中美國都明確表示反對。最終，20 世紀 50 年代初 COCOM（Coordinating Committee for Export to Communist Countries）設定的廣泛的對華禁運物資只剩下了對軍備、武器、裂變材料和其他戰略物資的繼續限制，以及另外一個限制對華信貸的協議。

按理說，削減了所有對華出口無疑會對中國經濟造成損害。但事實上中國經濟並未受到影響，因為：1.）其他的主要貿易國家都沒有遵循美國的全面禁運政策；2.）直到 1960 年前，中國都能從其他共產主義國家獲得所有的盟

---

[30] *U.S. Policy with Respect to Mainland China*, p.553-555.
[31] ［美］漢斯 · 摩根索：《國家間政治：權力鬥爭與和平》，徐昕、郝望、李保平譯，北京大學出版社 2015 年版，譯序第 15 頁。

國拒絕提供的物資」。因此在中蘇蜜月期，美國和盟國的對華禁運幾乎可以忽略不計。1960 年後，中蘇經濟關係遭到了嚴重破壞。中國在進口武器和軍事物資方面遭遇了極大的困難，也不能獲得長期信貸。但從 20 世紀 50 年代中期起，西方國家的貿易制裁開始逐步放鬆，蘇聯留下的縫隙可以被其他西方國家補上。「如果說，之前美國的貿易禁運無效是因為中共可以從共產主義陣營獲得被管制和禁運的物資，那麼現在無效是因為這些同樣的物資（除軍事物資之外）事實上可以從除了美國以外的任何一個國家得到。」[32]

唯一對中國能產生有效的經濟限制的措施是在信貸領域的制裁。這帶來了兩個問題：信貸控制對中國經濟又多大的影響？信貸可以在多大程度上影響中國共產黨的政策？埃克斯坦教授認為，首先中國共產黨在獲得所有短、中期貸款方面沒有任何困難。他們的國際信用評級很好，也按時償還金融債務。長期債務對中國政府的意義也僅限於緩解債務壓力。更重要的是，中蘇關係史的例子表明，「即便要面臨嚴重的經濟後果，中國並不準備犧牲關鍵的政治目標。因此，在中國和西方的關係上，不能指望中國會放棄或者修正重要的外交目標，哪怕這樣的決定會損害中國經濟」[33]。因此，從貿易上孤立中國並沒有產生任何實際效果，因為中國完全可以從別的國際市場上尋找替代進口產品，而金融上的孤立也只會對中國經濟產生有限影響，更不能指望產生政治作用。

此外，埃克斯坦也提出，此時的中國經濟實際上十分依賴於對外進口。這對於其中國工業設施的擴張、緩和 1960 年以來的食品短缺和國防現代化都至關重要。他測算，「如果缺少了這些進口，共產主義中國的經濟增長的年均增長率可能從 7% 跌落到 3%~5%。進口的中斷將在很大程度上減緩技術進步和經濟現代化，特別是對工業而言……毫無疑問，進口在中國共產黨的軍隊建設中也扮演了至關重要的角色」[34]。因此，由於進口在中國成為了剛性需求，經濟孤立非但沒有任何實際意義，反而讓美國將龐大的中國市場拱手讓出，換言之，損害了美國的經濟利益。

---

[32] *U.S. Policy with Respect to Mainland China*, pp.334-337.

[33] *U.S. Policy with Respect to Mainland China*, pp.334-337.

[34] *U.S. Policy with Respect to Mainland China*, p.333.

再從對華軍事遏制本身來看，漢斯・摩根索也對該政策提出了嚴厲的抨擊。美國一直試圖在中國周邊實施的強力軍事遏制政策實質上是在歐洲取得巨大成功的遏制政策的複製和延伸，但由於情況的差異，這一政策在亞洲卻無法獲得相同的效果。他認為，美國在歐洲面臨的蘇聯威脅的本質主要是軍事的，因為紅軍就位於歐洲的中心，西歐國家也受到共產黨的革命和顛覆的威脅。史華慈也認為，「我們在歐洲的遏制政策成功是因為我們有很多的有活力和有能力的社會願意和我們就遏制政策展開合作。在大多數歐洲國家都希望與我們一起遏制蘇聯」[35]，因而願意主動尋求美國庇護。但「中國在亞洲產生威脅的本質首要不是軍事的，更多是自然、無形地對亞洲大陸各國產生政治和文化的吸引」。這樣的威脅是不能被在臺灣、越南、韓國、泰國布置武裝力量和軍事物資就能遏制的，因為中國的影響力早已超越了所謂的軍事遏制，要想阻止中國影響力的傳播幾乎是不可能的。因此「周邊的軍事遏制政策不可避免是無效的」[36]。

因此，鮑大可對「遏制且孤立」政策的評論是「美國試圖孤立共產主義中國的努力是不明智的，而且從根本上看是失敗的」，如果一個合理、長期的中國政策的目標是要遏制和限制中國實力、削減緊張並施加緩和的影響、擴大與中國相關的非共產主義國家的合作以及將共產主義中國緩慢帶入正常的國際交往格局的話，「我認為該政策不可能為其提供有效的基礎」。[37]

既然不能改變中國，就只有改變自己。為了扭轉美國在東亞的不利局面，鮑大可認為，改變對華姿態並採取「遏制但不孤立」政策的時機已經到了。有的人批評「遏制但不孤立」政策包含了不同的要素，即遏制但增加與北京直接打交道的機會，這可能會帶來矛盾和不一致的問題。但鮑大可辯護道：「恰恰相反，我認為就我的長期目標而言，這些看上去矛盾的要素將事實上相互補充、相互加強。」[38]該政策看似矛盾，其實恰恰反映出中國通的一種東方智慧，

---

[35] *U.S. Policy with Respect to Mainland China*, p.217.
[36] *U.S. Policy with Respect to Mainland China*, pp.553-555.
[37] *U.S. Policy with Respect to Mainland China*, p.4.
[38] *U.S. Policy with Respect to Mainland China*, p.4.

與中國打交道也正需要這樣的思維。因為正如費正清所認為的那樣，和中國打交道不能走極端，而要「發展一種左右並重、軟硬兼施、胡蘿蔔加大棒的態度，一種戰爭與和平、談判與鬥爭的混合策略」，只有發展出這樣的概念，美國才能最大限度地施加影響，因為「如果我們只有鬥爭的態度，我們就可能會把自己惹進真正的災難中。如果我們持有一種先停止鬥爭再開始談判的態度，那麼我們又變得不現實，因為中國人可以完美地同時做好兩件事」。[39]

所謂「遏制但不孤立」，大前提依然是保持遏制，這是由兩國之間的意識形態差異和全球戰略摩擦的根本性因素決定的，換言之美國會繼續在戰略上圍堵中國。史華慈認為，「只要中國還對所謂的最高綱領（optimum vision）保持信心，這意味著他們可能會試圖將自己的模式施加到別的他們可控制的社會中，從這個角度看，我認為他們必須被遏制」[40]。其中的政策核心就是要繼續支持非共產主義政權與共產主義的勢力作戰，特別是越南，也將繼續給包括臺灣在內的周邊地區提供保護。[41] 費正清也明確提出，向中國打開世界的大門僅僅是美國政策的一部分，另一部分就是要堅守底線。「鼓勵他們加入聯合國和其他國際機構必須要有以軍力為支撐的堅定態度。在韓國邊界、臺灣海峽和越南的軍事遏制不能很快就被放棄，而且應該保持一段時間」，但只進行遏制是一條死胡同，美國必須要增加建設性競爭和國際接觸的政策。[42]

然而，「遏制但不孤立」雖然講「遏制」，但主要強調的是「不孤立」。這一政策的前提是中國通們認為，與國際社會的隔離和與國際事務的孤立給中國造成了一種不安全感和失落感，並通過在對外政策中的極端言論和有侵略性的舉動來反映這種情緒。用費正清的話講就是「北京的統治者侵略性地喊出了自己的失望，孤立強化了他們的不安並使其只顧自保」[43]。因此，「中國通」們認為要想引導北京的領導人融入國際秩序而不是使其摧毀國際秩序，必須要鼓勵中國在很多方面進行國際接觸，引導中國的領導人改變自己對世界和自己

---

[39] *U.S. Policy with Respect to Mainland China*, p.159.
[40] *U.S. Policy with Respect to Mainland China*, pp.217-218.
[41] *U.S. Policy with Respect to Mainland China*, p.4.
[42] *U.S. Policy with Respect to Mainland China*, p.107.
[43] *U.S. Policy with Respect to Mainland China*, p.107.

在其中位置的看法。通過讓中國更多地接觸外部世界、同國際局勢更多地鏈接和像其他國家一樣樂於參與其中，從而稀釋或減弱北京的戰鬥性。

「中國通」們也希望通過改變外交環境來推動中國的政治變革。鮑大可提出，中國的國內政策反映出有兩個集團在就未來的政策導向進行博弈，簡單的說，一派更關注政治控制、革命和意識形態，另一派更關注經濟運行的實際問題。他認為，在未來的一段時間，他稱之為技術官僚（Technical Bureaucrats）或管理人員（Manager）的人將更多地在中國的政策制訂中起決定性作用。[44]當毛和其他領導人去世後，中國將進入一個新時期，領導人和政策可能都比以往有更大的不確定性，新領導人對國際環境的認知毫無疑問會影響激進派和溫和派之間的平衡。因此，鮑大可認為，美國加強對華聯繫和接觸會對中國國內的政治平衡產生改變。「一個孤立的政策和對華施壓的政策會加強我所謂的中國國內更關注意識形態和政治的勢力。一個試圖將中國更多地吸納入國際社會的政策會為中國提供更多的選擇，從而可以加強我所謂的技術官僚的勢力。」[45]

該政策首先涉及一個核心的重大政策轉向，即關於中國政權合法性和承認問題。鮑大可認為，「從法律上承認中國是未來而不是現在應該考慮的事情，除非中國願意與我們互派外交代表，單方面的承認就沒有什麼意義，也不會收到回應。我們的目標應當是最終建立正式外交關係，但可能需要花費更多時間」。因此，鮑大可認為美國政府應當事實上承認北京政府的存在，不僅是在華沙的大使定期會面，而是正式建立事實上的聯繫。[46]尼克森（Richard Nixon, 1913-1993）訪華後，美國也正如鮑大可所建議的，設立了駐華聯絡辦公室，儘管沒有正式建交，但卻事實上扮演了大使館的作用。同時，他也提出美國應當在聯合國框架內，尋求為共產黨和國民黨都提供席位。他指出，當前在聯合國，國民黨的席位極有可能被聯合國大會轉交給北京，使得美國遭遇重大打擊。因此，率先在聯合國大會提出「雙重代表權」的方案，即北京和臺北均可

---

[44] *U.S. Policy with Respect to Mainland China*, p.52
[45] *U.S. Policy with Respect to Mainland China*, p.43.
[46] *U.S. Policy with Respect to Mainland China*, p.15.

以向聯合國派出正式代表。儘管他也看到海峽兩岸均不會接受這一提議，但這一方案符合美國利益，後來美國確實也是這麼做的。[47]

他們認為美國政府也應當鼓勵各種形式的非正式接觸。「應當終結一切的貿易禁運，允許非戰略項目的貿易。」因為此前貿易禁運的意義僅是象徵性的，主要貿易國家都沒有這樣的禁運，因此北京就可以從日本、德國、英國或其他地方購買美國拒絕出售的東西。同時，費正清還提出，要逐步將北京引入國際活動中，「中國應當被所有國際會議所接納，比如裁軍、專業和功能性的國際組織、國際體育（不僅僅是乒乓球）」[48]。

但在具體操作時，費正清認為必須要考慮到中國的特殊情況，要根據中國的具體需求來激勵北京，主要有四個方面的需求：一是要考慮到中國對更大的國際聲望的渴望，從而改變過去一個世紀的羞辱。對於一個中國的愛國者而言，讓中國位於世界舞臺的中心只會是正確和恰當的。二是北京政府需要用聲望來維持其國內穩定。在中國，領導人的長處對於確保政權穩定是很關鍵的要素，這就包括了其受承認的成就。三是中國人民非常需要通過技術、貨物的交換來獲得援助，和所有的發展中國家一樣。四是北京也會為獲得以夷制夷的機會而受到鼓舞。這一傳統的和外國人打交道的方式可能在任何如聯合國之類的會議上被使用。如果以上四種需求都獲得滿足，就可以期望北京政府參與到雙邊關係中，並且受到熱愛和平的國家的影響，最終使得共存變得更為吸引人和具有可行性。[49]

但並非所有人都支持「遏制但不孤立」政策。國會「中國幫」頭目人物周以德（Walter Judd, 1898-1994）和華盛頓大學遠東與蘇聯研究所所長喬治‧泰勒（George Taylor, 1905-2000）等人，在發言時都提出了強烈的反對意見。例如周以德認為鮑大可、費正清等人提出的對華政策的轉向的前提是值得商榷的。例如，他認為中國政權不能持久，是中國而不是美國造成了兩國關係緊張，改善兩國關係並不能改善中國的態度等。他也以美國和蘇聯的關係來佐證，比如

---

[47] U.S. Policy with Respect to Mainland China, p.14.

[48] U.S. Policy with Respect to Mainland China, pp.106-107.

[49] U.S. Policy with Respect to Mainland China, pp.106-107.

第二次世界大戰和第二次世界大戰剛結束時，「美國產生幻覺認為蘇聯是個熱愛和平的民主國家，渴望以合作來建設世界秩序和和平」，而現在卻成了對美國強大的威脅。周以德表現出了強硬的冷戰思維，認為要想在不發生核大戰的前提下解決美國的困境，就只有「解放生活在共產主義鐵幕下的上億民眾」。[50]

然而，縱觀 14 位發言人，也不過只有如此兩、三位表達出了對改善對華關係的強力不滿。大多數專家都對美國當時的對華政策提出了強烈批評，要求加大與中國的接觸和對話。聽證會期間，甚至還有 198 位專家學者於 1966 年 3 月 20 日聯名發表了公開聲明，在勞倫斯大學前校長哈羅德・泰勒（Harold Taylor）和康乃爾大學的貝蒂・拉爾（Betty Lall）的運作下，有 2,700 份材料送寄給了美國所有的亞洲研究所機構與有關個人。呼籲美國政府採取更積極的對華政策，這在社會上引起巨大反響。[51] 可見儘管並不是所有人都明確提出了「遏制不孤立」的概念，但從理念內核上看，當時的中國通們對這一政策已經基本達成了共識。

在美國政府層面上，「遏制但不孤立」的觀點也立即引起反響。3 月 13 日，即在鮑大可參加聽證會五天後，副總統韓福瑞（Hubert Humphrey, 1911-1978）在一次公開講話中稱美國對華政策應該是「遏制而未必孤立」（Containment Without Necessarily Isolation）。[52] 國務卿魯斯克在 3 月 16 日的聽證會上提出對華政策的十大要點，概括來說，一方面要繼續抵抗中國的共產主義威脅，但另一方面要對結束與中國大陸的敵對狀態保持開放。[53] 國防部長麥克納馬拉（Robert Strange McNamara, 1916-2009）也在公開場合聲稱，美國要以一種新的觀念來看待中國未來可能發生的變化，並設法架設與中國共產黨溝通的「橋梁」。[54]

1967 年，美國國務院甚至成立了一個由負責東亞事務的助理國務卿領導

---

[50] *U.S. Policy with Respect to Mainland China*, pp.438-442.

[51] "Experts on China Urge U.S. to Seek A Peking Accord", *New York Times*, Mar. 21, 1966, in Box 17, James C. Thomson, Jr. Papers, J. F. Kennedy Library，轉引自蘇格：〈60 年代後期美國對華政策的「解凍」〉，《美國研究》1997 年第 2 期。

[52] 蘇格：〈60 年代後期美國對華政策的「解凍」〉，《美國研究》1997 年第 2 期。

[53] *American Foreign Policy: Current Documents (1966)*, Washington D. C.: U.S. Government Printing Office, 1967, pp.650-659.

[54] 李增田：〈鮑大可與中美關係正常化〉，《美國研究》2004 年第 2 期。

的中國問題顧問小組，成員包括鮑大可、費正清、埃克斯坦等中國問題專家。從 1967 年 2 月到 11 月開了 5 次為期 2 天的會議，成員還獲得查看最高機密文獻的特權。但費正清回憶道，小組的意見最終彙集到一個由保守派分子組成的東亞和太平洋問題研究小組來審核和討論。[55] 換言之，「中國通」的意見最終並不能進入決策程序。儘管這次聽證會引起了較大的輿論反響，但實質上並沒能迅速改變美國政府的對華政策。不久之後，中國爆發了「文化大革命」，就此錯過了中美關係出現的第一次解凍窗口。然而，正如富布萊特所說，這次聽證會的意義在於其「教育性」，使得美國公眾開始重新思考中美關係，重新認識中國，給尼克森上臺後的中美關係解凍打下了輿論基礎。

三、中美關係問題與美國國家角色的反思

1966 年的中國聽證會首先反映出的是，美國對中國的關係建立於某種錯覺和誤解之上。首先，美國對中國的知識高度匱乏。1942 年珍珠港事件四個月後，一項民意調查表明，在對美國人的全國範圍抽樣中，60% 的人不能在世界地圖上指出中國的位置所在。[56] 雖然第二次世界大戰後更多的美國人對於中國有了一些概念，但大量的民意測驗表明更多的受過教育的美國人，對中國的認識都是模糊不清、猶豫不決的。這樣的無知不僅僅是公眾的特點，事實上在美國國會同樣普遍存在這種對國民黨政治和中國共產黨發展的無知。參眾兩院的大多數議員對中國事務都漠不關心。[57]

如果說這樣的知識匱乏還只是存在於外交決策圈之外的話，那麼冷戰開始後，這樣的知識匱乏又進一步蔓延到美國的外交部門。1949 年後，「失去中國」的神話在美國日益甚囂塵上，人們越來越把「失去中國」歸結於美國國務院中出現了共產主義分子，指責他們同情共產黨而非國民黨，使其成為了美國對華政策失敗的替罪羊。這也成為麥卡錫向國務院的中國通開刀的藉口。大

---

[55] [美] 費正清：《費正清中國回憶錄》，熊文霞譯，中信出版社 2013 年版，第 461-462 頁。

[56] [美] 哈羅德‧伊薩克斯：《美國的中國形象》，第 39-42 頁。

[57] [美] 唐耐心：《艱難的抉擇：美國在承認新中國問題上的爭論（1949-1950）》，朱立人譯，復旦大學出版社 2000 年版，第 169-173 頁。

約在 1950-1954 年麥卡錫主義盛行的時期，歐文・拉鐵摩爾（Owen Lattimore, 1900-1989）被指控為蘇聯間諜，儘管最後被證實無罪，但拉鐵摩爾也被迫離開美國；資深的駐華外交官謝偉思也被趕出政府，儘管被開除 6 年後有被恢復國務院的職務，但他的名聲已經被澈底搞臭，成為「失去中國」的首要分子之一。[58]

這一大批「中國通」，特別是職業外交官的中國通的喪失，使得後期出現了決策層無人瞭解中國、美國的對華政策建立在錯誤認知上的情況。當富布萊特在越南聽證會上向諸位美國政府高官詢問有關中國的意見時，都只得到了模糊不清、前後矛盾的觀點。因此，「中國通」借助 1966 年的聽證會重新介入對華政策，恰恰對此時美國外交界的對華知識匱乏形成了補充，也對後來的中美關係走向產生了重要影響。

但知識匱乏卻不意味著對中國完全沒有概念，事實上美國人腦海中對中國往往產生出情緒化的標籤。大多數美國人都認為中國人確實是一個具有吸引力的民族，將中國人具有令人欽佩的特徵描述為實事求是、心地善良、堅忍不拔等。[59] 在早期的傳教士看來，中國看上去像是一片能實現宗教皈依和漸進式改革的沃土，因此他們樂此不疲地來到中國。

國際政治心理學家羅伯特・傑維斯（Robert Jervis, 1940-2021）提出，行為體會誇大他們在對方決策過程中起到的作用，當對方行為與自己的預期一致時就會高估自己影響對方的程度。[60] 在長期的交往中，美國似乎對中國形成了一種特殊的「戀愛關係」，越來越有將中國的進步歸功於自己的傾向，第二次世界大戰的勝利更是堅定了其對中國負有一種幫助中國文明開化的特殊使命的信念。然而，當這樣的錯覺發展到巔峰時也正是其破滅的時候。共產黨打敗了美國支持的國民黨，這種結局完全與美國對中國的認知相反，而美國又再次過高地估計了自己的影響力，認定中共就是要傷害自己、損害美國的利益，而忽視

---

[58] ［美］伊・卡恩：《中國通：美國一代外交官的悲劇》，陳亮、隋麗君譯，新華出版社 1980 年版，第 2 頁。

[59] ［美］哈羅德・伊薩克斯：《美國的中國形象》，第 88-90 頁。

[60] ［美］羅伯特・傑維斯：《國際政治中的知覺與錯誤知覺》，秦亞青譯，上海人民出版社 2015 年版，第 380 頁。

了中國自己國內的需求。這種認知又進一步加劇了兩國之間的緊張關係，構成了美國對華「遏制又孤立」政策的認知基礎。恰恰是這種認知，而非中國通們讓美國「失去了中國」。

從一個更大的角度來看，1966 年的聽證會使得中國通重新進入美國對華決策圈，不僅僅是對補充對華知識的需求，更是在冷戰格局下，美國對中國的認知和自我認知重新調整的產物。早在共產黨剛剛奪取政權之時，「中國通」們就一直在試圖使美國民眾、決策層真正理解中國發生的一切。例如 1950 年 11 月，費正清在《大西洋月刊》（The Atlantic）發文，試圖使人們理解：共產主義在中國是正義的，但在美國是邪惡的。[61] 但受到此時美國對中國病入膏肓的認知失調，即不斷地為自己的行為尋求合理性，這一努力從未取得成功，反倒成為其「通共」的罪證。隨著冷戰的展開，中華人民共和國的政權不僅沒有受到美國「遏制且孤立」政策的影響，反而愈發穩固。越南戰爭的慘痛教訓也開始讓美國開始重新審視自己的亞洲政策和對中國認識。中國通此時重新登上歷史舞臺，也正是美國對自我認知祛魅的需要。漢斯·摩根索對「失去中國」神話的評論恰巧對此進行了詮釋：

> 講到中國，美國人就分成了兩類，一類患了神經病，一類患了精神病。只有極為少數的、聲音小的聽不見的少數人敢於以冷靜客觀的態度正式這個歷史事實。這樣做意味著正視我們自己，解釋我們判斷的錯誤和行動的失誤，因而發現，「喪失中國」的原因既不是疏忽大意，也不是一夥可以指認的替罪羊的叛國行為，而是我們自己，是那些表達了政府意願和民眾意願的政策。[62]

---

[61] [美] 費正清：《費正清中國回憶錄》，第 394 頁。
[62] [美] 鄒讜：《美國在中國的失敗（1941-1950 年）》，第 IV 頁。

結語

1966 年美國參議院舉行的此次對華聽證會，在以往的研究論述中，其歷史意義主要被侷限在「中美關係的正常化層面上」，而很少關注到此次聽證會也是美國國會以及中國通對美國 1945 年以來的冷戰戰略和美國國際角色的一次深度反思。表面上看他們討論的是中美關係問題，實際上是借此話題來消除由冷戰所引發的美國國家認同的焦慮。要說明這個問題，只需要簡略回顧一下美國在第二次世界大戰前後的國際地位，即可明瞭其冷戰後國家認同的焦慮感的本源。

在 20 世紀 40 年代之前，美國未曾幻想過在遠東建立「大美國治下的和平」，因為美國那時的國力還不夠。但是到了 1945 年之後，美國因參戰其在遠東的實際影響力達到了空前的狀態。在此背景下，美國在處理對外事務時，自然地產生一種「美國萬能」的意識。在冷戰初期，「美國領導世界」是一句十分流行的口號。[63] 1953 年，艾森豪（Dwight David Eisenhower, 1890-1969）宣稱，「美國領導自由世界是天命所歸」[64]。但是，在 1945-1949 年的中國內戰中，美國支持的蔣介石政府被中共擊敗，讓美國人的自信遭遇一次重大挫折，美國的「救世主」意識遭到打擊，美國的國家認同感出現焦慮。20 世紀 50 年代興起的麥卡錫主義正是美國國家認同焦慮的一次典型表現。

到了 20 世紀 60 年代中期，美國深陷越戰漩渦，美國的對華政策也踟躕不前。在此背景下，以鮑大可、費正清、拉鐵摩爾為代表的學者型「中國通」獲得了展示其才能的機會。他們與美國參議院外交委員會主席富布萊特密切配合，通過 1966 年的對華政策的公開聽證會，對美國對華政策的來龍去脈，以及中國的政治歷史文化傳統進行全面的深刻的分析，這是美國對外政策的一次「深刻自省」：讓美國人袪除冷戰的偏激意識形態，放棄狂妄自大的「救世主

---

[63] 王緝思：〈1945-1955 年美國對華政策及其後果〉，《美國研究》1987 年第 1 期。

[64] Foster R. Dulles, *America's Rise to World Power, 1898-1954*, Harper & Row, 1963, p.271.

身分觀念」，嘗試去平等地對待和理解中國的文化和價值觀念。用費正清的話說，美國人要承認「美國文化與中國文化是不同的，這是一個事實」[65]。長期以來，美國人習慣上認為美國的民主、自由等價值觀念帶有「普世性質」，故而他們想當然地認為美國文化價值系統可以推廣到中國，而忽略了中國文化價值系統的獨特性。但是，瞭解中國歷史文化的中國通如費正清等人，則強調世界文化的多元性。

　　雖然中國不是美國的主要冷戰對手，但是中美兩國的「文化差異」以及由此造成的中美關係在美國對外關係上的「特殊性」，使得中國因素成為 20 世紀 60 年代之後塑造美國國家認同的一個無法替代的外部因素。而美國的「中國通」充分意識到「中國文化因素」的獨特性，並利用這種文化獨特性來教育美國人，努力讓一般美國人祛除「唯美獨尊」的冷戰意識，用一個多元的文化觀來重塑美國的世界觀。最後，我們可以用富布萊特召集 1966 年聽證會的目的來說明其「自我醒悟」的意義，富布萊特說，聽證會的基本目的是「教育性的」。[66] 這裡的「教育」，我們可以理解為富布萊特通過鮑大可等中國通的公開證詞來解剖美國的固有的冷戰思維，是試圖重新界定美國國際角色、國家認同的一次具有深遠歷史意義的調適。1966 年，美國「中國通」關於中美關係的「時代證詞」，其意義不侷限於他們促使了中美關係的正常化，而在更廣闊的層面上是對美國冷戰後期國家認同的重塑。

---

[65] John K. Fairbank, *The United States and China*, Harvard University Press, 1971, p.315.

[66] Akira Irive, *U.S. Policy Toward China*, p.XIV.

家國情懷中的學術與政治
——20世紀70年代初旅美學者歸國之行再議[1]

孫揚[*]

　　20 世紀 70 年代初的中國，其國內局面和國際形象似有許些相悖之處。就國內而言，「九‧一三」事件之後，文革的理論與實踐在諸多國人心中已然破滅；「新生事物」看似遍地開花，「繼續革命」實則難以為繼；雖然工業、交通、國防領域的某些建設成就令人矚目，但民眾生活水平提升有限；沉寂的社會表面之下暗流湧動。然而，在國際上，冷戰格局出現戲劇性變化。中蘇關係持續緊張，「反修防修」卻一定程度上拉近了中國與西方世界的距離。中國重返聯合國、中美關係緩和、中日建交，中國以一種前所未有的姿態展現於越南戰爭和經濟衰退陰影籠罩之下的歐美面前，並重新向西方開啟國門。

　　站在今天回望，20 世紀 70 年代初，一些海外華人的歸國觀感似乎更加印證了悖論似的歷史景象。從 1971 年開始，眾多旅美學者陸續返回中國探親觀光。旅程結束之後，他們中的一些人或是撰寫回鄉觀感，或是演講回國見聞，普遍對彼時中華人民共和國的建設成就稱讚有加，現在看來，其中有些是過譽之論。此段歷史，已有學人關注。謝泳考察了何炳棣、楊振寧、王浩、任之恭、陳省身等幾位「西南聯大知識分子」歸國之旅的觀感言論，並對照胡適、徐志摩、紀德（Andre Gide, 1869-1951）、羅曼‧羅蘭（Romain Rolland, 1866-1944）、韋伯夫婦（Sidney Webb, 1859-1947; Beatrice Potter Webb, 1858-1943）等中西學人 1920、1930 年代的蘇聯之行，以「時代困惑」為要義進行了論述。他認為何炳棣等「失察」的主因是民族情感超越了理性判斷，而對某種制度的「錯覺」則來源於知識分子的基本理念和思想傾向。[2]

---

[*]　孫揚，南京大學歷史學院副教授，研究興趣包括中華民國史、當代中國史、中外關係史和香港史。

[1]　本文寫作過程中得到李中清（James Lee）教授幫助，特此致謝。

[2]　謝泳：〈西南聯大知識分子的家國情感與事實判斷——以何炳棣等上世紀 70 年代初的

筆者以為，就思想而論思想，就情感而論情感未免將這段複雜的歷史簡化並抽象了。20世紀70年代初，為數眾多的旅美學者在分隔20餘年後回到中國，本身就是一樁影響極其深遠的大事，無論當時，還是此後，無論學術，還是政治。一方面，若只論「家國情感」影響「事實判斷」或對「十年浩劫」的「失察」未免單薄；另一方面，僅作「中美文化交流」或「海外赤子」「拳拳報國」解讀亦未盡然。[3] 更深層次的原因，也許是作為一個歷史時期的1970年代初期，某些部分被無限放大，從而停留在人們的歷史印象中只是一段文革10年的組成部分而已，其豐富性被大大忽略。思想史、政治史和外交史的論述架構，似應互相給予彼此一定對話和解讀的空間，至少可以填入一些不同的話語。這樣，或許能夠拓展對那個年代人和事理解的尺度。

一、重返故國：時機與動機

謝泳認為，何炳棣、楊振寧等「作為獨立的中國知識分子，至少目前我們還沒有發現他們有特殊的政治背景，是完全中立的自由主義知識分子」[4]。然而，有無「特殊的政治背景」另當別論，即便是沒有任何背景的「自由主義知識分子」在充滿戲劇性的歷史轉折關頭也可能承擔著或自認肩負著某種歷史使命，他們的言行也就不能完全脫離時代中的外交與政治去進行解讀。20世紀70年代初，眾多旅美學者時隔20餘年後回到尚未與美國建交、通航，且處在文革之中的「祖國探親觀光」，這本身就是一樁極富政治背景的歷史事件。

中美關係緩和之途充滿了不確定因素，在最初的接觸中，兩國政府小心翼

訪華觀感為例〉，《開放時代》2007年第6期。

[3] 一些學者將這一事件納入20世紀50至90年代的中美教育交流中去考察。例如，顧寧：〈1972至1992年的中美文化交流——回顧與思考〉，《世界歷史》1995年第3期；〈評冷戰的文化遺產：中美教育交流（1949-1990）〉，《史學月刊》2005年第12期；黃仁國：《教育與政治、經濟的三向互動——1949-1978年的中美教育交流》，世界知識出版社2010年版；任震：〈美中學術交流委員會與中美學術交流（1966-1996）〉，中國社會科學院研究生院碩士學位論文，2012年等。

[4] 謝泳：〈西南聯大知識分子的家國情感與事實判斷——以何炳棣等上世紀70年代初的訪華觀感為例〉，《開放時代》2007年第6期。

翼地互相試探，通過表面上沒有政府背景的組織或個人建立多種聯繫渠道，如今已眾所周知的「乒乓外交」即是其中一例。由此可知，特定條件之下，體育會在現實政治中扮演至關重要的角色，而學術也不例外。中美關係緩和之前，兩國學者並非完全隔絕，他們在各自政府的默許之下已經有所接觸。1956年，中美兩國均派出代表參加了在奧地利召開的國際學術會議。中國代表是北京大學教授周培源，美國代表是哈里森·布朗（Harrison Brown），他在美國國家科學院負責與蘇聯、韓國和越南等國家的文化交流事務。會議期間，周培源與布朗多次祕密接觸，專門討論中美學術界建立非正式國際交往等事宜，這為美國國內一些非政府組織的成立，並開展同中國的學術交流奠定了基礎。[5] 爾後，比較具有標誌性意義的事件是1966年美國「美中學術交流委員會」的成立。[6] 該委員會旨在推動中美兩國學者在自然科學、醫學和人文社會科學領域的交流，但由於文革在其成立的同一年爆發，上述事項均未能實行。[7]

在中美走向緩和的前景下，1971年初，美國國務院取消了對美國民眾前往中華人民共和國的限制。美中學術交流委員會委託哈里森·布朗通過瑞典皇家科學院祕書艾里克·魯德貝格（Erik Rudberg）向中國科學院院長郭沫若傳遞建立雙邊學術聯繫的意向。當年5-7月，美中學術交流委員會執行祕書安妮·基特利（Anne Keatley）受美國國家科學院院長菲利普·漢德勒（Philip Handler）的委託，以《華爾街日報》（*The Wall Street Journal*）記者羅伯特·基特利（Robert Keatley）夫人身分訪華，並親手將邀請中國學者參加學術會議的信函交給郭沫若，此事得到了周恩來的重視。[8] 季辛吉（Henry Kissinger）年底

---

[5] 顧寧：〈1972至1992年的中美文化交流──回顧與思考〉，《世界歷史》1995年第3期。
[6] 美中學術交流委員會（Committee on Scholarly Communication with the People's Republic of China，簡稱CSCPRC）初期名稱為「與中國大陸學術交流委員會」（Committee on Scholarly Communication with Mainland China），1970年改用現名，中國大陸曾譯為「美國與中華人民共和國學術交流委員會」。該委員會由美國學術團體協會（American Council of Learned Societies，簡稱ACLS）、美國國家科學院（National Academy of Sciences，簡稱NAS）和社會科學研究理事會（Social Science Research Council，簡稱SSRC）共同領導，總部位於華盛頓。
[7] *China Exchange Newsletter*, 1973 (1), p.1.
[8] Kathlin Smith, "The Role of Scientists in Normalizing U. S. − China Relations: 1965-1979", *Annals of the New York Academy of Sciences*, 2006, 1, pp.121-122.

第二次祕密訪華前，時任美中關係全國委員會理事的鮑大可以個人名義致信季辛吉，建議其與中方領導人商談互派學者事宜，並推薦美國國家科學院、社會科學研究理事會和美中關係全國委員會等機構負責同中方交流。1972 年尼克森訪華後，美中學術交流委員會在美國政府的推動下，作為美國學術界的代表，以非政府組織的名義與中國學術界展開交流。自此，中美兩國間非官方的教育文化交流正式拉開了帷幕。[9]

尼克森訪華之前，已有一些旅美學者歸國訪問，這也為之後中美兩國教育文化交流的開展鋪墊了一定的基礎。1972 年以後，在美中學術交流委員會等機構的推動下，越來越多的旅美學者歸國訪問，學者們可以從不同渠道獲得資助。[10] 據美中學術交流委員會 1973 年出版的《美中交流通訊》（*China Exchange Newsletter*）統計，1971 至 1972 年間，大約 100 名美國學者訪問了中國，其中三分之一是華裔。[11] 這個數字應當是低於實際情況的，一些學者的訪華情況並不為美中學術交流委員會掌握。有學者指出，從 1972 年至 1976 年，大約有 12,000 名美國人訪問了中國。大多是科技界人士，其中一大批是對美國科技做出過重大貢獻的美籍華裔科學家。[12] 20 世紀 70 年代初，究竟有多少旅美學者歸國訪問？筆者尚未能獲得準確的數字。根據《美中交流通訊》、見諸《人民日報》、《參考消息》等媒體的報導以及部分學者的回憶錄，下表羅列了比較具有代表性的部分旅美學者在 1971 年至 1973 年歸國訪問的情況。

---

[9]　顧寧：〈1972 至 1992 年的中美文化交流──回顧與思考〉，《世界歷史》1995 年第 3 期。

[10]　美中學術交流委員會的訪華資助項目採取申請制。黃仁宇 1979 年申請時被拒絕。他認為：「委員會宣稱，代表團有大的學校，也有小的學校，有年長學者，也有年輕學者。實際上，十名代表清一色來自長春藤聯盟和數家主要州立大學。」相關情況見黃仁宇：《黃河青山──黃仁宇回憶錄》，生活 ‧ 讀書 ‧ 新知三聯書店 2001 年版，第 488 頁。

[11]　*China Exchange Newsletter*, 1973 (1), p.2.

[12]　顧寧：〈1972 至 1992 年的中美文化交流──回顧與思考〉，《世界歷史》1995 年第 3 期。

20世紀70年代初部分旅美華人學者歸國訪問情況

姓名	籍貫	歸國時身分	歸國時間	備註
數學、物理				
楊振寧	安徽合肥	紐約州立大學（石溪）物理學教授	1971 年夏 1972 年夏 1973 年 5 月	1958 年當選中研院院士
李政道	江蘇蘇州 生於上海	哥倫比亞大學物理學教授	1972 年 9 月 1974 年 5 月	1958 年當選中研院院士
吳健雄	上海	物理學家	1973 年 10 月	1958 年當選中研院院士
袁家騮	河南項城 生於安陽	物理學家	1973 年 10 月	1959 年當選中研院院士
任之恭	山西沁源	約翰霍普金斯應用物理研究中心副主任	1972 年夏	1962 年當選中研院院士
沈元壤	上海	加州大學（柏克萊）物理學教授	1972 年夏	1990 年當選中研院院士
范章雲	江蘇沙洲	亞利桑那大學物理學教授		
華家照	湖北漢口	俄勒岡大學物理學副教授	1972 年春	華家熙之弟
陳省身	浙江嘉興	加州大學（柏克萊）數學教授	1972 年 9 月	1948 年當選中研院院士
林家翹	福建福州 生於北京	麻省理工學院數學教授	1972 年夏	1958 年當選中研院院士
王憲鍾	北京	康乃爾大學數學教授	1972 年夏 1973 年	1964 年當選中研院院士
王浩	山東濟南	洛克菲勒大學數學教授	1972 年夏	
鍾開萊	浙江杭州 生於上海	史丹佛大學數學教授	1972 年夏	
項武義	浙江樂清	數學家	1972 年	項武忠胞弟
任峻瑞	山西沁源 生於美國	耶魯大學數學系學生	1972 年夏至 1973 年 9 月	又名任小玉，任之恭之女
生物、化學、地理、氣象				
牛滿江	河北博野	天普大學生物學教授	1972 年夏 1973 年夏	1970 年當選中研院院士
馮元楨	江蘇蘇州	加州大學（聖地牙哥）生物工程學教授	1973 年 6-7 月	1968 年當選中研院院士
張明覺	山西呂梁	烏斯特實驗生物研究所研究員、波士頓大學教授	1972 年夏	

姓名	籍貫	歸國時身分	歸國時間	備註
楊仁宇		加州大學（舊金山）生物化學教授	1972 年秋	
王今才	生於朝鮮	化學博士，杜凱恩大學任教		
華家熙	湖北漢口	美國史丹佛化學公司發展研究部主任	1972 年 6 月	華家照之兄
江應澄	江蘇東台	地理學家，伊利諾大學教授	1972 年	
趙景德	浙江德清	美國地質勘探局研究員	1972 年夏	
郭曉嵐	河北滿城	芝加哥大學氣象學教授	1973 年 8 月	
醫學、公共衛生				
李振翮	湖南湘鄉	美國國家衛生研究院研究員	1973 年 7-8 月	
湯漢志	湖南嶽州	華盛頓聖伊麗莎白醫院醫生	1973 年 7-8 月	李振翮夫人
徐錫藩	浙江黃岩	愛荷華大學預防醫學和環境衛生學教授	1972 年 10 月	
李書穎		愛荷華大學教授	1972 年 10 月	徐錫藩夫人
王聖光	江蘇	外科醫生	1973 年	
溫啟邦	臺灣	密西根州立大學公共衛生學者	1972 年底至 1973 年初	
鄭宗鍔	上海	喬治華盛頓大學醫學教授	1972 年 5 月 1973 年 6 月	
陳有平		加州醫療集團研究員	1973 年 7-8 月	
高逢田		紐約州立大學生理學教授	1973 年 7-8 月	
劉占鼇	河北順平	賓夕法尼亞大學解剖學教授	1973 年 8 月	1968 年當選中研院院士
陸佩中		康州哈特福醫院胸心外科主任	1973 年 8 月	
工程、機械、應用技術				
田長霖	湖北黃陂	加州大學（柏克萊）機械工程學教授	1973 年 5-6 月	1988 年當選中研院院士
鄒福康	江蘇常州	卓克索大學機械工程學副教授	1973 年 6 月	
戴振鐸	江蘇吳縣	密西根大學電機學教授	1972 年夏	
葉公節	浙江杭州	伊利諾大學電機學副教授	1972 年夏	
顧毓琇	江蘇吳錫	賓夕法尼亞大學榮休教授		1959 年當選中研院院士
柏實義	江蘇句容	馬里蘭大學空氣動力學教授	1973 年 7-8 月	1962 年當選中研院院士
張捷遷	吉林遼源	華盛頓天主教大學太空科學及應用物理學教授	1972 年夏 1973 年 8 月至 1974 年 1 月	1966 年當選中研院院士

姓名	籍貫	歸國時身分	歸國時間	備註
王頌明	廣東香山生於香港	美國航空宇宙學會主席	1972 年 5 月	曾任美國內政部副部長，雷根總統亞洲事務首席顧問
易家訓	貴州貴陽	密西根大學電機學副教授	1972 年夏	1970 年當選中研院院士
張慎四	江蘇南通	華盛頓大學電機系主任、教授	1972 年夏	
徐雄	江蘇南通	俄亥俄大學電機學教授	1972 年夏 1973 年 11 月	
徐皆蘇	江蘇蘇州	加州大學（柏克萊）應用機械學教授	1973 年 6-7 月	1990 年當選中研院院士
王佑曾	祖籍山西生於上海	加州大學（柏克萊）電機與計算機教授	1973 年 6-7 月	
葛守仁	北京	加州大學（柏克萊）電機學教授	1973 年 6-7 月	
曾安生		史丹佛大學電子加速器中心電力總工程師	1973 年	
羅無念	江蘇	普林斯頓大學電子學教授	1973 年 6 月	
余元方	廣東臺山生於美國	計算機專家	1973 年	
謝雪映	江蘇江陰	IBM 高級工程師	1972 年 12 月	
胡廉		IBM 高級工程師	1972 年春 1973 年	
朱兆祥	上海	IBM 高級工程師	1972 年夏	
范炎	江蘇海門	IBM 高級工程師	1973 年 6 月	
應和鳴	上海	IBM 發展部主任	1973 年 6 月	
張兆明	江蘇常熟	IBM 高級設計員	1973 年 6 月	
李孔猷	福建福州	貝肯公司化學工程師	1973 年 6 月	
李光容	山西沁州	貝賽爾公司機械工程師	1973 年 6 月	
周鶴	江蘇常州	紐澤西麥爾納公司總工程師	1973 年 6 月	
杜文榮	江蘇無錫	IBM 發展部高級職員	1973 年 6 月	
張可南	江蘇松江	美國無線電公司（RCA）高級研究員	1973 年 8 月	
肖之儁		明尼蘇達大學機械與航空工程學教授	1973 年 6-7 月	

姓名	籍貫	歸國時身分	歸國時間	備註
趙繼昌		史丹佛大學航空學教授	1973 年 6-7 月	
戴兆嶽	江蘇江陰	阿波羅計畫高級工程師	1972 年	
貝聿銘	江蘇蘇州 生於廣州	建築師	1973 年	
人文社會科學				
楊聯陞	浙江紹興 生於保定	哈佛大學歷史學教授	1974 年 8 月	1959 年當選中研院院士
何炳棣	浙江金華	芝加哥大學歷史學教授	1971 年 10 月	1966 年當選中研院院士
劉子健	貴州貴陽	普林斯頓大學歷史學教授	1972 年夏	
鄧嗣禹	湖南常寧	印地安那大學歷史學教授	1972 年夏	
黃宗智	香港	加州大學（洛杉磯）歷史學助理教授	1973 年	
趙元任	江蘇武進	語言學家	1973 年 4-5 月	攜夫人楊步偉歸國。1948 年當選中研院院士
袁曉園	江蘇常州	語言學家，任職於聯合國祕書處	1973 年 5 月	
趙浩生	河南息縣	耶魯大學中國語言文學教授	1973 年 5-6 月	
曾仲魯	福建福州 生於上海	文學研究者，韋恩州立大學任教	1973 年	
柳無忌	江蘇吳江	印地安那大學中國語言文學教授	1973 年 5 月	柳亞子之子
高藹鴻	浙江嘉善	印地安那大學圖書館中文編目員	1973 年 5 月	柳無忌夫人
時鍾雯		喬治華盛頓大學中國語言文學教授	1972 年夏	
許芥昱	四川成都	舊金山州立學院語言學教授	1973 年 1-7 月	
韓素音	廣東梅州 生於信陽	作家	1973 年 6-7 月	1956 年曾受龔澎邀請訪華
周文中	江蘇常州 生於煙臺	哥倫比亞大學音樂系主任兼藝術學院代理院長	1973 年冬	
程及	江蘇吳錫	美術家	1972 年	
陳依範	廣東香山 生於南美	美術家，供職於紐約州政府教育部門	1972 年 1973 年	陳友仁之子，1971 年以華僑身分旅居美國
薛君度	廣東廣州	馬里蘭大學政府與政治學教授	1972 年秋	黃興女婿

姓名	籍貫	歸國時身分	歸國時間	備註
陳必照	臺灣	韋恩州立大學政治學副教授	1972 年夏 1973 年夏	曾任中華民國國防部副部長
張旭成	臺灣	賓州州立大學政治學助理教授	1972 年秋	曾任中華民國總統府國安會副祕書長
楊慶堃	廣東南海	匹茲堡大學社會學教授	1972 年秋	
田心源	北京	俄亥俄州立大學社會學教授	1973 年 6 月	
許烺光	遼寧莊河	西北大學人類學教授	1972 年夏	1978 年當選中研院院士
李中清	江蘇蘇州 生於美國	耶魯大學歷史系學生	1973 年 2 月至 8 月	李政道之子

資料來源：*China Exchange Newsletter*, 1973, Spring (1)；*China Exchange Newsletter*, 1973, Summer-Fall (2)；何炳棣等：《留美中國學者訪華觀感集》，香港七十年代雜誌社1974年版；江蘇省地方誌編纂委員會編：《江蘇省志·僑務志》，江蘇人民出版社2007年版；竺可楨：《竺可楨全集》第24卷，上海科技教育出版社2013年版；黃仁國：《教育與政治、經濟的三向互動——1949-1978年的中美教育交流》，世界知識出版社2010年版等。根據以上資料，筆者整理而成。

學者們的歸國之旅，各有不同的情況。

楊振寧一直是中國政府著力爭取歸國工作的對象，也是 20 世紀 70 年代初旅美學者中歸國訪問第一人。其實，1971 年回國之前，楊振寧已與父母在 1957 年、1960 年和 1962 年在日內瓦有過三次相聚。據楊振寧回憶，他的父親楊武之三次來日內瓦，「尤其是後兩次，都帶有使命感，覺得他應當勸我回國。這當然是統戰部或明或暗的建議，不過一方面也是父親自己靈魂深處的願望。可是他又十分矛盾：一方面他有此願望，另一方面他又覺得我應該留在美國，力求在學術上更上一層樓」[13]。1971 年春節，楊振寧與母親及三弟一起在香港相聚，此時楊父因住院未能成行。當年 4 月中旬，因父親病重，而美國國務院又宣布解除對中美來往的封鎖，楊振寧決定歸國探親。他將此決定告知美國政府，白宮的科學顧問給他的回答是，歡迎楊振寧到中國去探親，但不能幫助他拿到簽證。中國國務院從楊武之處得知楊振寧希望回國探親的消息，立即請其轉告，可以到加拿大或法國的中國大使館去拿簽證。1971 年 7 月 15 日，楊振寧由紐約飛到巴黎，順利得到赴中國的簽證。四天之後，即 7 月 19 日，楊振

---

[13] 楊振寧：〈父親和我〉，載《楊振寧文錄》，海南出版社 2002 年版，第 12 頁。

寧登上飛往上海的飛機，此時距他赴美留學已相隔 26 年。[14] 此後，楊振寧基本上每年都會回國。

中國政府也在一直努力爭取李政道歸國，李政道留在中國大陸的弟弟李學道經政府特許赴瑞典斯德哥爾摩留學，兄弟倆可以在那裡見面。[15] 尼克森訪華後，李政道回國的心情越來越急迫，他通過美國科協向中國科協主席周培源轉達了他和夫人回國訪問的願望。周恩來總理很快就批准了李政道夫婦回國的請求。[16] 1972 年 9 月，李政道攜夫人經歐洲回到上海。1974 年 5 月，李政道夫婦第二次回國訪問。值得一提的是，一些學者的子女也被送回國體驗生活。1973年，李政道之子李中清（James Lee）回到中國。據李中清本人講述，他在耶魯讀書期間參加了學生運動，因參加遊行阻塞了公路而被拘留，聯邦調查局乘機向李政道夫婦施加壓力。在周恩來的安排下，李政道夫人秦惠箬將李中清送回中國鍛煉，體驗「革命社會」的生活。李中清當年 2 月底經香港從羅湖入境，8 月返美。他曾在復旦大學、上海的柴油機廠、虹橋的一個生產隊以及山西大寨學習鍛煉。[17] 將子女送回國的還有任之恭，他的女兒任峻瑞（任小玉）是耶魯大學數學系學生，她 1972 年回國，在北京大學學習了 18 個月，期間還在工廠和農村參加勞動兩個月。

何炳棣則是組團歸國的。20 世紀 70 年代初，他在美國的學術生涯遭遇了一些波折。當 1971 年 7 月白宮公布季辛吉祕密訪華及尼克森總統決定在 1972年初訪華的消息後，何炳棣回憶：「真有如行將結束長期陰雨的一聲晴天霹靂，把我從書堆中驚醒，走入一個完全不同的精神世界：決心和景洛盡速申請重訪闊別了 26 年的祖國的簽證。」[18] 而此時，何炳棣由於 1968 年 2 月在新加坡的一次演講中抨擊了 1949 年前的國民黨政府，與臺北中研院關係中斷已久。而中研院錢思亮院長即將赴芝加哥會見所有美中區的院士，討論院務。於是何炳棣決定在錢抵達之前一天飛往加拿大首都渥太華的中華人民共和國大使館申請

---

[14] 楊建鄴：《楊振寧傳》（第三版），長春出版社 2004 年版，第 203-204 頁。
[15] 參見筆者 2016 年 7 月 21 日於香港科技大學對李中清教授的訪談。
[16] 季承：《李政道傳》，國際文化出版公司 2010 年版，第 5-6 頁。
[17] 參見筆者 2016 年 7 月 21 日於香港科技大學對李中清教授的訪談。
[18] 何炳棣：《讀史閱世六十年》，廣西師範大學出版社 2005 年版，第 390 頁。

簽證。[19] 在獲得簽證後，何炳棣等 14 位旅美華僑組成參訪團，何為團長，龍雲的兒子龍繩文為副團長，他們於 1971 年 10 月 12 日經香港入境。

田心源形容自己的歸國的心情是「歸心似導彈」。他 1972 年 3 月就向中國駐加拿大領事館申請簽證。因中美尚未建交，中國不承認美國護照，不能在他的美國護照上簽字蓋章，但是有個通融辦法：田把一張比護照略小的入出境簽證表夾在美國護照裡，領事館在那張表上簽章，批准從深圳或上海入境。1973 年 4 月 21 日，田心源帶領全家四口人經香港入境。[20]

從 1973 年開始，中美兩國教育文化交流已初具規模，越來越多的華人學者或攜家帶口或組團歸國。交流形式也從探親、參訪擴展到座談、講學、技術交流、合作研究等。此外，海外「保釣運動」正在轟轟烈烈進行當中，一些留美的臺灣學生、學者也通過各種渠道赴大陸參觀訪問，青年學生如王春生、王正方等；青年學者如項武義、陳必照、張旭成等大約就屬這種情況。還有一些非常特殊的人物，例如旅美華僑、美術家陳依範。陳依範是陳友仁的兒子，生於特立尼達，長期旅居海外，1950 年初回中國工作。他曾參與英文版《人民中國》的編輯工作，後又任《北京周報》的顧問。1970 年，陳依範經批准離開中國，經香港赴美國，在紐約州政府的教育部門擔任顧問。可以推測，陳依範似應具有海外統戰工作的背景。在美期間，他「向北美人民講述他們想瞭解卻無從瞭解的新中國的真實情況，還有從正面理解『文化大革命』」。1972 年，陳依範以私人身分回國探親，1973 年，他又率領一個學者代表團歸國參訪。[21]他曾在哥倫比亞大學演講「歸國觀感」，在海外影響頗大。[22]

對於這些去國 20 多年的學者，在那樣一個特定的歷史時空中得以重歸故里，首要的因素是冷戰格局的戲劇性轉變——兩個長期互相敵視、意識形態迥然相異而發展程度相差巨大的國家邁向緩和之途。儘管每個人有著不同的經歷和際遇、

---

[19] 何炳棣：《讀史閱世六十年》，第 391 頁。

[20] 田心源：《東去西來——跨文化風貌》，經濟管理出版社 2013 年版，第 60-61 頁。

[21] 陳一文口述，錢亦蕉撰稿：〈陳依範：一個心屬中國的國際人〉，《對外大傳播》2007年第 7 期。

[22] 陳依範：〈孫中山的理想和今日中國——一九七三年二月二十一日在紐約哥倫比亞大學教育學院的演講〉，載何炳棣等：《留美中國學者訪華觀感集》，香港七十年代雜誌社1974 年版，第 173-195 頁。

理念與情感，但現實政治是個繞不開的話題——這不僅包括如何處理自身已捲入其中的兩國關係，也包括如何理解熟悉而又陌生的祖國所發生的一切。

二、見與未見，言與未言

謝泳已比較細緻和深入地探討了何炳棣等人歸國後對彼時中國社會狀況與政治形勢「失察」的原因，筆者贊同之處，此處不贅。謝文以胡適、徐志摩、韋伯夫婦 20 世紀 20、30 年代訪蘇之行做比較，筆者認為似非妥當。且不論 1920、1930 年代的蘇聯與 1970 年代的中國差異頗大，不好類比；更為重要的是，何炳棣等人是歸國之旅，胡適等人是異國之行，對於前者而言，家國情懷是其中不可不考慮的問題。

大多數旅美學者在 20 世紀 70 年代初歸國之前，已經 20 多年沒有回國；有的人自出國之後就沒再與父母見面，有的人甚至已沒有機會再見雙親。海外遊子對故鄉、父母的思念之情，淒涼而惆悵。黃仁宇回憶：「1965 年我與哈佛的楊聯陞教授、普林斯頓的劉子健教授同在芝加哥大學的何炳棣教授家中晚餐。飯後何唱《霸王別姬》，劉唱《四郎探母》，都是慷慨悲歌。楊即席說：『我們為中國的母親同聲一哭。』不待解釋，我們知道他所說意義。這樣看來我們這一代在母親面前感到罪愆的絕不限於我們兄弟，而是成萬上千了。」[23]田心源歸國路經香港時特意買了一輛鳳凰牌自行車，在上海提貨。剛到北京，他就把老婆孩子安排住進華僑大廈，沒顧上休息，立馬騎上自行車「一路上的好景色沒有細琢磨」，直奔府右街的後達裡胡同，去看他朝思暮想的童年生活的四合院。[24]

歸國訪問的學者們飽嘗海外生活的艱辛。美國社會的種族歧視與文化偏見是一些學者不得不面對的問題。據楊振寧回憶，1954 年底，他與妻子交付了數百美元作為保證金，在普林斯頓附近一個住宅區訂購一所新房子。幾週後，業主退還保證金，因為擔心買主是中國人可能會對出售房產不利。楊振寧夫婦

---

[23] 黃仁宇：《關係千萬重》，生活・讀書・新知三聯書店 2001 年版，第 84 頁。
[24] 田心源：《東去西來：跨文化風貌》，第 62 頁。

怒不可遏，去找了律師。律師卻勸他們不要起訴，因為他認為勝訴的機會是零。[25] 這件事也成為楊振寧 1964 年入籍美國的一個重要因素。然而，楊振寧認為父親楊武之直到臨終前，對於其子放棄故國「在心底裡的一角始終沒有寬恕過」[26]。值得一提的是，2015 年 4 月，楊振寧放棄了美國國籍，加入中華人民共和國國籍。

當然，種族歧視並不是每個華人都會遭遇，何炳棣坦言自己未曾碰到過。但是，美國的學術環境對於華人學者並非完全自由和平等，亦有諸多無時不在的壓抑感。客居他鄉，不得不客隨主便。1965 年回國的瞿同祖，從哥倫比亞到哈佛，無一不是以客卿方式任教，而非獲得正式教職。楊聯陞也長期處於壓力之中，以至要接受精神疾病治療。至於占據學術主導地位的美國漢學家與華人學者間的關係，亦是一個微妙的話題。哥倫比亞大學東亞圖書館的書庫及下一層較大的房間都被魏特夫（Karl A. Wittfogel, 1896-1988）所主持的「中國歷史研究室」所占用。何炳棣回憶：「當時這研究室人才濟濟。馮家升燕京老學長因與魏合寫的《中國社會史：遼代》業經出版，已經回到北京；瞿同祖和王毓銓兩位傑出學長負責兩漢；房兆楹、杜聯喆夫婦在國會圖書館完成《清代名人傳記》的編纂之後立即加入魏氏的研究室，負責清代。所有搜譯的各朝代資料原則上僅供魏氏一人之用，這是使我非常驚異不平的。」[27] 歸國訪問之前，何炳棣在美科研教學環境不甚愉快，《東方的搖籃》初洽出版「有如噩夢般的經過」，海外中國古史界人事關係與言論方面亦對其不利。[28]

在國外遭遇不平的境遇，容易轉化為民族情緒。而目睹一個強大的中國——主要是那個年代能夠體現強大的成就，如「兩彈一星」等，尤其能引發學者們的民族自豪感。1973 年夏，竺可楨參加由郭沫若主持的接待旅美華人學者的宴會，這個參觀團以杜文榮為團長，一行 17 人，成員是 IBM 的華人電腦工程師及其家屬。竺可楨在日記中寫道：「團員們對中國日益強大覺得榮幸，

---

25 楊振寧：〈關於我入美國籍——「液體 - 氣體相變的臨界點」一文的後記〉，載《楊振寧文錄》，第 22-23 頁。
26 楊振寧：〈父親和我〉，載《楊振寧文錄》，第 14 頁。
27 何炳棣：《讀史閱世六十年》，中華書局 2012 年版，第 264 頁。
28 何炳棣：《讀史閱世六十年》，第 390 頁。

周鶴說中國地位提高了，我們也覺得驕傲。回〔想〕童年時代他初到美國時，拿的工錢不到美國人做同樣工作的一半。張兆明說，我們發射原子彈，美國人以為中國真了不起。」[29] 王世杰也認為，留美學人轉而支持中國大陸，是因為「有些人或不免因中共擁有若干原子武器而生羨慕」[30]。

楊振寧 1971 年第一次回國訪問時，在北京見到了闊別 22 年的鄧稼先。1964 年中國原子彈試爆成功之後，美國報章上就已經再三提到鄧稼先是此項工作的重要負責人。與此同時還有一些傳言說寒春（Joan Hinton, 1921-2010）參與了中國的原子彈工程。寒春 20 世紀 40 年代初曾在洛斯阿拉莫斯（Los Alams）武器實驗室工作，她當時是費米（Enrico Fermi, 1901-1954）的助手，參與了美國原子彈的製造，於 1948 年前往中國，楊振寧為此向鄧稼先求證。1971 年 8 月 16 日，楊振寧離開上海經巴黎回美國前夕，上海市領導人在上海大廈設宴送行。席中有人送了一封信給楊，鄧稼先在信中告訴楊振寧，中國原子武器工程中除了最早於 1959 年以前曾得到蘇聯的極少「援助」以外，沒有任何外國人參加。楊振寧深受感動：「此封短短的信給了我極大的感情震盪，一時熱淚滿眶，不得不起身去洗手間整容。事後我追想為什麼會有那樣大的感情震盪，為了民族的自豪，為了稼先而感到驕傲？──我始終想不清楚。」[31]

旅美學人的歸國觀感與他們被允許參訪的場所有關。總體而言，這些學者回國後參訪的地方有以下幾類。一是自己故鄉所在的城鎮；二是北京、上海等重要的政治、經濟、文化城市；三是風景名勝、革命勝地；四是高等院校、科研院所；五是體現文革所謂「成就」的工廠、人民公社等。例如，楊振寧 1971 年首次歸國之旅共歷時 4 個星期，主要在北京和上海逗留。此外，他還去了合肥和大寨。分別參觀了復旦大學、清華大學和北京大學以及中國科學院生物化學研究所、生理學研究所以及核物理研究所。楊振寧也去了他在北京

---

[29] 竺可楨：〈竺可楨日記〉，載《竺可楨全集》第 21 卷，上海科技教育出版社 2013 年版，第 421 頁，1973 年 6 月 16 日。

[30] 王世杰：《王世杰日記》下冊，林美莉編輯校訂，中研院近代史研究所 2012 年版，第 1622 頁。

[31] 楊振寧：〈鄧稼先〉，《科學》1994 年第 5 期。

的母校崇德中學，即北京市第三十一中學。[32] 總體而言，歸國學者們的參訪具有相當的政治性質，有些地方或單位是幾乎每一位學者都被安排參訪的，例如大寨、紅旗渠、上海工業展覽會等。此外，針灸麻醉亦是一個向歸國學者們重點展示的科研成就，因其體現中國傳統的醫療方法在現代醫學中的發揚光大，尤其被學者們所稱道並在海外廣為宣揚。楊振寧回美之後在學校發表演講，他用了相當的篇幅介紹自己親眼目睹的 4 臺針灸麻醉手術，對其神奇之處大為讚嘆。[33] 不過，今天中醫學界已甚少提及針灸麻醉技術，20 世紀 70 年代之後，該項技術並未在臨床推廣應用。

在當時的政治環境下，出於安全保障、宣傳需要等方面的考慮，歸國學者們的參訪是受到一定限制的，有些場合甚至是有意「安排」的。何炳棣一行 14 人從深圳入境後在廣州逗留 8 天之久不得北上。且「旅遊」陪同人員有 8 人之多。原因可能是同行的薛君度離港赴穗之夕曾與臺灣方面通過電話。何炳棣在回憶錄中承認：「此行並不成功，除能看到至親外，所訪地方有限。」[34] 楊振寧首次歸國之行結束返美之後，曾對項武忠講述見聞。而項武忠之弟項武義 1972 年亦歸國參訪，項武忠發現胞弟參訪的地方與楊振寧差不多，由此認為歸國未必能明瞭實際情況。[35]

儘管存在諸多限制，然而，這些學者當真對彼時國內的實際情況一無所知？旅美計算機博士謝雪映是江陰青陽鎮人，出生不久便喪母，以嫂嫂為乳母。他在 1949 年之前先到臺灣，後到美國，對嫂嫂一直懷有深厚的感情。1972 年謝雪映匆匆回國探親。當他看到家鄉發展緩慢，特別是嫂嫂因他在海外之故，深受連累時，大失所望，十分內疚，怏怏而去。[36] 楊振寧 1971 年回

---

[32] 楊振寧：〈我對中華人民共和國的印象———九七一年九月二十一日在美國紐約州立大學石溪分校的演講〉，載何炳棣等：《留美中國學者訪華觀感集》，香港七十年代雜誌社 1974 年版，第 36-37 頁。

[33] 楊振寧：〈我對中華人民共和國的印象〉，載何炳棣等：《留美中國學者訪華觀感集》，第 42-43 頁。

[34] 何炳棣：《讀史閱世六十年》，第 391 頁。

[35] 「項武忠院士訪談」（2009 年 5 月 3 日），臺灣清華大學圖書館「釣運文獻館———1970 年代臺灣海外留學生刊物暨保釣運動文獻」電子數據庫。

[36] 江蘇省小城鎮研究課題組編寫：《小城鎮　新開拓——江蘇省小城鎮研究》，江蘇人民出版社 1986 年版，第 292-293 頁。

國之前曾四次與家人在海外相聚，對國內實情應當有所瞭解。他回憶：

> 記得 1962 年我們住在 Routede Florissant，有一個晚上，父親說新中國使
> 中國人真正站起來了：從前不會做一根針，今天可以製造汽車和飛機（那
> 時還沒有製成原子彈，父親也不知道中國已在研製原子彈了）。從前常
> 常有水災旱災，動輒死去幾百萬人，今天完全沒有了。從前文盲遍野，
> 今天至少城市裡面所有小孩都能上學。從前……，今天……。正說得高
> 興，母親打斷了他的話說：「你不要專講這些。我摸黑起來去買豆腐，
> 排隊站了三個鐘頭，還只能買到兩塊不整齊的，有什麼好？」父親很生
> 氣，說她專門扯他的後腿，給兒子錯誤的印象，氣得走進臥室，「砰」
> 的一聲關上了門。我知道他們二位的話都有道理，而且二者並不矛盾：
> 國家的誕生好比嬰兒的誕生：只是會有更多的困難，會有更大的痛苦。[37]

李政道在歸國返美之後，似未像楊振寧、何炳棣等那樣通過演講或撰文高
調宣揚彼時中國的成就。相反，回國的所見所聞使他對國內高等教育和科研水
平憂心忡忡。1972 年第一次歸國時，李政道就感到，科學的成功，必然條件
是自由的學術討論。這樣的風氣在文革之中已無存。中國儘管在 20 世紀 50、
60 年代有了一支可以製造「兩彈一星」的科學家隊伍，可到了 1970 年代初已
瀕臨瓦解。[38] 1974 年當他再次回國，所見場景加深了這種憂慮。

> 1974 年 5 月我們回國，接待計畫裡安排我們參觀復旦大學。1972 年我
> 也參觀過復旦大學，那時候，因環境限制，學校的學術水平雖然不高，
> 但教授和同學們都表示希望將來能夠改善。可是此後不到兩年，1974
> 年當我們再次參觀復旦大學的時候，我發現他們連原有的那一點希望也
> 完全消失了。在復旦大學，我看到的唯一的研究工作僅僅是測量幾只大

---

[37] 楊振寧：〈父親和我〉，載《楊振寧文錄》，第 12 頁。
[38] 李政道：〈我和祖國的高能物理事業〉，載中國高等科學技術中心編：《李政道文選（科
學和人文）》，上海科學技術出版社 2008 年版，第 24 頁。

電燈泡的功率。絕大部分的同學不在學校裡學習,而是下鄉去勞動,也就是「為人民服務」。在復旦大學,只有少數的工農兵同學。從他們的談話中發現,他們雖然很熱情,可是他們對科學最基本的常識缺少瞭解,幾乎完全是科盲。他們既無機會學習,也不知道需要學習什麼。這樣,如何為人民服務呢?[39]

由此可見,儘管有些學者知之不深、知之不真,但相當一部分人對中國的實際情況其實多少有所瞭解。不能因為部分學者彼時發表過對中國「過譽」的言論,就斷定「集體失察」,或是家國情感超越了理性判斷。在當時的環境中,學者們說什麼或不說什麼,背後存在著基於使命感和責任感的理性選擇。

三、使命與責任

學者們的歸國之旅,得益於中美兩國走向緩和。因此,許多人對促進兩國關係的正常化有著強烈的使命感。與此同時,中美兩國政府也有意借助雙方學術界的交流加深互相的瞭解與認知。楊振寧第一次回國時就認為:「在這兩個大國初步接近的形勢下,我認識到我有一個做橋梁的責任。我應該幫助建立兩國之間的瞭解跟友誼。」[40]他返美之後四次公開發表演講,講述 1971 年中國之行的觀感。第一次是 1971 年 8 月 25 日在康乃爾大學高能物理學會上;第二次是 1971 年 9 月 21 日在紐約州立大學石溪校區;第三次是 1972 年元月在瑞士聯邦理工學院;第四次是 1972 年 5 月 22 日在紐約亞洲協會「中國問題委員會」舉辦的第二期講座上。[41]而何炳棣 1971 年訪華時受旅遊局局長李光澤委託,他直接促成了 1972 年夏美國華人科學家代表團的歸國之行。該團由任之恭任團長,林家翹任副團長,唯一一位人文學者劉子健自薦為書記。[42]

[39] 李政道:〈我和祖國的高能物理事業〉,載中國高等科學技術中心編:《李政道文選(科學和人文)》,第 24-25 頁。

[40] 楊振寧:《讀書教學四十年》,香港三聯書店 1985 年版,第 122 頁。

[41] 徐勝藍、孟東明編著:《楊振寧傳》,復旦大學出版社 1997 年版,第 111 頁。

[42] 何炳棣:《讀史閱世六十年》,第 391-393 頁。

一些旅美學者返美後，紛紛致函國內，邀請中國同行訪問美國。經中央批准，貝時璋、張文裕等學者組成中國科學家代表團，於 1972 年 10 月 6 日至 12 月 16 日對英國、瑞典、加拿大和美國 4 國進行訪問。代表團在 72 天中訪問了四個國家的 23 個城市及其附近地區，參觀了 28 所大學、18 個研究所、22 個工廠企業所屬研究單位，以及政府機構、學術團體、博物館等。代表團回國後在報告中寫道：「楊振寧博士組織我與當地部分華僑（裔）師生作非正式小型會見，外地華僑（裔）師生也蜂擁而來，人數超過 300 人。他們還將繡有『為人民服務』的錦旗獻給我們，充滿了對祖國的敬意。在美國科技界工作的華人很多，不少有相當高的學術地位。他們大都以我國際威望的提高為榮，不少人表示要為我國科技事業的發展貢獻力量。」[43] 諸多學者返美之後，積極宣傳中華人民共和國建設成就，並爭取同行歸國。代表團在另一份報告中指出：「近年來先後來華參觀訪問過的美籍中國學者，如楊振寧、李政道、任之恭、林家翹、陳省身、張捷遷、劉子健、牛滿江、曾安生等，這次對我代表團的回訪，顯得格外親切熱情。他們訪華返美後，進行新、舊中國的對比，做了大量宣傳和爭取工作，影響很大。這次他們又為我代表團的活動提供了不少幫助，進一步擴大了我們的影響。例如，吳大猷的動搖與變化，在科技界華人中引起很大震動，許多人表示驚奇，陳省身也對我們表示今後準備對吳大猷進一步做工作，並推測「吳大猷對蔣幫的態度可能會有進一步的改變」[44]。

除此之外，學者們更多關注自己研究領域，力求以自己的學識助力中國科技水平的提升。中國醫學代表團 1972 年訪美期間，吳蔚然對冠脈搭橋術（CABG）頗感興趣，並遺憾地表示中國還未開展這一手術。而旅美學者鄭宗鍔早在 1956 年就開始從事心導管術的檢查，包括冠脈造影技術，這項技術是開展 CABG 的前提，而這也成為 1973 年他再次回國最為重要的內容之一。1973 年 6 月 7 日，在北京阜外醫院，鄭宗鍔親自做了中國第一例冠脈造影。

---

[43] 中國科學院：《中國科學家代表團出訪四國情況的報告》（1973 年 3 月 5 日），中國科學院檔案。

[44] 中國科學院：《有關加、美科教界華人的一些情況》（1973 年 3 月 5 日），中國科學院檔案。

翌年，阜外醫院外科成功完成了中國首例 CABG。隨後中國醫生又將心血管造影術應用到肥厚型心肌病、二尖瓣脫垂等疾病的診療之中。在鄭宗鍔的積極推動下，中國心血管病學的診治新技術開始起步與騰飛。[45]

李政道在 20 世紀 70 年代初的兩次歸國之行，直接推進了中國高能物理事業的科學研究和人才培養。1972 年 9 月，李政道第一次歸國訪問。當時中科院原子能所在海拔 3,200 米的雲南宇宙射線實驗站，利用大型磁雲室獲得了一個超高能作用的事例，中國科學家們認為這一事例可能是一個新的重粒子。受周恩來委託，張文裕、朱光亞帶了一批做具體工作的研究人員特地來到北京飯店向李政道請教。李政道認為，中國科學家對誤判的或然率分析似不夠仔細，可能忽略了某些因素。他的結論是，誤判的或然率要大得多，可能接近 1%，而不是先前的百萬分之一。此後，周恩來在人民大會堂接見李政道夫婦時也討論了此問題，並表示要向毛澤東報告。當聽說國內所有的物理學雜誌在文革中都停刊了，李政道向周恩來建議，關於發現新粒子，準確的判斷還需要雲南站的科學家們仔細複算，如果誤判的或然率確實接近百分之一，雖然不能作為新粒子發現的證據，但作為一個新現象，也是有價值的。因此，他進一步建議立即恢復中國的物理學雜誌出版，把文章用中文發表並加上英文摘要。很快《物理》於同年恢復，並發表了相關論文。張文裕在年底訪美時將英文摘要帶去美國，送給美國同行。雖然美國費米國家實驗室建成後並未能證實有這個新的粒子，但《物理》得以恢復出版，而中美之間的學術交流已在困難的環境中開展起來了。[46]

在李政道看來，如何幫助中國建立一支新的、年輕的科學工作者隊伍，是他 1972 年回國後感觸最深、憂慮最深的問題。[47]1974 年，李政道再次訪華。接待計畫裡安排參觀上海芭蕾舞劇團。可是在參觀過復旦大學之後，國內科技

45 郭繼鴻、田軼倫：〈鄭宗鍔：愷悌學者 精誠報國〉，《臨床心電學雜誌》2012 年第 1 期，第 69 頁。
46 李政道：〈我和祖國的高能物理事業〉，載中國高等科學技術中心編：《李政道文選（科學和人文）》，第 21-23 頁。
47 李政道：〈我和祖國的高能物理事業〉，載中國高等科學技術中心編：《李政道文選（科學和人文）》，第 24-25 頁。

人才培養的狀況使他憂心如焚。在這種心情下，他實在不想去參觀芭蕾舞劇團。[48] 不過，這一安排也給了李政道夫婦靈感，他們轉而要求參觀上海芭蕾舞學校，以便知曉芭蕾舞演員的培養方式。他們得知，舞校的學生並未下鄉勞動，而是專注於專業訓練。參觀當晚，李政道寫了〈參觀上海復旦大學後的一些感想〉並致函周恩來請其轉呈毛澤東，其考慮就是勸說中國領導人重視基礎科學的訓練。基於芭蕾舞演員專注於連續不間斷訓練的事實，他提出學習基礎科學的人也要在他們年輕的時候就開始學習，也需要不斷的、有連續性的鍛煉。他建議，中國要富強，就要重視基礎科學的發展，要從培養人才做起，下決心培養一支少而精的基礎科學人才隊伍。培養這支隊伍的時間分配可以效仿培養芭蕾舞人才的做法，從少年中選拔，從小培養起，用優秀教師對他們進行教育，讓他們在 20 多歲的時候達到獨立進行研究工作和發揮效率的最高峰。[49] 1974 年 5 月 24 日，周恩來、王洪文、江青、鄧小平、張春橋、姚文元、周培源等會見李政道夫婦。李再次強調選拔基礎科學人才的必要性和緊迫性。面對江青、謝靜宜等人的非議，李政道堅持己見，並在回住處後寫了一篇〈關於基礎科學與應用科學的補充說明〉呈交周恩來和參會人員。[50]

　　1974 年 5 月 30 日早上 6 點，李政道接到電話通知，毛澤東要在一小時之內會見他。隨後，在中南海游泳池的會面中，毛澤東對李政道說：「你的那個東西我是贊成的，應該培養基礎科學人才。理論是從哪裡來的呢？就是從應用科學來的，然後又指導應用科學。就是講，理論是從實踐來的，理論又去指導實踐。」[51] 最終，中國政府接受了李政道關於培養基礎科學人才的建議，這直接促成了「少年班」的開辦，並首先在中國科技大學實施。在那個特殊年代由一個特殊起點入手，其意義並非是現在人們理解的「培養神童」，而是扭轉了國家對基礎科學和培養基礎人才忽視的狀況。李政道認為：「對於由『文化大

---

[48] 李政道：〈我和祖國的高能物理事業〉，載中國高等科學技術中心編：《李政道文選（科學和人文）》，第 25 頁。

[49] 李政道：〈參觀上海復旦大學後的一些感想〉，轉引自季承：《李政道傳》，第 189-192 頁。

[50] 李政道：〈我和祖國的高能物理事業〉，載中國高等科學技術中心編：《李政道文選（科學和人文）》，第 27-30 頁。

[51] 中共中央文獻研究室編：《毛澤東年譜（1949-1976）》第 6 卷，北京：中央文獻出版社 2013 年版，第 536 頁。

革命」引起的『大混亂』而言，這次會面只帶來一點點有『有序』。儘管如此，或許它以一種很有限的方式表示，在人所固有的在自然界尋求對稱的渴望與他對社會的要求之間存在一種關聯，二者同樣是有意義的，而且也是均衡的。」[52]

　　除了學術交流層面，學者們密切關注兩國政府的官方交流。何炳棣在加拿大申請簽證期間，曾與英屬哥倫比亞大學前副校長傑弗里・安德魯（Jeffrey Andrew）會面。傑弗里時任全加大學及學院聯合會主席，他的弟弟亞瑟・安德魯（Arthur Andrew）是負責與中國洽談建交的外交官之一。傑弗里談及，亞瑟唯一的「失望」是簽約之後毛澤東對加拿大使團人員握手的被動與「冷漠」。何炳棣返回芝加哥後，即將此事以書信的方式直接向尼克森總統作報告，向他解釋老輩華人沒有握手的習慣，而毛澤東與西方人士很少接觸，根本不懂握手時禮貌上必須「合理地熱烈」。進而，他更鄭重地指出，值此窮則變、變則通的國際情勢下，希望尼克森總統不要介意由於風俗不同可能引起對方小小的「失禮」。尼克森總統的祕書向何炳棣回信致謝。1972 年 2 月，當何炳棣在電視上看到毛澤東會見尼克森後，尼克森特別用力握毛澤東的手，毛澤東亦「熱烈」回應，他才放了心，並認為是自己的信發生了預期的效果。[53]

　　學者們的使命感固然源於家國情感，另一方面，我們可以推測，中美兩國政府可能是「使命」背後的推手。據何理良回憶，在黃華擔任駐聯合國代表期間，他們夫婦常同楊振寧、李政道、吳健雄等學者會面。[54]20 世紀 70 年代初期，相當一批歸國學者獲得了極高的禮遇，有些學者受到周恩來等領導人的接見，並多次參加國宴和國務活動。楊振寧、李振翩、李政道三人甚至先後於1973 年 5 月、8 月和 1974 年 5 月受到毛澤東的接見。儘管目前尚未有資料公布，但可以猜測，楊振寧、李政道等學者有可能還承擔著中美兩國之間某種「信使」的角色，並且，這種角色超越了學術交流本身。總之，學者們在兩國關係中所扮演的重要角色或許比我們已知的要複雜得多。

---

[52] 李政道：〈與毛澤東主席談物理〉，載李政道著，柳懷祖編：《李政道文錄》，浙江文藝出版社 1999 年版，第 15-16 頁。

[53] 何炳棣：《讀史閱世六十年》，第 391 頁。

[54] 何理良口述，文世芳、汪文慶整理：〈和黃華攜手走過的日子（二）〉，《百年潮》2011 年第 11 期。

四、海外華人世界的風浪

另一個不容忽視的背景是，20 世紀 70 年代初旅美學者歸國前後，正是海外華人世界的政治生態發生複雜而深刻變化的時期。對於臺灣當局而言，1970 年代初，動盪飄搖之感尤為強烈。一方面，中國重返聯合國、尼克森訪華、中日建交，臺灣在國際社會中的認受性迅速下降；另一方面，「保釣運動」正在轟轟烈烈進行當中，同一時間，香港青年掀起「認祖關社」（認識祖國、關心社會）運動，以「正統」自居的臺灣當局在海外華人心中的地位受到極大動搖，合法性不斷流失。在此背景下，歸國訪問的旅美學者無法不被捲入政治風浪之中。何炳棣坦言：「這時我已全心全意投入釣魚臺愛國運動，時常被邀各處演講，而且很受歡迎。集當時演講和談話『大成』的是 1974 年年初所撰的一篇長文：〈從歷史的尺度看新中國的特色與成就〉。此文刊於香港《七十年代》，並一連五期轉載於北京的《參考消息》。據國內親友函告，上文在國內影響很大（其實在海外影響更大）⋯⋯」[55]

刊登何炳棣文的《七十年代》即是香港七十年代雜誌社出版的《七十年代》月刊，在當時，這是一本具有香港愛國左派背景的刊物。20 世紀 70 年代初，七十年代雜誌社出版了一系列反映海外華人歸國觀感的書籍。1974 年出版的《留美中國學者訪華觀感集》即是其中影響最大的書籍之一，這本書收集了何炳棣、楊振寧、王浩、牛滿江、任之恭、陳省身、徐錫藩等 30 位旅美華人學者對中國的觀感言論。而《臺灣留美學生在中國大陸的見聞》則是該雜誌社出版的另一本影響甚大的書籍，該書作者王春生、王正方是參加「保釣運動」的臺灣留美學生，於 1971 年 9 月在中國大陸參訪了 8 個星期。海外「保釣運動」也因留美的臺灣學生、學者在接觸中國大陸之後逐漸分裂。項武忠在見到訪華返美之後的楊振寧後，對楊所描述的中國大陸的美好場景有所懷疑。他的胞弟項武義則於 1972 年赴大陸訪問，項武忠沒有隨團前往。最終，項武忠因政治

---

[55] 何炳棣：《讀史閱世六十年》，第 393 頁。

理念、保釣經費等原因與楊振寧、陳省身等分道揚鑣。[56]

　　20 世紀 70 年代初，亦是香港學生運動方興未艾之時。經過 1967 年「反英抗暴」之後，港英當局有意培養香港居民對本土的認同感。而青年學生卻因中國重返聯合國、美日私相授受釣魚島等事件，反而強化了對中國認同感。1972年 1 月，香港大學第一個回國觀光團返港後掀起「中國熱」，短短半年，香港學界由「恐共」而轉為「談共」，繼而大力介紹中國。[57] 對香港社會的不滿，和對「理想中國」的信念推動了「認祖」熱潮。1973 年夏天，浸會大學開始舉辦「中國週」，用圖片展示中國的建設成就。[58] 旅美華人學者的歸國之行也影響了香港學生的認同與選擇。質疑「認祖」者認為，「保釣運動」過程中，中國政府以此為契機「統戰」外國的華人學生學者，並利用《七十年代》、《盤古》等刊物來影響香港青年學生。[59] 另一方面，臺灣當局積極組織各種「回國觀摩團」，邀請美國和香港等地的海外華人學生學者赴臺參訪。據一位 1972年參加「回國觀摩團」赴臺參訪的香港學生回憶，觀摩團由臺灣「救國反共團」負責接待事宜。出發前，還要製作制服，教唱「三民主義」歌。抵達臺灣後才收到詳細行程表。頭 4 天早上要集合，行「升旗禮」及唱「三民主義」歌。團員在參觀軍事機關或重要機構時要穿著制服並配帶「反共救國團」發出的證件。[60] 在「認祖關社」運動中，學生團體最終發生分裂，由此分化為堅持認同祖國的「國粹派」和致力改革香港的「社會派」，這對此後香港的政治生態影響深遠。

　　對於臺灣當局而言，大批旅美學者歸國探親觀光，返美後又多發表讚譽中國大陸的言論，對中美關係和島內局勢有著難以估量的影響。尤其是數位身為中研院院士的旅美學者赴中國大陸訪問，令臺灣方面大為惱火。中研院前院

---

[56] 「項武忠院士訪談」（2009 年 5 月 3 日），臺灣清華大學圖書館「釣運文獻館—— 1970 年代臺灣海外留學生刊物暨保釣運動文獻」數據庫。

[57] 香港專上學生聯會編：《香港學生運動回顧》，廣角鏡出版有限公司 1983 年版，第161 頁。

[58] 香港專上學生聯會編：《香港學生運動回顧》，第 79 頁。

[59] 香港專上學生聯會編：《香港學生運動回顧》，第 123 頁。

[60] 何家駒主編：《香港學生運動：回顧及檢討》，香港大學學生會 1978 年（內部刊物），第 115 頁。

長，時任總統府資政、美臺科學合作委員會主委的王世杰起初並不在意，認為「中研院或我政府以暫不採取制裁手段為宜」。在與院長錢思亮商量後，王世杰提出，中研院沒有開除院士條款，但如果何炳棣等參訪中國大陸者自己提出辭去院士，「則當提評議會，解除其院士名義」。然而，越來越多的留美院士返回中國大陸訪問，政治立場親臺的邢慕寰院士對此「態度頗失望」，僅對劉大中、蔣碩傑、費景漢、鄒至莊、萬又煊等數人有「信心」。當王世杰從香港的報紙上得知陳省身出訪並曾讚譽中國大陸科學研究的消息時，仍自我安慰，認為「此種報導不知是否確實。彼本無赴大陸旅行之需要，現受匪方誘引而去，則其談話之不客觀，極有可能」。[61]

　　阻止留美院士們回中國大陸參訪一直難以解決，此事困擾王世杰甚久。1972 年 10 月，王世杰與陳雪屏、錢思亮商量，建議由中研院以數位院士或評議員的名義，致函留美「若干有領導地位之學人，作適當之溫和忠告，阻其赴大陸旅行或稱讚其若干成就」。為此，他親自草擬函稿，「一則鼓勵臺灣人民與政府努力救國之奮鬥，政府如有缺失，並盡可能予以忠告；一則在言詞與行動方面，特別慎重，免為中共歪曲利用，以致國家民族受損害」。然而，錢思亮以閻振興、徐賢修不主張發函而擬停發。王世杰對此極為不滿，在日記中寫道：「錢思亮院長，對余擬致留美院士函稿，不願即時寄發，使余憤悶之至。」但他並未因此放棄，而是以個人名義致函除赴中國大陸訪問之外的大部分留美院士，「勉其對自由中國善盡鼓勵及規勸之責，一面端重其言行，使不為中共歪曲利用。」此後，他接到李思浩、趙元任、勞榦、張琨諸院士的回信，「態度均好」。然而，當得悉趙元任夫婦不久之後即赴中國大陸訪問，王世杰不禁感慨「此事使余聞而悲嘆」。不僅如此，連王世杰的女婿，留美麻醉專家艾世勳也希望赴中國大陸探親及觀察針灸麻醉手術。當得知此消息後，王世杰立即致信女兒，要求其務必打消夫婿念頭，否則夏天不必來臺。女兒回信說，艾世勳已決定尊重岳父之意，放棄前往大陸，王世杰「甚為欣慰」。然而，此後四個星期王世杰未收到女兒家信，他估計是女兒對其懊惱所致。直到 7 月 6 日，

---

[61] 王世杰：《王世杰日記》下冊，第 1406、1411、1457、1464 頁。

他才收到女兒的信，相隔上次來信已有一個半月。[62]

1977 年 2 月，20 世紀 70 年代初歸國訪問的旅美學者們已經開始為中美建交四處奔波。楊振寧、陳省身、牛滿江、趙元任、何炳棣、張捷遷、任之恭等 7 位中研院院士在美國報紙上刊登廣告，呼籲美國政府儘快與中華人民共和國建立正式外交關係。此舉在臺灣引起軒然大波。臺北有報紙刊登社論，要求清除「叛國院士」。王世杰得悉後立即敦促錢思亮公開譴責七院士，他甚至親自擬寫公開信送交錢思亮，促其徵集署名發表。一連多天未得結果，王世杰「憤悶致極」，甚至威脅要辭去中研院院士和評議員的職務。除此之外，王世杰還致函趙元任，敦促其發表聲明，否認自己連署過呼籲中美建交的廣告。而趙元任覆信拒絕了王世杰的要求。王世杰不願過於責怨趙元任，而是對陳省身、何炳棣、楊振寧最為惱怒，稱其 3 人為「七位連署院士中，最無節操者」。此事到 1977 年年底仍未平息，中研院始終未公開發函譴責七院士。王世杰對錢思亮的不滿與日俱增，故意缺席中研院評議會。1978 年初，楊振寧、任之恭、何炳棣等在《紐約時報》及《華盛頓郵報》刊登廣告，再次敦促美國與中國建交，而中研院方面仍然對此保持沉默。王世杰決意利用自己的政治影響力換掉錢思亮，他約談總統府祕書長蔣彥士，力陳錢思亮縱容包庇，「實不能再任中研院院長」，並提議以魏火曜、李卓皓、蔣碩傑三人為新院長候選人。蔣彥士允即轉報蔣經國。[63] 不過，錢思亮似並未受到實質影響，他於 1984 年病逝於中研院院長任上，而在此之前，王世杰已於 1981 年病逝。

20 世紀 70 年代初歸國的楊振寧、何炳棣等人，成為 1970 年代末中美建交的親歷者和見證人。1977 年 9 月，龍繩文牽線搭橋，全美華人協會成立，楊、何兩人分任會長和副會長。協會最為重要的工作「是向美國國會議員遊說」，並且取得了成功。何炳棣回憶：「1979 年 1 月中美建交時，全美華人協會於 1 月 30 日晚在華府希爾頓飯店歡宴鄧小平先生。我以副會長的身分雙語介紹兩國貴賓，楊以會長身分正式演講，申說中美兩國搭橋梁共謀發展互利的重

---

[62] 王世杰：《王世杰日記》下冊，第 1466、1468、1470、1473、1476、1477、1508、1509、1511、1517 頁。

[63] 王世杰：《王世杰日記》下冊，第 1765、1775、1778、1799、1845 頁。

要。這是全美華人協會工作成績的高峰。」[64]

20 世紀 70 年代末，中國由文革轉向改革，旅美學者繼續在中美關係和中國的現代化建設中發揮著舉足輕重的作用。與此同時，海峽兩岸關係也逐漸緩和。當初被臺灣當局罵為「叛國院士」的幾位學者也開始考慮與臺灣恢復關係。楊振寧與中研院的關係於 20 世紀 80 年代中期恢復。為慶祝業師吳大猷八十大壽，楊振寧於 1986 年訪問了臺灣。何炳棣則要晚一些，自丁邦新出任史語所所長後，停止郵寄全部出版物，使其與中研院關係更加疏遠。此後，屢經李中清勸說，並由李親詢吳大猷解決之策。最終，何炳棣致信中研院，說明願意參加下屆院士會議及院士選舉。1990 年，何炳棣赴臺北參加中研院第 19 屆院士會議，「順利而又相當愉快」[65]。這，當然是另外一個話題了。

結語

相較於「小球轉動大球」的「乒乓外交」，在中美緩和進程中，兩國學者的角色與作用較少受到關注。某種程度上，20 世紀 70 年代初旅美學者的歸國之行以及由此而開啟的中美學術界持續而廣泛的交流可以看作是中美緩和進程中的「科學外交」。學者固然追求學術獨立，在處理日常事務中也往往刻意彰顯其中間立場和專業背景。然而，學術與政治本身無法截然分離，兩者更非相互對立。在國際冷戰戲劇性的轉折關頭，中美兩國依據各自的國家利益選擇與對方緩和。在這樣的歷史大勢面前，旅美學者們在家國情懷的驅使下，運用自身的學術背景和專業知識，發揮了舉足輕重的作用。與中國隔絕 20 餘年，他們的「還鄉」對自身而言也是一場心靈之旅，是遊子找尋魂魄的情感寄託。在這個特定的歷史時空中，學術、政治和情感交織激蕩，牽連出一幅 20 世紀海外華人知識分子靈魂深處家國情懷的壯闊圖景。

本文揭示的史實，很可能只是「冰山一角」。雖然是 40 多年前的往事，但其中的意義即便在當下也還未能完全顯現。首先，兩國學術界自此開啟持續

---

[64] 何炳棣：《讀史閱世六十年》，第 393-394 頁。
[65] 何炳棣：《讀史閱世六十年》，第 430 頁。

而頻繁的交流，這對於中國的教育、文化和科技發展而言，無疑具有重要而積極的影響。尤其是改革開放以後，一些學者的建議深刻影響了中國國家科技政策的制定和高等教育的發展。例如，中國高能物理事業的發展就是這一影響的典型體現。其次，「科學外交」的本質是一種民間外交，中美兩國的意識形態差距如此之大，以至於在緩和的過程中，兩國人民的相互認識需要經歷一個調適的過程。對於中國民眾而言，旅美學者的歸國之行見諸《人民日報》、《參考消息》等媒體，使得相當一部分民眾得以間接地透過這些資訊瞭解美國。許多人對冠以「楊振寧博士」、「李政道博士」的新聞標題至今記憶猶新。再次，這些學者作為中美緩和的參與者和見證人，包括他們在內的各方力量，推動了中國重新打開國門。中國 20 世紀 70 年代末開啟了改革開放的征程，某種程度上，「開放」的基礎在 1970 年代初已經開始逐漸形成，這也體現了時代發展進程中「斷裂」與「延續」並存的歷史邏輯。

冷戰時期的美軍雷諾茲案：兼與吉拉德案比較

呂迅[*]

　　1957 年的劉自然事件曾因隨後發生的臺北民眾搗毀美國「大使館」的運動（史稱「五・二四」事件）而名噪一時，成為美蘇冷戰期間一個引人注目的意外事件。然而，無論是劉自然事件本身，還是臺灣反美運動，原本就在意識形態衝突的遮蔽下而撲朔迷離，更隨著時光的流逝而淡出歷史的記憶。相比之下，同期發生的駐日美軍吉拉德（William S. Rirard）肇事殺人一案，則事實清楚、反響溫和。一個甲子過去了，學界對雷諾茲槍殺劉自然與隨後發生的臺北反美運動的研究卻未盡如人意，屈指可數的研究著作對於案情本身以及稍後庭審的探討和分析都力有不逮。[1] 本文擬以中英文外交檔案為主，蔣經國、嚴家淦檔案為輔，對劉自然案、臺北群體性事件的來龍去脈加以分析，並與吉拉德案進行比較，或將有助於理解冷戰背景下的美國東亞政策以及臺灣的民族主義運動。

---

* 呂迅，中國社會科學院近代史所副研究員，研究領域包括中美關係和冷戰史。

[1] 有關著作包括莫元欽：〈臺灣反美風暴記〉，《黨史天地》2005 年第 12 期；栗國成：〈1957 年臺北「劉自然事件」及 1965 年「美軍在華地位協定」之簽訂〉，《東吳政治學報》2006 年第 24 期；林桶法：〈從劉自然案論述 1950 年代美軍顧問團的問題〉，載黃克武主編：《同舟共濟：蔣介石與 1950 年代臺灣》，中正紀念堂 2014 年版，第 229-254 頁；Heng Teow and Yang Huei Pang, "The 1957 Taiwan Riots: Cultural Politics in U. S.-Taiwan Relations in the 1950s", *Asia Pacific in the Age of Globalization*, Robert D. Johnson, ed., London: Palgrave Macmillan, 2015, pp.185-198; Stephen G. Craft, *American Justice in Taiwan: The 1957 Riots and Cold War Foreign Policy*, Lexington: University Press of Kentucky, 2016.

一、案情事實

　　臺北革命實踐研究院 33 歲的打字員劉自然，於 1957 年 3 月 20 日一個迷霧籠罩的深夜在陽明山中正公園附近，被美軍援顧問團（Military Assistance Advisory Group, MAAG）雷諾茲上士（Robert G. Reynolds）兩槍斃命。當夜 23 時 50 分，陽明山警察所的電話鈴響了，原來是雷宅女傭姚李妹打來的，報告有槍擊案發生。外事組長韓甲黎隨即趕到雷宅，位於陽明山美軍眷屬宿舍 B 區 1 號。韓甲黎看到雷諾茲坐在沙發上，氣喘吁吁地指著面前的手槍，承認「出事了，我用這槍打了人」，「那人被我打中腹部，現逃到公園裡去了」。據雷本人第一次陳述，該晚約 23 時 45 分，其妻克拉拉（Clara Reynolds）由浴室出告，屋外有人正從窗簾外向內偷窺，雷當即讓妻子保持常態，自己取出 22 左輪手槍，熟練地裝滿九發子彈，然後從後門出去，繞到隔壁 2 號門前，站在路燈照亮的小路上，果然看到自家浴室窗外，離地 2 米多高的位置，有一人仍舊攀附於上，即以中國話喊「等一等」。那人聞聲跳下後，不但不逃，反而貓腰向雷逼近，及至一米距離面對站立，左手持一根大約 1 米長、直徑 2.5 釐米的齊腰木棒，劈向拿著手槍的雷，雷為自衛向其前胸發射一彈，那人側身跑了幾步後撲於道旁。雷上前十餘步，看見他雙手捧胸站起身來，「顯然想逃」，遂又補一槍，該人中彈後向公園方向蹣跚而逃，雷自行返宅，命女僕打電話報警。就在雷諾茲向韓甲黎演示當時情形的時候，美軍憲兵組上士馬敬金（Eugene R. McJunkins）趕來，隨即會同雷諾茲去公園分頭找尋被擊之人。雷諾茲率先找到，經韓甲黎確認，正是劉自然，業已氣絕。現場由陽明山警察所派員監護。[2]

　　此後的半天時間裡，雷諾茲兩次修改以上陳述，漸漸使他開第二槍的動機合理化。21 日 2 時 40 分，雷諾茲告訴韓甲黎的上司、外事室代主任盛萬鎰，開了第一槍之後，他並未上前，而是返回家中，命姚李妹報警，自己也打電話

2　中研院近代史研究所檔案館：〈美軍雷納德軍士偵訊筆錄〉（1957 年 5 月 21 日），《劉自然被殺》，中研院近代史研究所檔案館藏外交部檔案，檔案號 425.2/0032，第 42-43 頁；Stephen G. Craft, *American Justice in Taiwan*, pp.78, 86.

給美軍憲兵組馬敬金，隨後又走出屋外，見劉自然已站起身來雙手捧胸，便開了第二槍，並大呼「憲兵」，劉才向公園逃去。雷諾茲再一次修改陳述，是在午後 2 時許。他告訴臺北地方法院檢察處檢察官羅必達，開第一槍之前，他先用英語警告劉自然會開槍，但後者未加理會；開第一槍之後，他回家吩咐報警，再轉返事發地點，看見劉已站起身向他走來，復用英語叫他停下，劉仍蹣跚逼近，才開了第二槍，兩槍間隔約 2 分鐘。[3] 而就在雷諾茲做第二次陳述的時候，姚李妹亦被帶至陽明山刑警組，錄得口供：「開槍聲就在我打電話前約 5 分鐘，我聽到開兩聲，兩聲相距約 2 秒鐘。」[4] 陽明山中國憲兵隊長薄玉山也供稱：「我聞槍聲，是在我們衛兵交接時，即 1957 年 3 月 20 日 23 時 55 分至翌日（21 日）0 時 3 分，聞得連續二槍聲，這二槍聲，相距不會超過 30 秒鐘。」[5]

　　本案至關重要的疑點之一，是雷諾茲所稱的木棒一直未曾尋獲。事發後一小時內，韓甲黎會同馬敬金即展開搜索，沒有找到木棒，僅美方在水泥路下的竹林裡（距離死者倒斃處 45 米左右）撿到手指粗細的櫻花樹枝一根，長 60 釐米。可能也覺得並非所指木棒，馬敬金沒有按照正常刑偵程序操作，而是隨手拿起樹枝，導致樹枝上已無法驗明指紋。當時，警員就此事詢問雷諾茲，雷矢口否認。中方報告稱，該樹枝發現時仍有露水，不似曾被手握處理。[6] 一個月後，當美方調查人員康迪特（Ross R. Condit）中校詢問雷諾茲是否看見劉自然到底手執何物時，雷諾茲第三次修改先前陳述，說他當時以為劉握的是自己搭建露天燒烤灶臺用的鋼筋。[7] 然而荒唐的是，這條樹枝最後被作為重要證物呈上法庭。

　　劉自然的遺體就這樣僵臥於泥濘之中，直到 21 日午後 1 時許，雷諾茲才

3　中研院近代史研究所檔案館：〈臺灣省警務處致臺北地方法院檢察處函〉（1957 年 4 月 6 日），《劉自然被殺》，第 50 頁。
4　中研院近代史研究所檔案館：〈警察刑訊筆錄（第一次）〉（1957 年 3 月 21 日 2 時），《劉自然被殺》，第 35 頁。
5　中研院近代史研究所檔案館：〈臺北地方法院檢察處羅必達就劉自然被殺案調查報告致外交部〉（1957 年 4 月 10 日），《劉自然被殺》，第 25 頁。
6　中研院近代史研究所檔案館：〈行政院長俞鴻鈞對臺北市不幸事件處理經過報告書〉（1957 年 6 月 12 日第二稿），《雷諾茲槍殺劉自然》，中研院近代史研究所檔案館藏外交部檔案，檔案號 425.2/0030，第 2 頁。
7　Stephen G. Craft, *American Justice in Taiwan*, p.73.

配合調查，中美雙方人員重新來到現場勘察。屍體頭部朝向美軍眷舍 B 區，腳指陽明湖，距離雷宅 52 米，沿途未發現血跡。隨後，臺灣省警務處刑事警察總隊解剖室屍檢報告顯示，死亡是由兩處致命槍傷所致，一在左肺，一在肝臟，死因為失血過多；子彈均留在體內，胸部彈孔在左腋下方，彈道顯示劉是躺臥姿勢中彈，腹部正面中彈。[8] 由此猜測，兩人第一次可能是面對面位置，槍擊中腹部，雷開第二槍時死者已倒地，擊中左胸側面。屍檢由美軍醫官（Col. C. B. Williams, Lt. Col. Samuel McClatchie）兩名陪同參與。隨後的理化鑑定報告顯示，遺體上衣兩個彈孔周圍都發現黑色火藥殘留，布料檢出亞硝酸及硝酸根等，推定兩槍發射距離極近，均在 30 釐米以內；又，從胃內容物檢出酒精，推定生前曾飲酒。[9] 上述美軍第二位醫官觀看屍檢後甚至還認為，如果在劉自然遭到第一次槍擊之後實施救治，劉尚可倖存。[10] 劉自然陳屍的地點距離雷宅有不短的距離，沿途又沒有血跡，讓人不禁對雷諾茲所謂在家門口開槍自衛（castle doctrine）的說法，以及當時情形的描述產生懷疑。這讓在臺的美國外交官也覺「有些棘手」。連艾森豪總統都相信，雷諾茲是對劉自然「追了很久，然後才最終開槍」。[11]

　　劉自然為何深夜至此呢？根據 3 月 22 日臺北英文報紙《中國新聞》的報導：「週三晚劉曾與幾個朋友在陽明山警察所小酌。夜 11 時 30 分，彼離所返家。」該條消息還提及，劉「友人謂其和藹可親，樂於助人。彼窮困異常，靠研究院的薄薪度日」。[12] 而官方調查報告證實，劉自然當晚所訪的朋友正是韓甲黎，晚飯時曾飲酒，然後至韓家中閒聊，曾飲水兩瓶，彼此分手時間是夜 11 時 35

---

8 中研院近代史研究所檔案館：〈臺灣省警務處刑事警察總隊法醫鑑定書〉（1957 年 3 月 23 日），《劉自然被殺》，第 22 頁。

9 中研院近代史研究所檔案館：〈臺灣省警務處刑事警察總隊理化鑑定書〉（1957 年 3 月 23 日），《劉自然被殺》，第 44 頁。

10 Stephen G. Craft, *American Justice in Taiwan*, p.71.

11 "Memo of Conversation, Eisenhower and Dulles, May 24, 1957", *Foreign Relations of the United States, 1955-1957, China*, Washington D. C.: United States Government Printing Office, 1957, p.528.

12 中研院近代史研究所檔案館：〈中國新聞（英文）〉（1957 年 3 月 22 日），《劉自然被殺》，第 7 頁。

分。[13] 至於路過雷宅時是否偷窺、有無其他目的，仍舊無從得知。依常理而言，韓應對死者有所瞭解，甚至可以為他品性作證或者闢謠，但韓甲黎並沒有公開這樣做。這位警官僅證明了死者並非左撇子。

臺北警檢各方對於案件的調查本身存在疏漏。司法行政部事後檢討報告稱，「所有本案與殺人行為有關之一切卷宗證據均已檢送［美軍］齊全」，而且「無論依中國法律或美國法律，該雷諾茲均應負刑事責任」。[14] 然而揆諸事實，本案至今疑點頗多。中國法制有著情理推斷的傳統，可以推情度理，中方調查人員認為只要兇器、屍體俱在，雷諾茲又承認殺人，自難逃其咎；殊不知這與英美法律無罪推定的原則是相悖的，若缺乏充分堅實的證據，就很難定罪。對於劉、雷兩人相識並經營黑市的謠言，警方只是簡單否認，而未予澄清。此種謠言的出現獲得社會相信，並非偶然。人們有理由相信，此種腐敗確實存在於政府部門與美軍內部，中美雙方負責人員都不願、也沒有借此事端開展調查。臺北地院的檢察官並未積極證實、證偽，僅督飭警方就此事訊問姚李妹、韓甲黎、奧特華、雷諾茲四人，之後便匆匆結案，甚至推諉責任於美軍檢察官，寄希望於「彼盡可依犯罪之事實自行調查」[15]。

相比之下，吉拉德案就大不相同。案件發生在 1957 年 1 月 30 日午後，駐日本群馬縣相馬村附近的美軍約 30 人進行射擊訓練。當地 25 名貧苦村民像往常一樣，不顧演習場「禁止進入」的規定，冒著生命危險拾取美軍未及回收的彈殼，以此為生。美駐軍第 8 騎兵團 2 營 F 連的三等特技兵吉拉德和尼克（Victor Nickel）在演習間歇負責看守機槍。尼克供稱，當時吉拉德讓他拋撒空彈殼，引誘日本拾荒者上前拾撿，等到有一男（Onozeki Hidehara）一女（即阪井，

---

[13] 中研院近代史研究所檔案館：〈調查報告書〉（1957 年，具體日期不詳），《劉自然被殺》，第 15 頁。

[14] 國史館：〈司法行政部對五月二十四日臺北不幸事件檢討報告〉（1957 年，具體日期不詳），《任臺灣省政府主席時：四十六年五二四對美大使館騷動事件》，國史館藏嚴家淦檔案文件，典藏號 006-010304-00001-017，第 1 頁。

[15] 國史館：〈司法行政部長谷鳳翔和政務次長查良鑑致行政院副院長黃少谷函並附五二四事件參考資料〉（1957 年 7 月 10 日），《任臺灣省政府主席時：四十六年五二四對美大使館騷動事件》，國史館藏嚴家淦檔案文件，典藏號：006-010304-00001-014，第 3 頁。

Sakai Naka）兩人來到距離吉拉德大約 7 米至 10 米位置的時候，吉拉德突然大聲警告他們離開，並把 M1 加蘭德步槍裝載榴彈發射器，舉到齊腰的位置，對準他們分別射出兩枚空彈殼，農婦阪井不幸在逃離時左側背部被擊中，當場殞命。屍檢報告顯示，一枚 30 毫米口徑的彈殼斜向上侵入體內約 9 釐米，割裂大動脈，阪井死於失血過多。吉拉德在是否瞄準一節上，未能通過測謊。[16] 該案事實明晰，發生後立即引起日本社會民族主義輿論反彈。[17] 日本政府積極爭取對該案的屬地管轄權，使得華盛頓不得不兩度放棄由美軍軍事法庭審理的打算。[18] 直到 5 月 24 日臺北事發之後，美國艾森豪總統依然認為「該案不應交由日本人審理」、「美國軍方除非萬不得已，不會把自己人交給他人審判」。[19] 而美國軍方做出讓步的重要原因，就是日方據理力爭達六週之久。[20]

二、庭審經過

臺灣當局為何沒有爭取管轄權呢？早在劉自然被殺案發後 1 小時內，警員韓甲黎就要求扣押雷諾茲，而被憲兵馬敬金上士以該美軍人員享受外交豁免權為由峻拒，並說明依照「換文規定，應為美方自行處理」。然而，問題就在於「雙方換文之規定，未見公布」。[21] 執法部門根本毫不知情，所依據的還是史迪威（Joseph W. Stilwell, 1883-1946）第二次世界大戰使華期間，即 1943 年重慶

---

[16] "Draft Memo, State to President, May 25, 1957", *Foreign Relations of the United States, 1955-1957, Japan*, United States Government Printing Office, 1957, pp.323-324.

[17] 「ジラード事件 1957 年 1 月 30 日」，『読売新聞』2011 年 2 月 2 日，http://web.archive.org/web/20110202151829/http://otona.yomiuri.co.jp/history/anohi110130.htm。

[18] [日] 大沼久夫：「ジラード事件と日米關係」，『共愛学園前橋国際大学論集』第十六卷，共愛学園前橋国際大学論集 2016 年，17-18 頁。

[19] "Memo of Conversation, Eisenhower and Dulles, May 24, 1957", *Foreign Relations of the United States, 1955-1957, China*, p.527.

[20] "Draft Memo, State to President, May 25, 1957", *Foreign Relations of the United States, 1955-1957, Japan*, p.324.

[21] 國史館：〈陽明山警察所對五二四事件檢討報告〉（1957 年，具體日期不詳），《任臺灣省政府主席時：四十六年五二四對美大使館騷動事件》，國史館藏嚴家淦檔案文件，典藏號 006-010304-00001-025，第 1 頁。

國民政府公布的《處理在華美軍人員刑事案件條例》。該條例第四條第二項規定：「美軍人員，經查明確有犯罪行為，或嫌疑時，應即將其犯罪事實或嫌疑，通知有關之美軍軍事當局，並將該人員交該當局辦理。」[22] 儘管該條例寫明的有效期限為戰後半年，但按照 1948 年 6 月 11 日國民政府行政院頒布的《改善在華美軍人員刑事案件處理程序辦法》規定，可以繼續援引。

所謂「換文規定」，是指 1951 年初，已經敗退臺灣的國民黨當局為了接受美國軍事援助而被迫接受的政治附加條件。1 月 30 日，駐臺代辦藍欽（Karl L. Rankin, 1898-1991）以照會形式通知蔣介石，包括臨時指派人員在內的美國赴臺人員，構成美駐臺機構之一部分，受美國指導與管轄。該項條件屬霸王條款，是與朝鮮戰爭爆發以來美國國會批准援助臺灣的所有物資捆綁在一起的，否則美國政府將「停止繼續供應」。[23] 嚴格來說，該條款措辭籠統模糊，並沒有確切規定美國在臺公職人員任何時候，包括非執勤期間觸犯了嚴重刑事罪行時，都享有無條件的外交豁免權。況且，最初批准來臺的美軍援顧問團人數僅不足 800，而到了 1957 年夏天，美軍人員已增至 4,000，外加 4,000 名家屬。藍欽坦承：「我們（美國政府）在臺有 15 個系統，作為各自在華府機構的代表，建立起彼此獨立的小王國來，而有些王國還不小呢。」[24] 顯而易見，時過境遷，美軍援華顧問團成立伊始，絕想不到六年後的光景，1954 年底簽訂的共同防禦條約並未觸及這一重要而敏感的問題。在命案發生時，有關美軍在臺刑事管轄權問題還在談判之中。[25] 換句話說，所謂外交豁免並非無可非議。

相較吉拉德案，日美雙方的主要根據為 1953 年 9 月 29 日比照北約海外駐軍地位簽訂的行政協定修正議定書，其中第十七條第三款明確規定了刑事管轄

---

[22] 〈軍事委員會轉飭知照〈處理在華美軍人員刑事案件條例〉令〉（1943 年 10 月 13 日），載中國第二歷史檔案館編：《中華民國史檔案資料彙編》第五輯第二編外交，江蘇古籍出版社 1997 年版，第 439 頁。

[23] 中研院近代史研究所檔案館：〈美代辦致本部照會〉（1951 年 1 月 30 日），《美援及美軍在華地位》，中研院近代史研究所檔案館藏外交部檔案，檔案號 426.1/0075，第 5 頁。

[24] "Letter, Rankin to Nash, Jun. 17, 1957", *Foreign Relations of the United States, 1955-1957, China*, pp.543-544.

[25] 參見栗國成：〈1957 年臺北「劉自然事件」及 1965 年「美軍在華地位協定」之簽訂〉，《東吳政治學報》2006 年第 24 期。

權衝突時所應遵循的原則，即美國軍方對於加、受害雙方均為美國人，並且屬「履行公職時」的疏忽或犯罪的行為，享有主導管轄權，而其他一切犯罪行為均歸日本司法管轄。該款同時亦規定，美方出於同情考慮，可以對駐在國格外重視的案件放棄主導管轄權。駐日美軍起先以吉拉德係執行公務為由，於 2 月 7 日向日方出具了吉拉德當時正在執行機槍警衛任務的證明，企圖行使管轄權。日本前橋市地方檢察署立即進行書面反駁，論證吉拉德引誘死者，並用空彈殼向死者射擊的行為並非出於公務，即看守機槍。2 月 16 日，日本政府將該案提交日美聯合委員會協商。經過曠日持久的折衝，美日代表達成祕密協議，即美國軍方將吉拉德交由日本法庭審判，日方將以不高於日本刑法典第205 條傷害致死罪名宣判，並在該罪得處有期徒刑 2 至 15 年範圍內從寬量刑。[26] 陸軍部於是首先於 5 月中旬授權遠東美軍司令部，宣布放棄管轄權。

　　而臺灣方面對雷諾茲案的管轄權幾乎沒有力爭。3 月 21 日午前 11 時許，臺灣省警務處外事科長張漢光向美軍憲兵組長沙龍尼（T. L. Salonick）中校口頭提出，請憲兵扣押雷諾茲，被告稱須請示美軍顧問團團長鮑汶（Frank S. Bowen, Jr. ,1905-1976）少將後再行決定。3 月 22 日，外交部主管司長正式向美使館負責人員表示應由美軍調查審理。3 月 26 日，張漢光正式書面要求美軍憲兵立即扣押雷諾茲，「靜候軍事法庭在臺審訊」。當日，相關部門代理部務次長沈昌煥約見藍欽，明確要求美顧問團以「軍法審判」。28 日，主管司長再次約美方負責人員到部，再次要求美軍方對雷諾茲先行扣押，又被對方以證據不足為由婉拒。4 月 12 日，中方將自己的調查結論並證據正式移交美方。[27]

　　然而，美軍顧問團長鮑汶少將卻認為雷諾茲屬正當防衛，他的觀點代表了不少駐臺美軍方人員的意見。4 月 17 日，第一位美方調查者富斯特（James Fewster）中校得出結論，即對雷諾茲不予起訴，「以免受到本地居民進一步的批評，把討論減少到最低程度」[28]。鮑汶把這一報告提交美軍太平洋總司令，

---

[26] "Memo, Robertson to John Dulles, May 20, 1957", *Foreign Relations of the United States, 1955-1957, Japan*, p.295.

[27] 中研院近代史研究所檔案館：《劉自然被殺》，第 38-39 頁。

[28] "Report of Proceedings by Investigating Officer, Apr. 17, 1957", Stephen G. Craft, *American Justice in Taiwan*, p.70.

但並沒有獲得上級的同意。於是，長期在越南、日本服役的康迪特（Ross R. Condit）中校奉命進行第二輪調查。康迪特像檢察官一樣親自詢問了各主要證人。5月2日，雷諾茲自願測謊，並獲得通過，但康迪特還是認為，如果說雷諾茲開第一槍是正當防衛的話，那麼在已經擊中對手要害的情況下，第二槍是不必要的，因此建議對雷諾茲以任意殺人罪被提起公訴。康迪特的意見得到了美軍顧問團軍法官索普（George M. Thorpe）的支持。再加上臺灣方面明確反對免訴處理，「考慮到客觀情形及華美關係」，鮑汶不得不同意成立軍事法庭。[29] 5月14日，美方決定以任意殺人罪起訴雷諾茲，因被告辯護律師斯迪爾（Charles Steele）上尉要求充分準備，開庭日期由5月15日推至20日。[30]

國民黨高級官員的無知無畏和盲目自信，是雷諾茲案處置不當的關鍵。政府高層只對上負責，並未追究劉自然為何被殺，只求雷諾茲獲罪結案，竟然要求美軍組織一個法庭，在臺北審理。他們只提防美國人把他運走包庇，根本沒有想到美國人在臺灣仍會判決雷諾茲無罪。如前所述，在臺組織美軍事法庭的想法最早見於3月26日。後來，臺灣當局各部門負責人迭次表示，應在臺北由美軍公開審理。蔣介石事後生氣地抱怨，他本人毫不知情。「一個美國的軍事法庭不應該在中國的土地上舉行，這讓所有人都想起治外法權。」[31] 美國在華領事裁判權由1844年《望廈條約》賦予，1943年1月11日中美新約簽訂後廢除，共存在了99年。因為美國本不應該繼續享有治外法權，當然也無權在中國領土內傳喚中國證人出庭。儘管美方可以繞開管轄權屏障，而讓中國證人以私人身分自願為被告辯護，但也可以此為藉口，排斥一切不利於被告的證人，只推諉中方不合作、沒有提供必要的證據。另外，美國法庭的宣誓儀式對中國證人也不適用，所以中國人的證詞不可能獲得公平對待。國民黨的高官們更不瞭解美國「一事不再理」（ne bis in idem）的普通法原則，不知道評審員

[29] "Memo, Thorpe to Bowen, May 7, 1957", "Bowen to Stump, May 29, 1957", Stephen G. Craft, *American Justice in Taiwan*, pp.69, 73.

[30] "Memo, McConaughy to Robertson, May 24, 1957", *Foreign Relations of the United States, 1955-1957, China*, p.525.

[31] "Memo of Conversation, Chiang and Rankin, May 27, 1957", *Foreign Relations of the United States, 1955-1957, China*, p.539.

的投票結果即會成為終審判決，只要不違憲，在同一司法體系中就沒有發還更審的可能。

5 月 20 日，軍事法庭在臺北美軍自己的小教堂裡臨時成立，公開審理雷諾茲殺人一案。司法軍官（法官）、雙方辯護律師都來自沖繩美軍基地，而原定的 12 位陪審員卻都是臺北美軍人員，他們與雷諾茲或多或少相識。[32] 因此，開庭之前就先有四位陪審員被取消了資格。他們中至少一位不能認同被告辯護律師所徵詢的以下問題：

> 你知道自衛一詞的含義和作用嗎？
>
> 如果法律允許一個男人出於自衛而把武器留在家裡，那麼法律同樣允許情急之下使用那些武器，你是這麼認為的嗎？
>
> 一個男人不僅有道義責任而且有義務去保護他所愛的人和他自己免遭攻擊，你是這麼認為的嗎？[33]

有趣的是，這些問題本是讓陪審員自己衡量是否稱職用的，而退出的那位就是不同意法庭對自衛的引申。那麼，這個軍事法庭的陪審員數量就打了六折，只剩 8 人，也就是說，被告是否有罪完全取決於其中 5 個人（即簡單多數）的投票結果。儘管美國法律規定，刑事法庭必須具備 12 位陪審，但軍事法庭卻不受此限。法官也並沒有勞神去湊夠 12 人，即刻開庭。

本庭法官艾利斯（Burton F. Ellis）上校多次流露、甚至明白表達對被告的祖護，這是很不適宜的。他提醒陪審員，需要質疑雷諾茲在法庭以外的地方因涉嫌而被審訊時所說的話是否出於自願，這就撇清了雷諾茲前後陳述的矛盾。他雖然聲稱法官的工作僅是安排法庭陳述的先後，但很快就武斷地否認了姚李妹的證詞，說她的證詞「僅可用來決定姚是否可信」，「而非旨在重建事實」。由此，軍事法庭只重視美國證人提供的證言，而無論姚李妹還是韓甲黎的證詞，只要對被告不利，都未予採信。他還鄭重指示陪審員：「除非你對被告

---

[32] Stephen G. Craft, *American Justice in Taiwan*, p.96.

[33] Stephen G. Craft, *American Justice in Taiwan*, p.76.

沒有自衛可以提出合理的質疑，否則你必須認定被告無罪，任意殺人罪名不成立。」（[U] nless you are satisfied beyond a reasonable doubt that the accused did not in self-defense, you must find the accused not guilty of voluntary manslaughter. 下劃線為原文所有）他警告說，依美國軍法刑罰甚重，該罪「得科以不名譽退役，扣留全部薪勤，以及十年以下苦役徒刑」。[34]

此外，被告辯護律師使出渾身解數。他聲情並茂地宣讀了雷諾茲在朝鮮戰爭時期取得的銅星獎章，是為表彰其在 1950 年 7 月 7 日至 11 月 2 日的醫療後勤服務。雷諾茲的特長就在於軍用醫療品的後勤管理。他所在的小組還因救護了 1.3 萬名病患、實施了超過 2,000 場手術，而獲得過美國陸軍頒發的功勳單位表彰，表彰狀上慷慨激昂地稱讚他們「服務卓越，救死扶傷」，反映出了「小組成員、陸軍醫療隊和美利堅合眾國軍人的美德」。同樣展示的還有雷諾茲前上司威爾（Roy Weir, Jr.）少校在 1950 年初寫的一封推薦信，表示「隨時」歡迎他回到自己手下繼續工作。更有甚者，還有一封來自德克薩斯州、被稱為「陸軍醫療之家」的山姆・休斯頓堡司令官格里芬（M. Griffin）准將於 1954 年 1 月寫的表揚信，表揚被告於布魯克陸軍醫院服役期間改進醫療消耗品填充程序。[35] 所有這些證明無疑可以博取軍人陪審員對這位戰爭英雄、效率專家深切的同情。

相比之下，公訴人泰保德（James S. Talbot）上尉表現平淡，甚至有走過場之嫌。他不曾利用屍檢和彈道報告來詰問槍手，也沒有適時抓住任何被告在法庭上的表述漏洞。比如在盤問環節，雷諾茲告訴公訴人「他本可以在第一次遭遇劉時就開槍九次」，意指他即使開了兩槍也並不為過。[36] 然而，這恰恰表明雷諾茲的狂妄冷血和草菅人命。公訴人既沒有就劉自然的品性徵詢他最主要的證人韓甲黎，更沒有像他現場的對手斯迪爾那樣，尋找任何一個品格證人。雷

---

[34] 中研院近代史研究所檔案館：〈開庭說明〉（1957 年 5 月 23 日），《劉自然案美法庭審判記錄》，中研院近代史研究所檔案館藏外交部檔案，檔案號 425.2/0031，第 1、5、8、10、14 頁。

[35] 中研院近代史研究所檔案館〈被告辯護呈示 E-I〉（1957 年 5 月 23 日），《劉自然案美法庭審判記錄》，第 29-33 頁。

[36] Stephen G. Craft, *American Justice in Taiwan*, p.81.

冷戰時期的美軍雷諾茲案：兼與吉拉德案比較／呂迅　161

諾茲的妻子克拉拉可以在法庭上作證時突然暈倒,而劉自然的孀妻奧特華只能在法庭門外接受中國記者的採訪,不曾獲許進入法庭作證。整個法庭充分營造了雷諾茲正面的家庭形象,即他是三條人命的保護者,而欠公平的是,劉自然的家庭沒有留下絲毫印記,好像不曾存在一樣。

最後一根稻草還是由法官本人捧上。就在陪審員退席之前,司法軍官艾利斯上校利用自己的職權對投票施加決定性的影響。他當庭清楚地總結道:「鑑於無罪推定的原則,綜合考慮本案所有其他證據,被告品格良好的證據應可充分構成對其罪名的合理質疑,必須無罪釋放。」[37]

美軍的善後也殊為不當。5 月 23 日,8 人陪審投票最終宣布雷諾茲無罪,美軍代表當庭起立鼓掌。這也就意味著,雷諾茲此後永遠不會因槍殺劉自然而受到法律上的懲罰。對於 29 歲的奧特華代表她本人和 16 個月大女嬰提出的包括生命損失、喪葬、撫養、教育費用在內共計 638,800 元新臺幣(約 19,789 美元[38])的補償要求,美方本打算依照駐外美軍肇事慣例而有所表示,但美軍顧問團長鮑汶少將粗暴地予以否決,只說在臺灣沒有這方面預算。[39]有理由相信,後來美方所稱宣判後翌日即將商議賠償其事,由於缺乏文件證據,又不可能取得鮑汶諒解,只不過是託辭而已。更讓人意想不到的是,24 小時之後,雷諾茲一家三口就收拾停當,乘坐美軍班機離開臺灣。這一行為本身引發了臺北大規模的群體性暴力事件。兩天後,雷諾茲輕輕鬆鬆抵達加州舊金山外的曲維斯空軍基地的時候,他剛下飛機就向一群等候在那裡的新聞記者宣布,自己正處在 20 天的帶薪休假之中,假期結束後就會去喬治亞州的班堡報到,不久還會再次作為美軍顧問團成員奔赴越南。[40]

而吉拉德案的處理則又不同,雖一波三折,但並未激起千層浪。美國國務院在國防部同意引渡吉拉德之後,曾表示未參與決策,對此並不知情。就在美軍事法庭於臺北審理雷諾茲的同時,5 月 21 日(此處及本節以下為美東時間),

[37] Stephen G. Craft, *American Justice in Taiwan*, p.83.
[38] 以 1957 年 7 月 8 日臺灣民間企業進口匯率 1 美元兌 32.28 新臺幣計。參見陳添壽:《臺灣政治經濟思想史論叢》,元華文創,2017 年,第 368 頁。
[39] Stephen G. Craft, *American Justice in Taiwan*, pp.70-71.
[40] Stephen G. Craft, *American Justice in Taiwan*, p.128.

華盛頓示意反悔，命令暫停移交吉拉德，仍希望由美國軍事法庭來審判。5 月
22 日，麥克阿瑟（Douglas MacArthur, 1880-1964）會見日本副總理石井光次郎，
石井警告說將可能造成非常嚴重的政治反響。[41] 臺北旋即爆發了大規模反美的
民族主義運動。5 月 28 日中午，白宮專門開會討論吉案處置。鑑於可能的政
治後果，艾森豪總統最終決定還是交由日本審理。[42] 隨後事態的發展也並非一
帆風順。6 月初，吉拉德親屬聘請的辯護律師向哥倫比亞聯邦地區法庭起訴國
防部長和國務卿，申請根據美國憲法保護吉拉德的人身安全，反對政府的移交
行為。聯邦地區法庭隨即宣判禁止政府將吉拉德引渡給日本。司法部的律師只
好向聯邦最高法院提起上訴。7 月 11 日，美國最高法院緊急裁決政府引渡行
為並未違憲，最終結束了美國國內的司法議論。有趣的是，最高法院正大光明
的理由卻是「一個主權國家對其疆域內發生之違法行為擁有排它的司法處罰
權，除非其公開或暗示同意讓渡該司法權」[43]。吉拉德於 8 月至 12 月被日本前
橋地方裁判所公開審判，河內雄三審判官經過採納日美雙方證人證言以及被害
人的屍檢報告，並赴現場檢視，最後判決吉拉德傷害致死罪名成立，處有期徒
刑三年，緩期四年執行。[44] 阪井的丈夫和 6 個孩子獲得了 1,748.32 美元的撫恤
金。[45]

三、冷戰與民族主義

　　毫無疑問，冷戰挽救了在臺國民黨的命運。1954-1956 年，東亞局勢並沒
有因為朝鮮半島和印度支那停戰協議的簽訂而稍有緩和，反而迎來了意識形態

---

[41] "Telegram, Tokyo Embassy to State, May 22, 1957", *Foreign Relations of the United States, 1955-1957, Japan*, p.309.

[42] "Memo of a White House meeting, May 28, 1957", *Foreign Relations of the United States, 1955-1957, Japan*, pp.333-334.

[43] "United States Supreme Court, Girard v. Wilson et al., 354 U.S. 524, July 11, 1957", *The American Journal of International Law*, 1957 (4), pp.794-796.

[44] 山本英政：「ジラード事件追考④　判決と反応」，『マテシス・ウニウェルサリス』第十六卷第二号，2015 年。

[45] "Japanese Court Will Try GI for Woman's Death", *Los Angeles Times*, Jun. 5, 1957, p.1.

衝突的新高潮。1954 年 9 月 3 日，中國共產黨軍隊對金門上的國民黨守軍發動炮襲，拉開「九三炮戰」的序幕。炮擊的後果是直接催生了 1954 年底的《共同防禦條約》。美國由此協防臺澎，臺灣的命運隨之改變。但正因為此，華盛頓覺得臺灣處處依賴自己維持，反而擔心有尾大不掉之勢。其實，自 1943 年史迪威事件之後，白宮和五角大樓就一直不滿於蔣介石，企圖重新尋找代理人，蔣介石與美國政府也總是貌合神離。[46]《共同防禦條約》附帶有祕密換文，旨在「防止中國國民黨把我們（美國）捲入與共產中國的戰爭中去」[47]。換句話說，這種意識形態同盟條約的實質，與其說是保護盟友，不如說是限制盟友。華盛頓越是限制臺北，臺北就越想反攻大陸，雙方的矛盾也就越尖銳。蔣介石迫切渴望利用傘兵部隊「或滲透，或政治宣傳，或者作為前鋒」奇襲大陸沿海地區。美國人認為他「寄希望於美國替他承擔臺灣本島的防務」。[48] 國務卿的胞弟、中央情報局局長艾倫・杜勒斯（Allen Dulles, 1893-1969）把蔣政權與海地菲尼奧勒（Daniel Fignolé, 1913-1986）政府相提並論。[49] 有意思的是，五・二四事件中，美國駐臺機構保險櫃中丟失的機密文件竟是美國人緊急狀況下的疏散計畫。[50] 曾在臺北任職的葛超智（George H. Kerr, 1911-1992）在檢討美臺政策時說：「我們（美國人）過於自負，自以為是地認為蔣是個心甘情願的傀儡，或者一條淺水之龍，或者至少認為他是如此依賴於美國的善意和軍援，以至於危機來臨的時候他會答應我們的一切要求。」[51]

　　日本則恰恰相反，經歷了第二次世界大戰之後化敵為友，在美國扶植下已

[46] 參見呂迅：《大棋局中的國共關係》，社會科學文獻出版社 2015 年版，第 365-366 頁。
[47] "Memo, Dulles to Eisenhower, Nov. 23, 1954", *Foreign Relations of the United States, 1952-1954, China and Japan*, United States Government Printing Office, 1954, p.929.
[48] "Memo, Richard to State, Oct. 9, 1957", *Foreign Relations of the United States, 1955-1957, China*, p.627.
[49] "Memo of NSC Meeting, May 27, 1957", *Foreign Relations of the United States, 1955-1957, China*, p.541.
[50] "Memo of NSC Meeting, May 27, 1957", *Foreign Relations of the United States, 1955-1957, China*, pp.541-542.
[51] George H. Kerr, *Formosa Betrayed*, Boston: Houghton Mifflin Company, 1965, p.411.

成為其實施東亞冷戰戰略最為重要的盟友。1953-1956 年，日本國內政治漸趨活躍，試圖走上自主外交的道路。1955 年 1 月 7 日遠東美軍司令部在給陸軍部的電報上說，日本正謀求在東西兩大陣營中奉行中立主義的政策，美國應對島內社會主義勢力的抬頭保持警惕，如果失去日本，就會相繼失去韓國等一系列國家和地區。[52] 4 月 9 日，國家安全委員會出臺對日新政策（NSC5516/1），指出日本將致力於減少對美依賴並增加國際行動自由，包括擴大與蘇聯及中國共產黨的聯繫，但鑑於日本的戰略地位及工業潛力，美國必須給予日本政府以強有力的支持，以在遠東地區平衡中國的影響，並且在必要的時候協助其鎮壓動亂。該報告還特別建議，應「就互利事宜平等地與日本政府磋商」[53]。同時在日本國內，10 月 13 日，日本左派社會黨實現統一。11 月 15 日，自由民主黨（保守合同）成立。不久，擔任自民黨幹事長一職的岸信介出任石橋湛山內閣外相，並於 1957 年 2 月接替石橋署理首相一職。有親美之稱的岸內閣積極尋求簽訂《日美安保條約》，華盛頓亦對岸信介加以重視拉攏，共同打擊日本國內的社會黨勢力。

　　相比之下，臺灣的國民黨當局以及臺灣民眾看不到「平等」的待遇，有著強烈的「棄兒情結」。他們對治外法權和「新殖民主義」普遍懷有仇恨。在臺灣，美國人無疑享受著較一般城市居民更好的生活待遇及政治特權。為了盡可能減少種族衝突，藍欽甚至建議說：「我們應該盡可能多地聘用『本地』職員。」[54] 再加上國民黨政府為了反攻大陸，把財政的大部分用於軍費開支，造成貨幣持續通脹。1958 年 7 月至 12 月政府就加印了 532,000,000 元的新臺幣。[55] 政治高壓，經濟低迷，生活困苦，儘管在劉自然被殺後一段時間內，即 1957

[52] "Telegram, CINCFE to Army, Jan. 7, 1957", *Foreign Relations of the United States, 1955-1957, Japan*, p.4.
[53] "NSC Report, Apr. 9, 1957", *Foreign Relations of the United States, 1955-1957, Japan*, p.58.
[54] "Letter, Rankin to Nash, Jun. 17, 1957", *Foreign Relations of the United States, 1955-1957, China*, p.543.
[55] 中研院近代史研究所檔案館：尹仲容致外交部電《洽增美援三千萬美元輔助 1959 年會計年度預算差額》（1959 年 1 月 26 日），中研院近代史研究所檔案館藏外交部檔案，檔案號 474.1/0031。

年 3 月底至 5 月下旬，臺灣當局在美國壓力下曾限制過媒體報導該案，但壓制輿論只會放大不滿。這就為民族主義運動提供了發酵的溫床，使得反美成為一種政治正確的表達和發洩渠道，一種流行的情緒。

國民政府對民族主義運動其實也是默許的。蔣介石曾暗自指示，「五・二四」肇事者「可寬大處理，處刑以不超過一年為宜」。因此，6 月 26 日臺北衛戍司令部軍事法庭宣判，有 28 人科以徒刑，其中兩人判有期徒刑一年，6 人獲刑 6 至 10 個月不等，20 人獲刑 3 至 6 個月不等，餘十人免刑，2 人無罪。[56] 就連蔣介石「漢賊不兩立」的措辭本身其實也是民族主義的。

事故發生後，由華盛頓出面改善國際觀感。5 月 29 日，美國國務卿杜勒斯（John F. Dulles, 1888-1959）招待記者，公開表示臺北事件不至引起美國遠東基本政策及雙方關係的「任何改變」，並且極力淡化其對冷戰大形勢的影響。首先，他否認事故發生地點的特殊性：「這樣的事情幾乎在任何地方都會發生，尤其是在一個以往曾經受過治外法權約束、使其憎恨且有強烈反感的國家，容易發生這類舉動，並不足驚奇……不過是容易發生的意外事件而已。」其次，否認發生時間點的特殊性。杜勒斯說，就中國而言，「五、六十年前有過義和團之亂，我不認為此事特殊新奇」。國務卿的基本觀點於 6 月 5 日得到了總統的公開贊同。[57]

臺灣當局自然盡力減少負面影響。在國民黨的領導下，臺北各報章復又回歸意識形態主旋律，但論調對美亦不無怨言。國民黨駐美代表董顯光藉各種機會，彌補美臺之間越來越大的裂痕。5 月 25 日，他拜訪美國務院東亞事務助理國務卿饒伯森（Walter S. Robertson, 1893-1970），表示道歉。31 日，董又藉出席馬里蘭州大學舉行的中美文化關係圓桌會議的機會，大加宣揚中國傳統文化中的忍耐精神，希望能再度促進美臺間合作。[58] 蔣介石先於 5 月 26 日接見藍

---

[56] 栗國成：〈1957 年臺北「劉自然事件」及 1965 年「美軍在華地位協定」之簽訂〉，《東吳政治學報》2006 年第 24 期。

[57] 國史館：〈張群呈蔣介石有關杜勒斯對五二四事件答記者問題部分譯文及美國輿情反應與政府對此處理經過〉，《對美國外交》十三，國史館藏蔣介石檔案文件，典藏號 002-080106-00035-008，第 5、31 頁。

[58] 〈中美文化關係圓桌會議在美馬里蘭州大學舉行〉，《新生報》1957 年 6 月 2 日，第 2 版。

欽時表示道歉，又於 6 月 1 日親自發表〈告同胞書〉，強調意識形態鬥爭的重要性。他說：「我們今日正面臨著侵略者與反侵略者互相對峙的世界局勢，特別我們是在『漢賊不兩立』的反共鬥爭之中，必須明是非，辨敵友。」但他同時也宣揚了中國傳統文化中的忠恕之道，「由我們先諒解朋友」，做到「盡其在我」、「推己及人」。[59] 菲律賓馬尼拉有華僑餐館老闆開著吉普車沿街贈送愛國扇，上書「我們要求主權獨立、重審雷諾茲」，而被駐菲使館緊急叫停。[60] 除此之外，僅中國大陸藉此發起了新一輪的政治宣傳。[61]

其時，中共方面正努力實現第三次國共合作，國共雙方的聯絡樞紐是居住在香港的左翼作家曹聚仁。曹聚仁自 1956 年開始，「奉（中共中央）命在海外主持聯絡及宣傳工作，由統戰部及總理辦公室直接指揮……工作情況絕對保密」，掩護身分為新加坡《南洋商報》的記者。[62] 他和蔣經國是同鄉，又有贛南共事之誼，頗有書信往來。1957 年 3 月，曹函告臺北，北京願意和平統一，表示臺灣可以實行高度自治，條件就是外國軍隊必須撤離。蔣其實知曉曹為誰工作，但也不願放棄這個一探究竟的機會。[63] 於是，定居在港的宋宜山（宋希濂之兄）銜命北上。宋宜山於 4 月到達北京後，獲得了國務院總理周恩來、統戰部長李維漢的熱情接待。[64] 就在宋 5 月返回香港之際，曹聚仁也專程赴奉化溪口拍攝蔣氏家塚照片，以安其心。曹由中共中央對臺工作領導小組辦公室副主任徐淡廬陪同，在廬山、溪口等地勾留，「謁蔣母墓園及毛夫人墓地」，拍攝了一些照片。6 月 2 日，香港《大公報》刊發墓莊照片，並發表以毛福梅兄毛懋卿的口吻致蔣經國一封公開信，表示「墳上都是老樣子，一點沒有換樣，但你現在還不能回來親自上墳，我心裡覺得很難過」，又勸「你們父子都是有

---

[59] 〈「五二四」不幸事件告全國同胞書〉（1957 年 6 月 1 日），載秦孝儀編：《先總統蔣公思想言論總集》33 卷，中國國民黨中央黨史委員會 1984 年版，第 182 頁。

[60] 中研院近代史研究所檔案館：〈陳之邁至外交部電〉（1957 年 6 月 1 日），《臺北民眾搗毀美國使館》，中研院近代史研究所檔案館藏陳之邁檔案，檔案號 062-01-03-016。

[61] 栗國成：〈1957 年臺北「劉自然事件」及 1965 年「美軍在華地位協定」之簽訂〉，《東吳政治學報》2006 年第 24 期。

[62] 〈曹聚仁致曹藝函〉（1957 年 11 月 8 日）、〈曹聚仁致王春翠函〉（年份不詳，2 月 7 日）」，選自柳哲：〈曹聚仁家書選登〉，《文史精華》2000 年 4 月，總 119 期。

[63] 林孝庭：《台海冷戰解密檔案》，香港三聯書店 2015 年版，第 174 頁。

[64] 童小鵬：《風雨四十年》第二部，中央文獻出版社 1996 年版，第 174 頁。

民族氣節的人，今天美帝國主義又非法控制著臺灣，你們的處境一定是可以想像的」。[65] 7 月 14 日，曹聚仁返回香港，致函蔣經國，轉達周恩來「再三囑」臺灣「千萬勿因有什麼風吹草動，就意志動搖，改變了原定的計畫」的意見。據曹當時及辭世前的私函，「原定的計畫」居然包括「讓（蔣）經國和陳（毅）先生在福州口外川石島作初步接觸」，甚至連蔣氏歸省都在討論範圍內，北京表示同意蔣可住廬山而不往溪口。[66]

蔣氏父子對中國共產黨的建議當然不予置信，但考慮到對美關係微妙，蔣介石希望以此「和談謠言」對華盛頓施加壓力。[67] 同理，當奧特華剛剛到達美方機構抗議的時候，正如美國國務卿杜勒斯總結的那樣，「（國民黨）政府允許示威開始，並以此作為向美利堅合眾國施加一點壓力的途徑。因此事情失去了控制」。杜勒斯倒不認為是共產黨製造了暴動，反而傾向於相信蔣經國及其領導的青年救國團在事件中扮演了很不光彩的角色。[68] 對於革命實踐研究院的性質，及其延請日本第二次世界大戰戰犯，美國政府都表示猜忌。[69]

蔣經國似乎真的沒有策動暴亂的理由和行為。48 歲的蔣經國身兼數職，公開的職務是「中國青年反共救國團主任」，被蔣介石暗定為接班人而悉心培養。救國團內部文件顯示「事前及當時對青年學生妥加疏導」。[70] 中五組職司民意，檢討時也說，蔣經國曾於 23 日書面指示嚴防被人利用，故當日即派赴臺北各校，指揮訓導及軍訓人員，大專學校更是專人進駐連夜辦公。成功中學請願遊行的學生代表，即被救國團勸返；另外遊行之 54 人，很快被校方領回，「並未滋事」。[71] 省保安司令部檢討時亦表示，其當日上午事發前書面報告已

[65] 〈毛懋卿函外甥蔣經國 · 盼蔣經國勸他父親促成和平解放臺灣 · 蔣家在奉化墓莊別墅現均完整〉，香港《大公報》1957 年 6 月 2 日，第 1-2 版。
[66] 〈曹聚仁致蔣經國函稿〉（1957 年 7 月 19 日）、〈曹聚仁致費彝民函〉（1972 年 1 月 12 日），《文史精華》2000 年 4 月，總 119 期。
[67] 林孝庭：《台海冷戰解密檔案》，第 175 頁。
[68] "Memo of NSC Meeting, May 27, 1957", *Foreign Relations of the United States, 1955-1957, China*, p.541.
[69] 中研院近代史研究所檔案館：〈葉部長接見藍欽大使談話節要記錄〉（1957 年 7 月 8 日），《雷諾茲槍殺劉自然》，第 44 頁。
[70] 國史館：〈五月廿九日第一五八次工作會報〉（1957 年 5 月 29 日），《民國四十六年各項會報指示》，國史館藏蔣經國檔案文件，典藏號 005-010206-00001-002，第 13 頁。
[71] 國史館：〈中國國民黨中央委員會第五組對五二四事件有關民運部分檢討報告〉（1957

計劃「除即協調救國團漏夜疏導外，並嚴防奸宄制造反美情事」[72]。1965 年 3
月，蔣經國對警備總部訓話時檢討說：「『五·二四』發生這個事情的經過，
這就是我們的疏漏。因為劉自然太太一個人的問題而不能解決，而後來發生很
大的不幸事件，這就是我們沒有注意到小的地方。」[73] 蔣經國當然不希望與美
國關係弄僵，因此在接受美國記者採訪時矢口否認與北京的聯絡：「我根本就
不知道有收到來自周匪恩來的函電，也沒有和我接觸過。」[74]

　　蔣經國雖不是反美的「現行犯」，但卻是他父親的兒子，是歷史的反美派。
美國中情局對宋宜山、曹聚仁的行止了如指掌，從而對蔣經國愈加不信任。[75]
國務院於 9 月 12 日委託總統特別助理李查茲（James P. Richards, 1894-1979）協
同副國務卿赫特（Christian A. Herter, 1895-1966）專程赴臺調查其事，最終得出
結論，蔣介石仍是島內最有權力之人，唯有建議邀請蔣經國訪美，並做適當停
留，以增加他對美國的認識和好感。[76]

　　有悖常理的是，冷戰高潮的來臨，反而加深了陣營內部所謂「盟友」之間
的矛盾。因為「盟友」彼此必須不斷磨合，才能消解新的意識形態衝突所帶來
的壓力。儘管表面上看，各陣營內部被集體安全條約裹成了鐵板一塊，但無論
是美臺之間還是美日之間，都漸漸布滿裂痕。原因在於意識形態缺乏自限性，
而具有威權本質，這樣，冷戰衝突就難以擺脫危機感無限放大的困境。在美蘇
軍備競賽愈演愈烈、核戰爭威脅不斷增大的前提下，兩個超級大國之間維持著

年，具體日期不詳），《任臺灣省政府主席時：四十六年五二四對美大使館騷動事件》，
國史館藏嚴家淦檔案文件，典藏號 006-010304-00001-027，第 1 頁。
[72] 國史館：〈國家安全局對五月二十四日臺北不幸事件有關情報部分檢討報告〉（1957 年，
具體日期不詳），《任臺灣省政府主席時：四十六年五二四對美大使館騷動事件》，
國史館藏嚴家淦檔案文件，典藏號 006-010304-00001-019，第 1 頁。
[73] 國史館：《國防部長蔣經國訓勉警備總部全體同仁注意敵人對我之心戰與臺灣獨立運動
問題等》（1965 年 3 月 16 日），《蔣經國訓詞講稿（一）》，國史館藏蔣經國檔案文件，
典藏號 005-010503-00049-011，第 8 頁。
[74] 國史館：〈退輔會主任委員蔣經國與美聯社記者摩沙會談有關其反共立場與五二四事件
等談話記錄〉（1957 年 6 月 14 日至 11 月間），《蔣經國演講稿（二十五）》，國史
館藏蔣經國檔案文件，典藏號 005-010503-00025-005，第 3 頁。
[75] Stephen G. Craft, *American Justice in Taiwan*, p.127.
[76] "Memo, Richards to Dulles, Oct. 7, 1957", *Foreign Relations of the United States,
1955-1957, China*, p.629.

恐怖平衡的關係，各國內部民族主義在國際意識形態鬥爭的高壓下，反而漸有抬頭趨勢。

駐臺美軍菸毒問題的個案研究

張力[*]

　　1941 年 12 月，美國在珍珠港事件後對軸心國宣戰，同時成為中國重要的盟國，在華設立了美軍總部。第二次世界大戰結束後，美軍總部即將撤銷。國民政府主席蔣介石（1887-1974）為求中美兩國軍事持續密切合作，希望美國能夠派遣駐華軍事代表團，協助中國訓練陸、海、空軍，並指導後勤、兵工等業務。經兩國政府商議後，於 1946 年 2 月 3 日成立美國駐華軍事顧問團，顧問團之美軍官兵以 750 人為限。

　　其後三年，國民黨軍隊在內戰中屢遭挫折，美國決定在 1949 年 1 月 26 日撤離駐華軍事顧問團。1950 年 1 月 5 日和 12 日，美國總統杜魯門和國務卿艾奇遜先後發表聲明，表達了完全放棄臺灣的立場，美國不會介入共產黨對臺灣的解放。蔣介石於 1950 年 3 月 1 日再度出任總統，此時退至臺灣的國民黨政府所屬軍隊士氣低落，為了整頓軍事力量，蔣介石指示籌備特種技術團，雇用美國退伍三軍各軍種和民間技術人員來臺，充當三軍之顧問，團長由美國退伍海軍上將柯克擔任。6 月 25 日，朝鮮戰爭爆發，美國自 7 月起開始軍援臺灣。是年年底，美國參謀首長聯席會議（Joint Chiefs of Staff，簡稱 JCS）建議派遣軍事顧問團至臺灣，以控制軍援物資。國務院雖同意追加預算，卻對成立軍事顧問團持保留態度，直到 1951 年 3 月底才同意，但堅持由駐臺機構控制該團，不受遠東區總司令指揮。特種技術團也在軍事顧問團成立後結束。

　　1954 年 12 月 2 日，雙方簽訂《共同防禦條約》，其中第七條稱，臺北政府允許美國在臺灣、澎湖列島及其附近，出於防衛需要部署美國陸海空軍。自此以後，美國軍事人員來臺者日漸增加。1955 年 11 月 11 日，美國海軍第七艦隊之臺灣聯絡中心（Formosa Liaison Center），改為美軍協防臺灣司令部（United

---

[*] 張力，中央研究院近代史研究所兼任研究員，主要研究領域為中國近代外交史、中國近代軍事史。

State Taiwan Defense Command），由一個聯絡機構改為可以指揮部隊的防衛機構，確定了《防禦條約》簽訂後，美國的防衛臺灣的義務。[2]

　　美軍協防臺灣的責任，到1980年年底，即中美關係正常化一年以後，正式宣告中止。約20年的協防期間，美國派有軍職人員駐臺，也有自外地來此短期停留的軍人。20世紀60年代，隨著越戰的升級，大批美軍被派往越南，臺灣成為重要的美國軍品維修和官兵休假之地。美軍在臺雖有協防功能，但也無法避免出現違規犯罪的行為。當越戰達到高峰時，美國毒品吸食也很猖獗，駐外美軍受到影響者大有人在。據臺灣現藏檔案，涉入菸毒案件的美軍20餘人。本文在簡要介紹規範駐臺美軍行為的協議的產生過程之後，將針對同一時期3名涉案美軍的處理情形做一探討。

一、簽訂《美軍在華地位協定》

　　朝鮮戰爭結束、《共同防禦條約》簽訂後，美國軍事人員來臺者日漸增加，臺北政府鑑於實際上之需要，主動向美方表示，應就美軍在臺地位問題進行商談。但因第一次臺海危機發生（1954-1955），談判工作無法進行，乃暫告停頓。1957年5月24日，臺北發生「劉自然事件」（又稱「五‧二四事件」），臺灣居民劉自然遭美軍顧問團上士雷諾茲槍殺斃命。其後因美方法庭判決不公，一時臺灣民眾群情譁然。[3]於此情況下，各方面都認為應盡早簽訂《美軍在華地位協定》，於是臺北政府遂又積極與美方進行商談。然而，1958年8月第二次臺海危機爆發，臺灣情勢又告緊張。美方建議雙方先締訂臨時協議，對在臺美軍人員比照美軍顧問團人員，一律予以外交待遇，但遭臺方婉拒。在此期間，臺方另參照美國與其他國家所簽訂之協定，擬具草案，希望提交談判，但美方亦未接受。1959年2月23日，廣東籍立法委員馬曉軍（1881-1959）偕夫人在臺北市區遭美軍顧問團特級上士德倫茲撞擊，馬曉軍身亡，夫人重傷。美方根據《美軍統一軍法》第134條疏忽殺人致死起訴，5月12日美國軍事法

---

[2]　《聯合報》1955年10月23日，第1頁；1955年11月1日，第1頁。
[3]　查良鑑：〈在華美軍地位協定與我國司法管轄權〉，《法學叢刊》1965年第40期。

庭判決，處德倫茲由特級上士降級為一級上士，並每月扣薪美金 100 元，連續扣薪 6 個月。[4] 此事再度引發民眾不滿。

1959 年 2 月，臺北政府又積極促請美方就臺方所提出之草案進行商談。美方鑑於臺北政府態度堅毅，乃恢復談判，惟其提出之對案，尤其有關法權部分，因雙方法制之差異與臺方所提出之內容相去甚遠，以致難以折衝。嗣後，臺方認為倘若美軍在臺地位問題不早日解決，對臺方較為不利，故經一再研究，對於因法制不同所發生之困難，認為可以接受以美方所提之方案為藍本，於是談判工作得以繼續進行。雖然如此，自 1962 年起，雙方會商仍不下 30 次，至 1965 年談判始告一段落，並於是年 8 月 31 日正式由雙方代表在臺北簽訂《中華民國美利堅合眾國關於中華民國之美軍地位協定》（*Status of Forces Agreement with the Republic of China*），簡稱《美軍在華地位協訂》，此後美軍在臺涉及犯罪案件，即依此協定處理。

二、查獲史行白、庫克、藍辛持有大麻

1972 年 5 月 13 日的《聯合報》刊出一則消息，臺中地方法院檢查處（簡稱地檢處）檢察官侯福仁會同該市警二分局辦案人員，在該市大雅路美軍下士史行白（Sgt. Linus Schamber）的住宅，搜獲大麻菸 1 公斤，另有大麻種子 1 包。此案由美軍特別調查處處理。[5]

是年 6 月 12 日，侯福仁檢察官再度指揮臺中市警局外事室人員，並會同清泉崗美軍特別調查組人員，在臺中市衛道路 210 巷 28 弄兩位在臺中清泉崗美國空軍第 374 作戰支援大隊服役的美國空軍士官庫克（Charles E. Cook）及藍辛（William O. Lacer, Jr.）合租的住宅後院，查獲兩人自行種植的約 2 米高的大麻菸 9 株，其中 3 株已由庫克砍下，放於臥室以電扇吹乾。另在兩人臥室搜獲

---

[4] 《聯合報》1959 年 5 月 13 日，第 4 頁。

[5] 中研院近代史研究所檔案館：《1972 年 5 月 16 日外交部函臺灣省警務處羅奇峰處長》，中研院近代史研究所檔案館藏外交部檔案，檔案號 467.1/0035，影像號 11-NAA-08532，第 20 頁。

大麻菸及菸葉 1.2 公斤與種子、菸斗等物，侯福仁檢察官將物品之取樣送請刑警大隊化驗。庫克在接受侯福仁的偵訊中，供認種植大麻菸是為了自行製造吸食，但對其所持有的其他大麻菸成品及種子，則拒不供認來源。藍辛對於檢察官的問話則是沉默以對。臺中地檢處遂將兩人交由清泉崗美國空軍特別調查組繼續追查。[6]

6 月 16 日，清泉崗美空軍 374 作戰支援大隊軍法組長卜洛斯少校（Major Bloss）致函臺中地檢處，說明已對庫克控以持有大麻菸罪，將定期進行審判。臺中地檢處鑑於行政院以往對於美軍非法持有大麻菸之案件，均未撤回對管轄權的捨棄，但因本案情形特殊，且情節重大，故請臺灣高等法院檢察處，報請上級決定是否撤回對管轄權的捨棄。[7]

臺灣高等法院檢察處認為，本案件查獲之麻菸及種子數量甚多，兩位美軍種植的大麻菸多達 9 株，枝桿均已長成，情節重大，應該從嚴懲治，徹查來源。肅清毒品為當時臺灣刑事政策的重要項目，庫克、藍辛承認犯罪，有《戡亂時期肅清煙毒條例》第五條第二項及第十條第二項之罪嫌。[8] 本案已涉及臺灣司法之重要利益，故而認為應該層呈行政院決定撤回對管轄權的捨棄，以期貫徹禁政。不過，關於持有暨販運麻菸之案件是否屬於臺灣保留的基本管轄權的範圍，當時尚未商得結論。因此，圍繞究竟是臺灣撤回對管轄權的捨棄，還是要求美軍捨棄管轄權，臺灣高等法院檢察處呈請司法行政部指示。[9]

由於臺方主張大麻菸係屬《美軍在華地位協定》所指之毒品，臺方有權不予捨棄管轄權，美方卻對此一直持有異議，此時仍有雙方官員通過相關委員會

---

[6] 中研院近代史研究所檔案館：《1972 年 6 月 24 日臺灣高等法院檢查處呈司法行政部》，第 12 頁。

[7] 中研院近代史研究所檔案館：《1972 年 6 月 24 日臺灣高等法院檢察處呈司法行政部》，第 12-13 頁。《美軍在華地位協訂》的 14 條規定：「由於特殊情形，中國主管當局對於一項特殊案件，認為涉及中國司法之重要利益，必須由中國行使管轄權時，得……撤回捨棄……」，並列舉「致人死亡」、「搶劫」、「強姦」等案件，雙方換文時增加「縱火」、「非法持有及販賣毒品」。

[8] 第五條第二項為「販賣、運輸、製造麻煙者，處死刑或無期徒刑」。第十條第二項為「有麻煙、抵癮物品或罌粟種子者，處六月以上、二年以下有期徒刑」。

[9] 中研院近代史研究所檔案館：《1972 年 6 月 24 日臺灣高等法院檢察處呈司法行政部》，第 13 頁。

持續協調。在此期間，臺方對大麻菸案是否應用撤回對管轄權的捨棄的做法，仍視個案案情之輕重，及對臺灣社會安全之影響，繼續採取逐案審核、決定的方式處理。此前，美軍所犯大麻菸案件均為非法持有大麻菸，且無臺灣人牽涉在內，臺北政府認為尚未涉及臺方之司法重大利益，故未撤回對管轄權的捨棄，而交由美國軍方處理。然而，庫克及藍辛不僅持有大麻菸及種子，而且自行種植大麻菸樹，故其案情較單純持有大麻菸者為重。[10]

三、處理方式的斟酌

美方認為，本案臺方沒有基本管轄權，因此僅由臺中清泉崗美國空軍第374作戰支援大隊軍法組長卜洛斯少校函告臺中地檢處，簡單告知美國軍方將以非法持有大麻菸的罪名，自行審判兩名被告。臺灣高等法院檢查處則主張，可依在臺《美軍在華地位協定》協議第十四條第三項第二款後段「有管轄基本權之一方，如遇他方就某項案件要求其捨棄管轄權承認該項捨棄為特殊重要時，應予同情之考慮」之規定，要求美方捨棄本案管轄權。鑑於雙方對於大麻菸是否為毒品仍有爭論，本案雖無臺灣人涉事，卻因有種植麻菸之事實，情節較為特殊。[11]因此，外交部北美司第一科科長王肇元在其6月29日的簽呈中，建議兩個處理途徑：

> 甲案：要求美方同意由臺方行使本案之管轄權，但此一途徑須審慎顧及
> 　　　兩點後果：（一）向美方提出此項要求時，必須基於認定美方對
> 　　　於大麻菸享有基本管轄權。如此，則與臺方認為大麻菸乃毒品之
> 　　　一種，並專屬臺北管轄之一貫立場大相徑庭，這將會影響臺美雙
> 　　　方在「中美聯合委員會」內談判本案之原定立場。（二）美方對
> 　　　臺方提出本項要求，同意與否，尚未可知。但依以往美方堅決主
> 　　　張大麻菸非屬《地位協議》所指稱之「毒品」，從而認定臺方對

---

[10] 中研院近代史研究所檔案館：《1972年6月19日北美司王肇元簽呈》，第6-7頁。
[11] 中研院近代史研究所檔案館：《1972年6月19日北美司王肇元簽呈》，第7-8頁。

美軍大麻菸案件，並無基本管轄權之立場，以及美方鑑於臺北對菸毒案件之重刑判例，美方接受臺方移轉管轄要求知可能不大。倘美方拒絕，而臺方復堅持接管立場，本案將成僵局。[12]

乙案：臺方不撤回本案管轄權之捨棄，但應採取三項輔助行動：（一）切實接洽美方應依法判處該兩被告以最嚴厲之刑罰，以儆來茲，並表示臺方此項不撤回本案管區權之捨棄，絕不構成任何先例。（二）敦促美方今後續與臺方密切合作，加強防範美軍大麻菸案件。（三）協調臺灣有關當局妥慎處理，並約束各報章勿過分渲染本案之新聞報章，俾免徒增一般之不良反應，此點亦應洽美方之瞭解合作。[13]

　　王肇元也指出，這兩個建議案都有不足之處。如採用甲案，非僅自毀原先持有的立場，今後還可能發展成僵持不下的局面，增加交涉時的困擾，不能解決問題。而採用乙案，雖然可以維持臺方一貫的主張，也可解決實際問題，但在處理成程序，尤其是有關約束臺灣新聞報導方面，須由中央密飭各有關單位切取聯繫，協同作業才能完成。最後，外交部部長沈昌煥決定實行乙案，[14]並以意見書方式送往司法行政部參酌。[15]

　　司法行政部收到外交部7月3日發出的意見書後，7月8日上呈行政院，主要引述該意見書的內容，最後請示：「本案管轄權之捨棄，是否撤回？」副本同日送外交部。[16]外交部於7月11日收到副本，遂展開與美方的協調，由次長蔡維屏指示北美司長關鏞，於7月12日下午2時邀請美軍協防司令部軍法處處長布萊福上校（Navy Capt. Blackwood）來北美司洽談，美方尚有美

---

[12] 中研院近代史研究所檔案館：《1972年6月29日北美司王肇元簽呈》，第8-10頁。
[13] 中研院近代史研究所檔案館：《1972年6月29日北美司王肇元簽呈》，第10頁。
[14] 中研院近代史研究所檔案館：《1972年6月29日北美司王肇元簽呈》，第11頁。
[15] 中研院近代史研究所檔案館：《外交部致司法行政部意見書》（未注時間，疑為7月3日），第14-17頁。
[16] 中研院近代史研究所檔案館：《1972年7月8日司法行政部呈行政院》，第31-33頁。

軍協防司令部軍法處長助理（Assistant Staff Judge Advocate）史達多上尉（Capt. William M. B. Stoddard），臺方之北美司第一科科長王肇元亦在座。關鏞首先向布萊福上校表示，司法行政部認為庫克、藍辛兩位士官涉及之案，較以往美軍單純涉嫌非法持有大麻菸者遠為嚴重，實已損及臺方司法重大利益，故堅決洽請外交部同意撤回對該兩案管轄權的捨棄。隨後，關鏞還表示，當時美軍大麻菸案件數量有日益增加之趨勢，涉嫌罪行亦更趨複雜嚴重，在這樣的發展情況之下，臺方將不得不考慮撤回對一些權力的捨棄。[17]

布萊福上校則回覆稱：

（一）美軍當局對美軍涉嫌大麻菸案，一向瞭解臺方立場，故一直嚴密注意，最近美軍所犯此類案件增加，絕非表示美方之注意有所減低。

（二）目前美方已採取兩項具體步驟，期能防患於未然：

1. 透過美軍電臺加入教育性插播，或告駐臺美軍，慎勿持有大麻菸或其他毒品，藉免以身試法。

2. 開始選用經過特別訓練之專用警犬，嗅測入境美軍及所攜進之行李物品有無攜帶大麻菸等違禁物品，期能澈底杜絕來源，此舉對美軍當局致力於防範大麻菸案將有積極效果。

3. 今後保證美方必將盡一切可能加強巡查工作，以期防杜種植大麻菸案之發生。[18]

其後，外交部就談話情形洽告司法行政部門，經獲同意，本案不予撤回管轄權的捨棄。行政院鑑於所呈報的美方對防杜大麻菸案所實行的措施與所做的保證，於 7 月 25 日指示：「本案不予撤回管轄權之捨棄，應准照辦。」[19]

---

[17] 中研院近代史研究所檔案館：《1972 年 7 月 13 日關鏞于北美司之簽呈》，第 24 頁。
[18] 中研院近代史研究所檔案館：《1972 年 7 月 13 日關鏞于北美司之簽呈》，第 25 頁。
[19] 中研院近代史研究所檔案館：《1972 年 7 月 25 日行政院令》，第 36 頁。

四、美方審理結果

　　1972 年 9 月 18 日，美軍協防司令部軍法處助理史達多上尉致函外交部北美司科員陳國璜，向其說明美方對於庫克等人的軍法審理結果。庫克涉嫌共同自國外輸入大麻菸種子、種植、製造及持有大麻菸案，經美國軍事特別法庭（Special Court-martial）判處降級至 E-2 級，並每月沒收薪俸 150 元，為期 3 個月；藍辛則因證據不足，撤回告訴。史達多函中還提到，美國空軍士官史行白涉嫌非法持有大麻菸案，判處降級為 E-1（最低軍階），每月沒收薪俸 197 美元（為期 3 個月），並因「行為不檢除役」（bad conduct discharge）。[20] 為了進一步瞭解處理詳情，陳國璜於 9 月 19 日以電話詢問史達多上尉，依犯罪性質，庫克判刑原應較史行白為重，不料美國軍事特別法庭判決庫克反較史行白為輕，其故何在？史達多上尉解釋說，美軍法庭審理美軍刑事案件時，依例須參考該被告以往在軍中的考績、有無犯罪前科，以及犯罪後之態度等項因素，審酌量刑。美國軍事法庭審理前述兩案料係循此原則處罪，遂有輕重不同之結果。[21]

　　北美司認為，此一案件審理告一段落，美方已經分別依法處置竣事。但庫克等人所涉有關罪行，已不再適宜續留協定地區。再者，本案涉嫌人藍辛雖在美方審訊期間未做出任何供述，且因同案被告庫克承擔全部罪名，免予追訴。基於雙方的法制、採證原則以及協議精神，臺方雖不宜正面指責美方處理本案若干部分有失公允，但仍得依據有關協定條款請其離境，亦即依據在臺美軍地位協議第七條第二項規定，要求美軍安排庫克、史行白及藍辛等 3 人於 1 個月限期內離境。[22]

---

[20] 中研院近代史研究所檔案館："William M. B. Stoddard to Clark Chen, Sep. 18, 1972"，第 74 頁。「行為不檢除役」係對美軍罪刑第二級最嚴重之處罰，因為被判該項處罰之美軍人員失去軍籍後，非僅將喪失一般退伍軍人原應享有之許多權利，甚至所有美國的民間雇主都會拒絕任用持有「行為不檢除役」紀錄之人員，無疑遭到社會唾棄。見中研院近代史研究所檔案館：《1972 年 9 月 20 日關鏞、王肇元、陳國璜簽呈》，第 70 頁。

[21] 中研院近代史研究所檔案館：《1972 年 9 月 20 日關鏞、王肇元、陳國璜簽呈》，第 71 頁。

[22] 中研院近代史研究所檔案館：《1972 年 9 月 20 日關鏞、王肇元、陳國璜簽呈》，第

10 月 3 日上午 10 時，北美司司長關鏞及科長王肇元邀請美軍協防司令部新任軍法處處長哈斯東海軍中校（Commander Thomas Hairston）來北美司洽談。關鏞等向其說明庫克、藍辛、史行白等 3 人，固經美方依法審理竣事，但由於此 3 人所涉犯罪的性質，均已不再適宜續留協定地區，因而正式提請美軍依照協議第七條第二項之規定，即刻安排 3 人於 1 個月內離境，並盼將離境日期通知北美司。[23] 哈斯東處長同意照辦，後在 11 月 9 日致函王肇元，告知庫克、藍辛、史行白等三人已於本年 10 月 31 日離臺。[24]

結語

　　1949 年國民黨政府遷來臺灣後，整體防衛依賴美國非常明顯，來臺駐防、出差或度假的美國軍人越來越多。然而，軍隊駐屯時日既久，易滋糾紛，故而不少國家以條約詳細規定外國軍隊在駐在國之法律地位。臺灣歷經 10 年的談判，終於在 1965 年與美方簽訂《美軍在華地位協定》。

　　1960 年毒品氾濫成為世界普遍現象，國民黨政府延續過去在中國大陸的思維，對於毒品之危害非常警惕，現存臺灣外交部的檔案中，自 1968 年至 1975 年，遭到憲警破獲的來臺美軍所涉菸毒類型包括：持有大麻菸、持有毒品、吸食菸毒、運輸麻菸、種植大麻、販賣毒品。一般處理此類案件的步驟為：員警單位破獲菸毒案件，經初步調查後送交地方法院，此時美軍單位出而與外交部門交涉，涉案美軍人員該如何處理。本文討論的個案較為單純，臺方在取得美方保證後，不放棄撤回對管轄權的捨棄，於是就由美軍進行審理，而告結案。

　　然而對於較為嚴重的案例，臺方會爭取撤回對管轄權的捨棄，由臺方法院進行審理判決。當然，期間不免出現意外狀況。例如 1970 年 5 月 1 日晚上，臺中憲警破獲三名服役於清泉崗空軍基地的美軍人員史達克（Jon Ronard

---

　　71-72 頁。第七條第二項條文為：「中國政府倘要求任何美軍人員、文職單位人員或其家屬自協定地區撤離，美國政府應負責交通工具及其他離境之安排。」

[23] 中研院近代史研究所檔案館：《1972 年 10 月 3 日關鏞、王肇元報告》，第 93-95 頁。

[24] 中研院近代史研究所檔案館："T. F. Hairston to Henry Wang, Nov. 9, 1972"，第 102 頁；《1972 年 11 月 18 日關鏞、王肇元、陳國璜簽呈》。

Starks）、斯威特（Dennis Sweat）、依頓（Labrace Eaton）藏有大麻菸、鴉片，臺灣高等法院認為此案涉及臺灣司法的重要利益，堅持應撤回對管轄權的捨棄。清泉崗基地美軍指揮官勉強配合，但以其中一名嫌犯染病為由，將其送往菲律賓美軍基地治療，另有一名曾潛逃返美，數日後遭遣回。判決之後，犯人家屬在美央請社會人士關注後續發展，美方甚至有人提議減刑，或易科罰金。[25] 司法機關和外交部門人員對此類案件窮於應付，但出於維護美臺雙方關係的考慮，只能盡量小心處理。

---

[25] 見中研院近代史研究所檔案館藏外交部檔案，檔案號 425.1/0007、425.1/0008；中研院近代史研究所檔案館：《美軍煙毒》，中研院近代史研究所檔案館藏外交部檔案，檔案號 467.1/0035。

1945-1972年日本的反對美軍基地運動、社會運動與政治妥協

[美] 莎拉‧C‧考夫納[*]

一、性關係與美軍基地

　　對於日本人民和美軍而言，性暴力是一個關鍵問題。針對美軍的強姦指控在日本長期以來一直引起爭議，有時甚至會引起群眾抗議。在美國國內，性騷擾和性暴力行為最近也引起了國會和媒體的關注，但通常受害者都是其他軍人，[1] 在日本也是如此。例如在 2015 年，美國軍方在日本報告了 52 起性侵犯案件，[2] 其中只有不超過 5 起是針對日本平民的。[3] 儘管軍人被指控對日本平民犯下了許多罪行，但最常見的是盜竊。[4]

　　毫無疑問，學者長期以來認為官方統計數字大大低估了性暴力，主要是因為婦女不願意或不能報告。日本學者一直堅持這一點。[5] 現存的統計數據可能

---

[*] 莎拉‧C‧考夫納（Sarah C. Kovner），美國哥倫比亞大學薩爾茨曼（Arnold A. Saltzman）戰爭與和平研究所高級研究員，主要從事現代日本外交史的研究。楊康書源翻譯。

[1] 學者和媒體都指出，性暴力比統計數據所顯示的更為普遍。而現存的統計數據難以收集和進行比較。

[2] 空軍報告過 5 起案件，海軍陸戰隊報告了 27 起，海軍 20 起。"Department of Defense Annual Report on the Sexual Assault in the Military", http://sapr.mil/public/docs/reports/FY15_Annual/FY15_Annual_Report_on_Sexual_Assault_in_the_Military_Full_Report.pdf.

[3] 報告指出最少有 3 宗事件，總數不過 5 宗。

[4] 例如，在過去的 10 年裡，神奈川縣報告沒有發生軍人性暴力的事件。即使是在美國人員數目最多的沖繩島，2016 年有一宗強姦事件，2015 年則沒有。參見「米軍及び米軍人等による事件‧事故の狀況」，http://www.pref.kanagawa.jp/cnt/f417335/；「刑法犯米軍人等犯罪總數 .pdf」。

[5] 參見 2012 年新聞報導對沖繩報紙 *Ryuko Shinbo TK* 的考察。

難以比較和對比，因為不同的機構對這些事件採取了不同的計算方法。美軍的統計專注於美軍所犯的罪行，而日本警方則對所有針對日本男性和女性的罪行感興趣。非政府組織則在很大程度上對統計數據感興趣。

但這些並非僅存在於日本的問題。美軍在許多其他國家都犯有強姦罪，但並不能確定是否有任何國家有關於性暴力的完整準確的統計數字。此外，也有很多其他原因導致日本人可能反對美軍基地。除了其他罪行外，還有致死事故和環境汙染等問題。那麼，為什麼性暴力事件常常能刺激日本的國家新聞和公眾，甚至引發外交危機呢？儘管有這樣強烈的反對態度，在冷戰之前、之中和之後，戰略格局也發生了根本性的變化，究竟為何這些基地依然能生存下來呢？

要試圖對美國基地的韌性進行有說服力的說明，就必須要首先承認這些基地在過去 70 年裡經歷了巨大的變化，這在很大程度上是因為針對他們的持續抵制。但是，在強調美國基地數量和規模的巨大變化之同時，本文還介紹了反對美軍的社會基礎為何和如何持久延續。除了性工作和性暴力外，本文還將側重於領土爭端和美日安全關係中的不愉快事件。本文通過劃分時段，以期更好地說明這個問題，分期為六年的正式占領（formal Occupation）、20 世紀 50 年代中期開始的對沖繩和核武器的日漸依賴、1959-1960 年針對《日美安保條約》續約的抗議活動。

整體觀之，人們可以把這段歷史的大部分歸結為：通過調整美國軍事存在的影響來應對反抗浪潮。它始於盟軍占領期間，當針對性暴力和賣淫的抗議結束後，通過了一系列的法律和政策以確保服務美軍的性工作者遠離街道和兒童。美日當局也逐步減少了軍事基地的占地面積並將部隊轉移到沖繩。要理解這些政策方針如何出現以及民眾抗議問題為何從未被成功解決，就必須要把社會抗議與軍事戰略和外交結合起來看。

在東京於第二次世界大戰遭到嚴重毀壞後，包括美國、澳大利亞、紐西蘭和印度幾個國家的部隊開始在日本建設占領基地。部隊人數在 1945 年末和 1946 年初達到了 43 萬。此後數字逐漸下降，到了 1950 年，大部分英聯邦占領軍都已經離開，僅有 115,000 名美國軍人留在日本。朝鮮戰爭期間，美國特遣

部隊的人數再次翻至 26 萬。成千上萬的美國軍人以日本為中轉站，前往或離開戰場。[6]

這就是美軍文化影響最為鼎盛的時期。占領期間的口號「非軍事化和民主化」，成為了最暢銷的主題。在這一時期，教育改革意味著為學生提供新的教科書，而在這些教材到達前，學生們都要劃掉「不民主」的語句。1947 年，由美國書寫的憲法賦予了日本婦女更多的權利，例如享有投票權和加入議會的權利。被軍事歌曲籠罩多年後，美國爵士樂大受歡迎，軍隊的廣播電臺和基地的娛樂設施甚至成為了不可思議的「先鋒派」（avant-garde）。[7]

但對於其他日本人來說，尤其是一開始的時候，占領期就是暴力和屈辱的時刻。許多部隊直接從戰區抵達日本，有很多報告記載了士兵們如何強姦和搶劫手無寸鐵的平民。這個數字隨後很快開始下降，儘管有人認為這只是因為受害者意識到他們並沒有什麼追索權。甚至在占領開始之前，日本當局就著手準備妓院或「休閒娛樂協會」（Recreational Amusement Associations）。然而，盟軍最高統帥部（Supreme Command for the Allied Power，簡稱 SCAP）於 1946 年關閉了「休閒娛樂協會」，導致不受監管的性服務市場應運而生。[8]

自願給軍人出賣性服務的站街女「panpan」，成為日本喪權辱國最鮮明的象徵。然而，性工作者和更普遍的軍人娛樂活動卻對日本的經濟復甦起到了至關重要的作用，賺取匱乏的美元支持了許多輔助職業的發展——從裁縫到酒吧老闆再到寫信人。[9]特別是在朝鮮戰爭期間，美軍基地所在地很快發展興盛起來，有些甚至開始模仿拉斯維加斯的賭城大道（The Strip）。[10]

---

[6] Sarah Kovner, *Occupying Power: Sex Workers and Servicemen in Postwar Japan*, Palo Alto: Stanford University Press, 2012, p.19.

[7] E. Taylor Arkins, *Blue Nippon: Authenticating Jazz in Japan*, Durham: Duke University Press, 2012, pp.147, 159.

[8] Sarah Kovner, *Occupying Power: Sex Workers and Servicemen in Postwar Japan*, pp.49-73.

[9] 性工作者在明治時期也發揮了類似的作用，唐行小組（19 世紀下半葉前往中國和東南亞賣身的婦女——譯者注）組成了一個更大的跨國賣淫市場的一部分（Mihalopulos, 2001a, p.8; 2001b, p.181; Warren, 1993, p.164）。

[10] 關於基地鎮的政治經濟學研究有很多針對日本的案例，參見 Kovner（2009）、Morris-Suzuki（2010）與 Takeuchi（2010）的作品。

並非所有人都對美國人重寫憲法和冷戰開始後不久的「開倒車」感到高興。公開批評被審查，示威可能被禁止。一旦美國再也不代表「非軍事化和民主化」，美國音樂、戲劇和書籍的流行熱也逐漸消退了。[11] 盟軍最高統帥部與日本菁英開始密切合作，在保存天皇並創造新帝國的過程中，遏制持不同政見者。[12]

根據國際法，在1951年9月8日在舊金山簽署和平條約後，占領方告結束。但是在5個小時後就出現了《美日安保條約》，占領似乎又再次開始了。正值朝鮮戰爭肆虐之時，這兩項條約都於1952年4月經日本國會批准生效。《安保條約》首項條款允許美國在日本建立陸、空、海軍事基地，但並未明確指出美軍對日本防衛問題的責任。該條約還允許美國「撲滅日本的大規模的內部暴亂和騷亂」[13]。

在沒有呈交日本國會的情況下，兩國政府甚至就達成了行政協議。他們允許美軍使用「不超過」1,400個設施和免費使用約245,000英畝土地。日本也必須每年支付1.55億美元的等值日元。[14] 但正如喬治・帕卡德（George Packard）所言，終於重返國際大家庭的幸福感蓋過了對《安保條約》的「陰影質疑」[15]。條約的條款是無限期的，這也正是為什麼許多人認為，《安保條約》並不代表占領的結束，卻標誌著一個新的占領的開始。

除了日本駐紮軍人的國籍和人數出現轉變外，外國軍事存在的性質也隨著時間的推移發生著改變。美國在日本的軍事統治一直持續到1972年日本再次控制沖繩。雖然盟軍占領於1952年結束，1960年的重新談判也減少了美國政

---

[11] John Dower, *Embracing Defeat: Japan in the Wake of World War II*, New York: W.W. & Company Inc, 1999, pp.525-527.

[12] William Marotti, *Money, Trains, and Guillotines: Art and Revolution in 1960s Japan*, Durham: Duke University Press, 2013, pp.37-73.

[13] "Treaty of Security and Safeguard Between Japan and United States", The Department of States, 1957.

[14] George Packard, *Protest in Tokyo: The Security Treaty Crisis of 1960*, Princeton University Press, 1966, pp.7-8.

[15] 參見 Jennifer Miller, "Building a New Kind of Alliance: The United States, Japan, and the Cold War, 1950-1961", Ph.D. Dissertation, 2012, University of Wisconsin, Madison; George Packard, *Protest in Tokyo: The Security Treaty Crisis of 1960*, p.31.

府對日本事務的干涉權，但美國軍事基地依然存在。這樣的基地存在給許多日本人心中產生了一種「半占領」的氛圍。許多在「盟軍占領」時期很重要的問題依然顯著。例如，在盟軍占領期間，性工作者的身體已經成為日本人「重申國家主權」的場所。對性工作者的關注也掩蓋了圍繞軍事基地的其他問題，比如許多日本人從美國的軍事存在中獲利。

儘管如此，許多日本人將性工作者稱為「戰後文化」最壞的典型。對由此產生的跨種族後代的憂慮推動了 1948 年《優生保護法》（*Eugenic Protection Law*）的通過，使日本成為首批可以合法流產的國家之一。盟軍指揮官也扮演了關鍵作用，主要是因為他們認為是這些婦女而不是軍人成為了性病的來源。他們認為士兵與日本婦女的婚姻有損部隊士氣，並擔心受到來自澳大利亞和美國國內的譴責。盟軍的指揮官們定期組織打擊行動，例如突擊搜捕和強制性病檢查，由此掃蕩和羞辱了許多日本女性。但即使是最強硬的英聯邦占領軍指揮官，也不可能完全制止性工作。[16]

在朝鮮戰爭期間，活動家們成功地通過了許多地方性的反對性工作的法律，但試圖進行全國性立法的努力一再失敗。妓院和酒吧業主是保守派政客的重要票倉。正如 1953 年佐世保的銀行管理人員所說，性工作是經濟的重要組成部分，產生 1 億日元等值美元的經濟效益，並提升了城市的生活水準。公民不但不應該鄙視性工作者，他認為，反而應該感謝他們。[17]實際上，包括政府在內的整個日本社會都從朝鮮戰爭所帶來的經濟復甦中獲利，其中美國大兵（GIs）在「休閒娛樂」（R & R）上的消費只是其中的一個顯著標誌。

直到採取新的進攻方式之後，反賣淫活動家才開始在國家層面上獲得認同。1955 年 8 月，清水郁太郎教授在一份婦女月刊《婦人公論》上描述了美國軍事基地如何威脅家庭：「隨著基地到來的是他們的配件：妓女、歌舞表演、酒吧以及對兒童成長不利的環境。」他認為，「無論父母和老師如何努力，這一環境都會對孩子們造成影響」。清水利用賣淫和對兒童的威脅來爭取廢除

---

[16] Sarah Kovner, *Occupying Power: Sex Workers and Servicemen in Postwar Japan*.

[17] Inomata Kōzō, et. al., *Base Japan: The Disappearing Figure of the Homeland*, Wakōsha, 1953.

《日美行政條約》，因為它允許美國基地永久存在。[18]

　　犯罪問題是活動家，特別是婦女活動家的主要關切。當言論審查結束後，日本媒體都頻頻報導美軍士兵的強姦、謀殺和搶劫事件。當日本的管轄權條款在 1953 年 10 月生效後，美軍被指控犯嚴重罪行的就有數百起。《朝日週刊》報導了許多士兵的罪行，但重點是針對兒童的罪行，特別是一名 6 歲的被綁架的女孩由美子（Yumiko）的案件，她的屍體上發現有強姦證據。據《朝日週刊》（Asahi Weekly）報導，需要對此案負責的是一名美國士兵。[19] 但日本當局在絕大多數情況下都放棄了管轄權，而是把歹徒交給了他們的指揮官。被害人在占領期間不能起訴任何人，而且在和平條約簽署後，日本又放棄了要求賠償的權利。

　　最終導致日本政府決定制訂全國性反對性工作法律的原因是，日本人意識到沒有途徑可以阻止男性使用兒童性工作者的服務。1955 年 5 月 10 日，《朝日新聞》報導，鹿兒島的松本館（The Saryō Matsumoto Teahouse）聘請高中生來取悅當地有權勢的男子。由於日本缺乏國家賣淫法，檢察機關無法對任何人進行懲罰。這個案件和其他直接涉及美國軍人的案件對女性立法者的行動產生了催化作用。[20] 當國會通過《防止賣淫法》後，國家公安委員會（the National Police Criminal Board）制訂了包括 852 個外國人的黑名單，並起訴和驅逐了數名美國和其他國家的高級外交官以及美軍軍官。

　　因此，終止了日本長達 300 年的允許性工作傳統的《防止賣淫法》，至少部分地反映了美軍的影響以及日本人對美軍影響的反應。當然，有關美軍士兵招嫖的投訴將會繼續下去。但性工作者現在傾向於在酒吧和夜總會中工作，而不是站街。[21] 通過清理街道和站街的性工作者，該法例有效地將日本社會中由於美國存在而產生的最具侮辱性的內容隔絕開來，使其不那麼明顯，更易於被人接受。

---

[18] Ikutarō Shimizu, "Military Bases and the Women's Struggle", *Fujin Koron*, 1955, 40 (8), pp.96-100.

[19] "Tensei Jingo (vox populi, vox dei)", *Asahi Shimbun*, Tokyo Morning Edition, Aug. 28, 1956b, p.1.

[20] Sarah Kovner, *Occupying Power: Sex Workers and Servicemen in Postwar Japan*, pp.114-115, 132.

[21] "Tsuji Kazuō to A.F. Farwell", Sasebo Municipal Archives, Jan. 17, 1964a, 1964b.

二、反基地社會運動

　　限制美軍軍事基地占地面積的努力提供了另一種方式來挑戰和最終遏制美國的存在。1955 年，在日本政府同意資助在空軍基地擴建跑道以適應新的噴氣式飛機後，《朝日新聞》預測這將是今年最大的政治問題之一，甚至認為有可能把模糊的反美情緒變成團結的鬥爭。在「廣島日」上，一篇社論認為：「我們深深地認識到，現在是時候重新認真考慮整個美國基地問題了」。[22]

　　1956 年，日本政府調查了在砂川鎮的私人土地以規劃立川空軍基地（Tachikawa Air Base）的跑道擴建工程，居民首先和平地做出反應，農民占據著自己的土地。由於距離東京只有 80 分鐘的車程，砂川鎮成為了讓反對者坐巴士去抗議的理想地點。[23] 此外，日本教師工會每天都組織教師和母親們到現場抗議。他們表達鬥爭是為了捍衛日本的未來：孩子。學生和工會成員一再與警方發生衝突，試圖阻止調查，破壞基地行動。他們認為，砂川問題是國家和國際問題的本地表現：從農民身上獲取土地，以滿足往中國和蘇聯城市投擲核彈的美國噴氣飛機的需要。[24]

　　抗議者穿過鐵絲網圍欄、衝擊跑道後，7 名領導人被審判。1959 年 3 月 30 日，東京地方法院法官日付明石宣判其無罪，並否認了《安保條約》的合憲性。儘管最高法院一致駁回了這一裁決，但新聞界依然廣泛報導了這一情況，令反對條約的勢力大受歡迎。藝術家們，如導演龜井文夫以電影和歌曲對此進行了紀念。[25] 最終，美國政府放棄了擴大跑道的計畫。

---

[22] "The Expansion of American Bases", *Asahi Shimbun*, Tokyo Evening Edition, Aug. 6, 1955b, p.1.

[23] George Packard, *Protest in Tokyo*, p.131.

[24] Christopher Gerteis, *Gender Struggles: Wage-earning Women and Male-dominated Unions in Postwar Japan*, Harvard University Press, 2009, p.99; George Packard, *Protest in Tokyo*, pp.131-133.

[25] Jennifer Miller, "Building a New Kind of Alliance: The United States, Japan, and the Cold War, 1950-1961", Ph.D. Dissertation, 2012, University of Wisconsin, Madison, p.16.

其他地方的反對者通常未能阻止美國空軍基地的擴張。考慮到 20 世紀 50 年代的所有的其他民眾抗議活動，不應當誇大反基地運動的規模。[26] 許多（如果不是大部分）抗議基地活動實際上都是由要求更好工作條件的工會會員參加的。畢竟，美國基地是全日本最大的雇主之一，在朝鮮戰爭的高峰期，雇傭的勞動力達到 23 萬人。[27] 1956 年 8 月，估計有 10-13 萬基層工人參加了全國範圍的 24 小時反對新懲罰性規定的罷工，該規定提出拖延或工作期間睡覺可導致解雇，即使是首犯。《朝日新聞》將工人鬥爭描繪為日本需要贏得華盛頓尊重的象徵。「美利堅合眾國財產」（United States property）的字樣確確實實被印在基地工人的制服背面上。「即使工作服是美國的，但穿著它們的人是獨立的日本人。請不要以占領者的身分鄙視我們」。[28]

後世研究往往將這種勞工運動視為和平運動的一部分和反對美國霸權的投射。[29] 但是，美軍撤離卻會威脅到工會人員的生計。1957 年，當美國宣布 3 萬名軍人將被撤回後，23,000 名雇員再次在美軍的 19 個基地進行抗議，要求政府採取緩助措施。正如非洲裔美國人的週刊《新週刊與指南》（New Journal and Guide）指出的，「許多日本人喊的『美國佬回家』（Yankee Go Home）現在終於穿幫了，因為現在美國佬真的要走了」[30]。

其他實際抗議基地存在的活動往往採取兩種形式。他們要不是高度本地化，反映了地方對擴張的抵制；要不就是更為菁英的現象，例如社會改革者將服務基地的賣淫活動視為對日本婦女和兒童的冒犯，記者憂慮國家主權，共產主義和社會主義知識分子則更廣泛地反對美國同盟。即使地方的反對派也不一

[26] Yoshio Sugimoto, "Quantitative Characteristics of Popular Disturbances in Post-Occupation Japan (1952-1960)", *The Journal of Asian Studies*, 1978, 37 (2), pp.280, 285.

[27] Tessa Morris-Suzuki, *Borderline Japan: Foreigners and Frontier Controls in the Postwar Era*, Cambridge University Press, 2010, p.132.

[28] "All Japan Garrison Forces Labor Union Is Rushing into a Strike", *Asahi Shimbun*, Tokyo Morning Edition, Aug. 27, 1956a, p.7.

[29] Christopher Gerteis, *Gender Struggles*; Wesley Sasaki-Uemura, *Organizing the Spontaneous: Citizen Protest in Postwar Japan*, University of Hawaii, 2001.

[30] "Japanese Have Said Go; But They Really Mean No", *New Journal and Guide*, Aug. 3,1957, p.4.

定是來自於「草根」階層。在一次抗議活動中，同樣計劃擴建跑道的新潟市市長指出，政府希望用於基地的土地正好在港口之後，那土地對於未來的產業來說也是重要的。「政府應該考慮到這個土地對我們城市的發展是必要的。」[31]自民黨的主要票倉——農民——對日本政府試圖占用土地尤其不滿，即便能獲取賠償。其他一些人對於美國試圖在東京中心的代代木使用公共土地來為2,500名軍官建造單身公寓的做法感到憤怒。地方當局此前試圖在此建設小學和初中。[32]

雖然有很多理由來抗議美國基地，但令人震驚的是這些抗議活動頻繁地使用捍衛兒童和未來的言辭。甚至反對核武器試驗也使用了相同的言辭來證明其正當性，這是第五福龍丸號事件[33]之後越來越重要的一個主題。獲頒諾貝爾獎的科學家雨川秀樹在《知性》雜誌中寫下核武器可能對兒童造成的不良影響：「如果世代重複，那些具有不良遺傳特徵的人的百分比將增加，並可能危及所有人類。這樣的恐懼不能稱之為毫無根據的。」[34]

1956年，日本和美國採取了一系列積極措施以進一步使日本社會與美軍和軍事基地隔離開來。其中一些措施，例如減少地面部隊人數以及日益依賴空中力量和核武器，是艾森豪政府美國全球戰略轉變的一部分，正如在國家安全委員會中討論的那樣。但是其貫徹方式卻是意圖「打消日本人認為自己依然被占領的想法」，例如將在東京的遠東司令部解散，正如艾森豪的國防部長威爾遜（Charles Wilson, 1890-1961）所說，「如果我們不能成功地摧毀這個想法，

---

31. "All Japan Garrison Forces Labor Union Is Rushing into a Strike", *Asahi Shimbun*, Tokyo Morning Edition, Aug. 27, 1956a, p.7.

32. "U. S. Military Barracks at Yoyogi Nearing Completion / Local Opposition Hardens in Anticipation of Troops Moving in / Countermeasures Debated Yesterday / Discussions with Military Command in Near Future", *Asahi Shimbun*, Tokyo Morning Edition, Jul. 22, 1955a, p.8.

33. 譯者注，第五福龍丸（日語：第五竜丸，だいごふくりゅうまる）是日本一艘遠洋鮪魚船的名字，因受到1954年3月1日時美國在比基尼島試爆氫彈所產生的高能輻射而導致船員死亡。1959年，第五福龍丸事件發生後的第五年，日本導演新藤兼人拍攝了一部同樣名為《第五福龍丸》的電影。

34. Yukawa Hideki, "Did the Progress of Science Bring Mankind Happiness?", *Chisei*, 1956 (3), p.1.

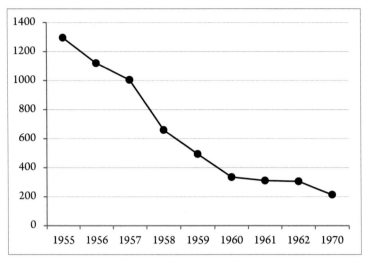

數據來源：Umebayashi Hiromichi, *The U.S. Military in Japan*, Tokyo: Iwanami Shoten, 2002, p.108.

圖1　日本本島上美國基地占地面積（1952-1970）（單位：平方英里）

我們就會失去在日本群島的整個地位」[35]。國家安全委員會的其他成員顯然也擔心國會被社會主義者控制、民族主義的復甦以及即將到來的日蘇達成正式和平條約的談判等問題。唯一的討論是國防部能否行動得更快。

　　一個策略是減少占地面積和美軍總人數（見圖1）。截至1955年，美國已經關閉了本島上的許多小型設施，將總數從1952年的2,824個減少到1955年的658個。從那時起，也開始關閉許多較大的基地。然而，日本仍將承擔美國在東亞的大部分戰術飛機，並將繼續保持是「全太平洋地區最有價值的美國基地」，正如1957年的納什海外基地報告所得結論那樣。考慮到日本的熟練勞工，工具商店和海港，美國根本不可能在夏威夷以西建立可以與日本相提並論的後勤基地了。[36]

[35] "Memorandum of Discussion at the 290th Meeting of the National Security Council", *Foreign Relations of the United States, 1955-1957, Japan*; Matthew Jones, *After Hiroshima: The United States, Race, and Nuclear Weapons in Asia, 1945-1965*, Cambridge University Press, 2010, p.324.

[36] Frank C. Nash, "United States Overseas Military Bases: Report to the President" (1957), Declassified Documents Reference System, Document Number: CK3100184858.

關鍵是要以儘量減少存在感和影響的方式來鞏固剩餘的美國基地設施和軍事力量。距離九州島約 400 英里的沖繩就是個理想的地點，也是美國戰爭計畫的理想選擇。從這裡，像 B-47 這樣的中程轟炸機也可以抵達東南亞、中國和蘇聯東部的軍事目標。[37] 它將繼續處於美國軍事占領下，並且成為海軍陸戰團師的駐地，以及東亞最長的兩個簡易機場之一〔另一個是卡德納（Kadena）〕。完整的核武器從 1954 年 12 月也開始部署在那裡。事實上，在 1956 年以後，越來越多的美軍來到沖繩，本島上的駐軍大比例地被轉移出去。納什報告的結論是：「日本的軍事安全保衛和日美保持政治一致對美國的安全至關重要。」[38]安全起見，美國也保留了對小笠原群島（the Bonin Islands）的控制權，若美國需要一個替代核基地，就能以此作為後撤基地。[39]

　　減少部隊和基地數目也有助指揮官減低罪案率和交通事故，此前交通意外的數字在重新駐軍後一度飆升。最嚴重事故的數量也有所下降。1957 年吉拉德案中，一名士兵殺死了一名從射擊場收集炸彈殼的老婦人，引起全國的憤慨。然而這種事件變得越來越少見了。美軍軍人造成的死亡事故通常發生在其非值班期間，無論是意外還是故意犯罪。因此，軍官們力求使士兵留在基地內，並將他們與日本人碰頭衝突的機會減至最低。這可以減少摩擦，因為日本男士在光顧妓院時並不希望撞見美國人。但這也可能滋生怨恨，因為美國人生活在充滿特權的特定領地裡，配備著電影院和高爾夫球場，還依然雇傭著日本男孩提供服務。[40] 即使日本社會的其他部分越來越與美國軍方隔絕，但日本人有時也會聽到美軍的侮辱言論。

---

[37] Nicholas Evan Sarantakes, *Keystone: The American Occupation of Okinawa and U.S. Japanese Relations*, College Station: Texas A & M Press, 2000, p.66.

[38] Matthew Jones, *After Hiroshima: The United States, Race, and Nuclear Weapons in Asia, 1945-1965*, p.324.

[39] Frank C. Nash, "United States Overseas Military Bases: Report to the President" (1957), Declassified Documents Reference System, Document Number: CK3100184858.

[40] Tessa Morris-Suzuki, *Borderline Japan: Foreigners and Frontier Controls in the Postwar Era*, pp.127-131; George Packard, *Protest in Tokyo*, pp.35-37.

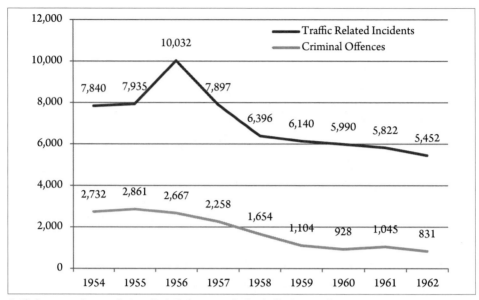

數據來源：防衛施設廳史編纂委員會，1973年第3卷第2部分，第55-56頁。

圖2　駐日美軍引發的交通事故和刑事犯罪統計

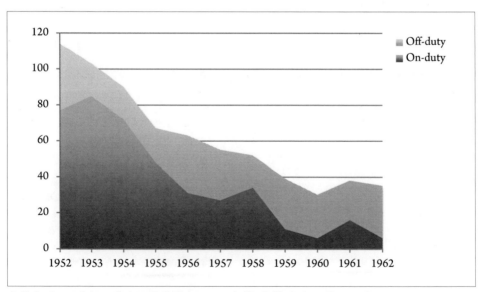

數據來源：防衛施設廳史編纂委員會，1973年第3卷第2部分，第55-56頁。

圖3　駐日美軍致死事件數量

三、《安保條約》與政治妥協

1959 年，至少有 2,000 萬日本男女，包括藝術家、工會會員、學生和婦女團體，參加了示威遊行。這是在整個戰後駐日美軍基地史上獨一無二的。[41] 抗議活動在表面上是關於修改 1951 年「安全條約」。人們懼怕岸信介首相突然修改《警察職責履行法》（*The Police Duties Performance Law*）的舉措，因該法例擴大了警方審訊、搜查和逮捕的權力。修訂這法例之時，正值美日就《安保條約》舉行高級別外交談判期間，有些人擔心經修訂的新法例會被利用來強行通過《安保條約》。[42] 這激發了日本社會黨、日本勞動組合總評議會、全日本學生自治會總連合和其他組織抗擊新修訂條約。

諷刺的是，美國和日本的談判代表們已經取消了最具冒犯性的規定：排除了與第三國的基地協議，並允許美國軍隊平叛「內部動亂」的條文。1960 年 1 月在華盛頓簽署的修訂條約也規定：美國負有保衛日本免受外來襲擊的義務，重大的部隊調動需事先協商，並且呼籲開展經濟合作。但是，在國會通過該條約的要求和新增的續約 10 年條款正造就了一個機會，讓長期反對美日盟約的批評者做出抨擊。

社會黨人奉行了拖延策略，使反條約運動有更多的時間獲得支持，並在國會發起了靜坐抗議以阻止投票。首相岸信介則延長了會期並召集 500 名警察驅逐社會黨人。岸信介的議會操控確保了條約將於 6 月 19 日午夜自動批准，當時艾森豪總統將訪問東京。但隨後大規模的抗議活動爆發，岸信介不得不告訴艾森豪，他不能保證他的安全。此時，預計約有 33 萬人在國會、美國大使館和首相官邸進行遊行。[43] 雖然艾森豪的訪問已經取消，但條約依然被通過延續，

---

[41] Nikhil Paul Kapur, "The 1960 US-Japan Security Treaty Crisis and the Origins of Contemporary Japan", Ph.D. Dissertation, 2011, Harvard University, p.13; William Marotti, "Money, Trains, and Guillotines: Art and Revolution in 1960s Japan", *Pacific Affairs*, Jan., 2015.

[42] Wesley Sasaki-Uemura, *Organizing the Spontaneous*, pp.172-173.

[43] Nikhil Paul Kapur, "The 1960 US-Japan Security Treaty Crisis and the Origins of Contemporary Japan", Ph.D. Dissertation, 2011, Harvard University, pp.13-14.

而如此大規模的抗議再也沒有在東京發生了。

《安保條約》在人們的記憶中常常被認為是異常暴力的符號，它包括了一名東京大學女學生死亡、[44] 右派對其他女性參與者的人身攻擊等暴力事件。[45] 這種暴力本身無疑在引發抗議活動中發揮了積極作用，它鼓動了很多人參與其中，當中以藝術家的參與最為積極。[46] 然而，在 1950 年代的抗議活動中發生了大量的受傷甚至槍殺事件。[47] 歷史學家都認為，《安保條約》是一個分水嶺的時刻。對於左派政治人士來說，這段時期既是他們權力的頂峰，也是最大的失敗時刻，導致其分裂。社會活動家轉而越發關注消費者問題和環境問題。[48] 許多著名的知識分子，如丸山正夫、吉本孝明和清水郁太郎，都拋棄了「進步主義的政治活動和活動家」。[49] 對認同進步主義動因的歷史學家看來，這是美日聯盟的另一個悲劇性後果。

新的學術研究認為這些抗議活動不能用一個動因來理解。對戰爭和帝國的記憶都有很大影響，一些抗議者意識到在日本的美國基地和軍艦上部署的核武可能會導致一場核浩劫。[50] 對於西蒙・阿韋內爾（Simon Avenell）來說，《安保條約》就是一個活動家在基層通過公民思想動員男人和女人參加抗議活動的

---

[44] 譯者注，該名東京大學女學生是樺美智子，是學生活動家，在 1960 年 6 月 15 日的反《安保條約》警民衝突中身亡。

[45] William Marotti, "Japan 1968: The Performance of Violence and the Theater of Protest", *American Historical Review*, 2009, pp.97-135; Wesley Sasaki-Uemura, *Organizing the Spontaneous*, pp.172-173.

[46] William Marotti, *Money, Trains, and Guillotines*.

[47] Christopher Gerteis, *Gender Struggles: Wage-earning Women and Male-dominated Unions in Postwar Japan*; William Marotti, "Japan 1968: The Performance of Violence and the Theater of Protest", *American Historical Review*, 2009, pp.97-135; Wesley Sasaki-Uemura, *Organizing the Spontaneous*, pp.172-173.

[48] Simon Avenell, *Making Japanese Citizens: Civil Society and the Mythology of the Shimin in Postwar Japan*, University of California Press, 2010; Wesley Sasaki-Uemura, *Organizing the Spontaneous*, pp.172-173.

[49] Nikhil Paul Kapur, "The 1960 US-Japan Security Treaty Crisis and the Origins of Contemporary Japan", Ph.D. Dissertation, 2011, Harvard University, p.198.

[50] Yamamoto Mari, *Grassroots Pacifism in Postwar Japan: The Rebirth of a Nation*, Routledge Curzon, 2004, p.11.

案例。[51] 維斯立·佐佐木－植村秀（Wesley Sasaki-Uemura）認為，這是針對日本推行民主的方式而採取的鬥爭，而不是對外交政策的批評。[52] 威廉·馬羅蒂（William Marotti）則認為，抗議者發揮了表演的作用，試圖說服而不是強迫。[53]

《安保條約》的最新研究表明，不能將抗議簡單歸結為對美日安全關係的不滿，這與第一批研究這些事件學者的觀點相一致。大約 35 年前，社會學家杉本雄在《亞洲研究》（Journal of Asian Studies）上發表文章，量化了從 1952 年至 1960 年間除東京和北海道之外的抗議活動的報紙記錄。他發現在 1957、1958 和 1959 年，抗議變得越來越頻繁。但在抗議中，基地和聯盟普遍是相對次要的問題，僅在每 20 次示威中出現一次。[54] 人們更有可能為了不安全的工作條件或教育等問題上街。帕卡德在他對《安保條約》的經典研究中發現，農民和漁民對工會成員和學生教導他們要抗議什麼以及如何抗議的做法表示反感。[55] 日本勞動組合總評議會在 1959 年組織了五、六百萬的抗議者，但並非反對美國基地。相反，聯合會成員擔心該條約將導致日本從挖掘煤炭轉為進口石油，從而危及就業。[56]

雖然美國基地從未受過歡迎，但《安保條約》之前和之後的民意調查顯示，在 1966 年之前，漠不關心的趨勢越來越明顯（見圖 4）。到了 1970 年，隨著越南戰爭和美國安全條約的重新談判，主流才認為美國的存在對日本是不利的。從條約引發的種種戲劇性事件來看，《安保條約》並沒有從根本上改變美日的安全關係。反而，美國聯盟和美國基地較引人反感的面向都越來越被侷限於沖繩。通過在沖繩——這個被許多人視為「日本以外」的地方——來保存基地，東京的「妥協主義者」（accommodationist）有效地化解了反對派的勢力。

---

[51] Simon Avenell, *Making Japanese Citizens*, p.3.
[52] Wesley Sasaki-Uemura, *Organizing the Spontaneous*, p.3.
[53] William Marotti, *Money, Trains, and Guillotines*, p.134.
[54] Yoshio Sugimoto, "Quantitative Characteristics of Popular Disturbances in Post-Occupation Japan (1952-1960)", *The Journal of Asian Studies*, 1978, 37 (2), pp.273-291.
[55] George Packard, *Protest in Tokyo*, p.39.
[56] Christopher Gerteis, *Gender Struggles: Wage-earning Women and Male-dominated Unions in Postwar Japan*, pp.169-171.

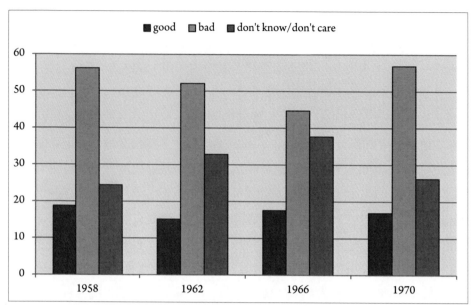

資料來源：Social Science Japan Data Archive, Survey M091, "Public Opinion Survey on International Problems (FE4)", 1958; Survey M097, "Public Opinion Survey on International Problems (No.2)", 1962; Survey M094, "Public Opinion Survey on International Problems (No. 3)", 1966; Survey M095, "Public Opinion Survey on International Problems (No. 4)", 1970.

注：1958年的問題是「你對日本的美國基地怎麼看？你相信他們會對日本有好處嗎？」1962年和1966年的問題是「你對繼續駐紮在日本的美國陸軍、空軍怎麼看？」1970年的問題是「你認為美國基地的存在對日本有好處嗎？」

圖4　關於美國基地的民意調查

結語

從外交史和軍事史的角度來看，華盛頓和東京創造了一個讓日本人較容易忍受美軍基地的環境，也使得美國軍人可以更便利地生活在這裡。正式占領結束後，他們繼續對日本與亞洲鄰國的關係產生重大影響。為了解釋他們為何能持續下來以及他們為何能繼續引發一些特定的抗議活動，我們還需要瞭解這些相關團體以及旨在把他們組織起來的抗議運動的社會文化史。畢竟有很多美軍和日本人之間存在不同形式的「接觸」。在「基地鎮」，總會有支持者接受

甚至歡迎美軍，只要他們花錢就行。但是，美軍越多地進入社區尋求便利設施和娛樂，他們就越有可能挑起或好或壞的反應。試圖使基地成為有高爾夫球場和購物中心的自給自足的領地的做法，一定程度上可以減少有關人士的風險，但當這些領地開始擴大時則另作別論，例如在沖繩或機場附近的地方。即使這樣，賠款也可以買通反對派，但是當抗議靠近首都或者媒體曝光度使本地抗議活動被放大成為全國性事件時，這一做法就變得更加困難。

在日本其他地方，減少部隊人數及其行動規模無疑有助於贏得許多沒有直接獲利的人的默許。減少軍中犯案數目和罪案率以及意外事故也能收此效。但是，一起引發創傷記憶和民族脆弱性的單一案例仍然足以撼動美日聯盟，例如1995 年沖繩 12 歲女孩被強姦案。

對沖繩的新政策使得這些模式是否能繼續下去變得難以確定，特別假若當部隊被重新部署到日本其他地區的時候。一些人眼中的進程可能被其他人視為倒退，即使涉及的人數相對較少。正如我們所看到的，自占領以來，日本對美國勢力的抵抗都把焦點集中在兒童和未來上，強調受害者敘事和激起現代化的反敘事。兩種敘事本身都不是完整的故事，而且兩者都可以用來消弭過去，而不是解釋過去。要瞭解美軍在日的持續存留，就需要瞭解沒有被訴說的、沒有被聽見的和很少見的面向，這一點很重要。探索不存在的存在總是十分困難的。但對於準備從多方面研究軍事基地的學者來說，這將是值得鑽研的題目。

朝鮮戰爭時期的美國軍事審訊室

莫妮卡・金[*]

　　2006 年 6 月 11 日，《費城詢問報》（*Philadelphia Inquirer*）報導，3 名被拘留在關塔那摩灣（Guantanamo）的囚犯在一系列絕食抗議後自殺身亡。當時關塔那摩灣的監獄行動指揮官，美國海軍少將哈利・哈里斯（Harry Harris Jr.）稱囚犯的自殺「不是一種絕望的行為，而是對我們發動的不對稱戰爭」。[1] 根據這一邏輯，美國是受害者，而 3 名自殺的被拘留者不公平地使用了戰爭規則。像關塔那摩這類的場所，不單是違反或無視國際人道主義法的表現。其實，它反映出的矛盾是 20 世紀中葉一場危機的後遺症，這場危機的最好例證就是朝鮮戰爭。

　　20 世紀 50 年代初朝鮮戰爭的敘事中發展出了一種新型的自由主義戰爭的敘事，並且成為了之後國家暴力的典範，即干預戰爭。1950 年 6 月 26 日在白宮新聞發布會上，美國總統哈利・杜魯門將美國在朝鮮半島的軍事動員描述為「警察行動」，並宣稱「我們沒有參戰」。[2] 朝鮮戰爭這場不是戰爭的戰爭，顯示了第二次世界大戰後的幾年內出現的一種奇怪現象。在 1945 年後，國家批准的大規模暴力在不斷升級和蔓延，然而各國不再宣布「戰爭」，而是在「警察行動」或「占領」的旗幟下被動員起來。在二戰後席捲全球的反殖民運動浪潮中，究竟什麼是戰爭？誰發動的暴力是合法的？「不對稱戰爭」不僅是一個華麗的帝國主義辭藻；值得深思的是，為什麼像美國這樣的超級大國會被離岸監獄中 3 名囚犯的自殺所威脅。

---

* 莫妮卡・金（Monica Kim），美國紐約大學歷史系副教授，主要從事美國史和世界史的研究，研究方向包括去殖民化、種族、帝國與現代戰爭。譯者：劉翠琔。

[1] "Three Found Hanged at Guanatanamo," *Philadelphia Inquirer*, June 11, 2006.

[2] "The President's New Conference," June 29, 1950. Part of the *Public Papers of the Presidents: Harry S. Truman, 1945-1953*, Harry S. Truman Presidential Library, available at www.trumanlibrary.org/publicpapers, accessed 21 May 2011.

通過朝鮮戰爭，我們可以清楚地看到，官方戰爭是如何在 20 世紀中葉從地緣政治領土上的戰爭轉變為人類內部的戰爭的。換句話說，朝鮮戰爭在 1952 年初從一場侵犯邊界（三八線）而發動的戰爭，轉變為侵犯個體——戰俘——的戰爭。這是我們需要瞭解的必要背景，即物理上的領土和人內在的邊界是如何持續成為暴力和政治合法性鬥爭的場所的。

在朝鮮戰爭期間，美國軍事審訊室出現在全球媒體的舞臺上，並非因為它的酷刑，而是出於一個完全不同的原因——它是被譽為自由主義的美國所倡導的透明、同情和客觀性的典範。1952 年 1 月，代表聯合國軍司令部參加板門店停戰會議的美國代表提出了「自願」遣返戰俘的建議，引起了巨大的爭議，並因此使停火協議的簽署推遲了 18 個月。朝鮮民主主義人民共和國和中華人民共和國代表立即拒絕了這一建議，指出 1949 年《關於戰俘待遇之日內瓦公約》已經對強制遣返作出了規定。美國在板門店的代表和杜魯門政府堅持宣稱這一過程的透明性：在美國軍事審訊室裡，朝鮮和中國戰俘可以自由地表達他們的個人選擇，即是否返回自己的「家園」。審訊室從一個邊緣的隱形空間，突然成了美國自由主義權力運作的公開寓意式場所。美國代表甚至將「自願遣返」改為「選擇自由」，將「強制遣返」改為「被迫遣返」，更表示「聯合國軍司令部提案是有關個人權利的法案」。[3]

在這一歷史時刻，戰爭從對領土的關注轉移到對人類內在性的爭論。不同的國家都聲稱對人類個體的欲望、意志和想像力擁有主權知識。審訊室內發生的親密接觸的性質，成為衡量不同政府在 1945 年後的去殖民化世界中是否合法的一個指標。在眾多國家之中，誰可以重塑殖民者和被殖民者之間最親密的關係，將國家與被殖民者之間的關係轉變為解放、民主或自由？由此，在朝鮮戰爭的審訊室裡的互動，也發展成為去殖民化與個體解放的寓言腳本。

朝鮮半島上存在著兩個國家，一個是在蘇聯占領下建立的，另一個是從日本殖民統治中解放出來後、在美國占領下建立的，這實際上造成了一種「競

---

[3]　Minutes of Meetings of Subdelegates for Agenda Item 4 on Prisoner of War, dated January 2, 1952, Korean Armistice Negotiation Records; Secretary, General Staff, Headquarters, United Nations Command (Advance); Record Group 333; National Archives at College Park, Maryland.

爭」，究竟誰的「非殖民化」模式是合法、有效和民主的。1948年韓國大選後，美國和聯合國宣布韓國是朝鮮半島上唯一的主權國家。如果能令戰俘選擇不遣返朝鮮民主主義人民共和國的話，將有助於美國在韓國實行的由軍事占領而實現的解放計畫。

當我們進入戰俘營或審訊室時，我們便進入了一個連接不同時空的人類經驗的全球史，而這已經遠遠超越了朝鮮戰爭的一般敘事框架。對此類親密接觸的微觀歷史的研究，可以幫助我們將橫跨太平洋的多場戰爭聯繫起來。戰後各個國家和組織都急於控制和占有流動人口的勞動力，其中既有包括韓國徵兵和志願者在內的日本帝國軍大規模復員，也有美國對二戰時期全面戰爭狀態的重新布局。戰後從殖民地到民族國家、從全面戰爭到國家安全的根本轉變，突顯了審訊室內存在的戰爭經驗和談判的多元性。審問者和戰俘共同構建了一個在帝國、革命和國家之間的這個有爭議的節點上，富有全新意義的地帶。

一、一號營地：戰俘

1951年1月，美國軍隊決定在朝鮮半島東南海岸附近的一個多山島嶼巨濟島（Kojedo）建造一個營地，來關押15餘萬名戰俘。戰俘們幾乎馬上就成為了建設營地的勞動力。1951年5月，國際紅十字會營地巡視員弗雷德里克・比利（Frederick Bieri）觀察到，「成千上萬的石頭已經被戰俘徒手從岸邊和山上運走，送到建築區。」[4]戰俘自己建造了這個營地。

1949年《關於戰俘待遇之日內瓦公約》是營內的常設公約，它還將調解營內不同場合的交鋒——無論是囚犯之間、囚犯和哨兵之間、還是囚犯和行政掌權者之間。在巨濟島營地，以下第121條的規定意義非凡：

---

[4] Reports by Bieri on May 29 to June 9, 1951; "Transmission des rapports de visites de camps aux Nations Unies, aux Etats-Unis et à la Corée-du-Nord", 16/01/1951-12/05/1952, B AG 210 056-021, Archive of the International Committee of the Red Cross.

第 121 條：在特殊情況下被殺害或受傷的囚犯

　　每一名戰俘的死亡或重傷，如是由哨兵、另一名戰俘或任何其他人所導致或懷疑是由該等人士所導致，以及任何不明原因的死亡，均須立即引起拘留國的官方詢問。[5]

　　從巨濟島 300 多起戰俘死亡或受傷案例的檔案中可以發現，營地存在著一整個與暴力相關的政治經濟系統，其中包括了自殺、試圖逃跑、絕食抗議和戰俘自己創建的審訊程序等。[6] 1951 年 7 月 29 日，巨濟島上的聯合國軍司令部一號營地發生了一起特別的事件，突顯了戰俘團體主權問題的利害關係。

　　當天，76 號營區中的戰俘——主要是來自朝鮮半島三八線以北的戰俘——聚集在院落周圍的鐵絲網圍欄旁。這是一幅奇怪的景象——他們中的一些人穿著新發的鮮紅制服，但其餘都赤身裸體。這些朝鮮戰俘正在抗議他們的新制服。在這之前，戰俘們都穿著舊軍裝或者美軍交換品。為了使越獄更加困難，美國軍方決定發放紅色制服。因為戰俘營管理人員認為，戰俘可以逃到周圍的村莊並很容易混入當地的平民之中。

　　戰俘們吃完晚飯一小時後開始聚集在柵欄前。很快，幾個人用脫下的制服包裹住一兩塊石頭，然後扔到圍欄對面的 77 號營區。「我們不能穿這種衣服」，戰俘們喊道。大韓民國陸軍第三十三營的成員已經包圍了這個大院。戰俘們交頭接耳，堅持拒絕穿紅色制服。接著便發生了一場混戰，一些戰俘投擲石塊，一些韓國士兵開火。結果三名戰俘死亡，四名受傷。美國軍事調查委員會在案卷中定論，這起事件中開槍確屬「合理」。[7]

---

[5] Jean S. Pictet, ed., *Commentary: The Geneva Conventions of 12 August 1949.* Geneva, ICRC, 1952, 1958, 1960, p.569.

[6] POW Incident Investigation Case Files, 1950-1953; Office of the Provost Marshall; Office of the Assistant Chief of Staff, G-1; Headquarter, US Army Forces, Far East, 1952-1957; Record Group 554; National Archives at College Park, Maryland.

[7] Case file 40, Box 2; POW Incident Investigation Case Files, 1950-1953; Office of the Provost Marshall; Office of the Assistant Chief of Staff, G-1; Headquarter, US Army Forces, Far East, 1952-1957; Record Group 554; National Archives at College Park, Maryland.

76 號營區的朝鮮戰俘，代表營地中的全體朝鮮戰俘進行抗議。他們爭論說，在日本殖民主義的統治下，被判處死刑的囚犯會在監獄裡被分配紅色制服。朝鮮戰俘們拒穿紅色制服，不僅是他們頑固地拒絕承認美國軍方權威的表現，也是因為他們堅持要求美軍承認自己的歷史、經驗以及對這場戰爭的理解；他們拒絕被標記為罪犯。

　　數百名戰俘以赤裸的身體進行抗議、以及隨後槍擊的發生都顯示出這些戰俘所處的脆弱境地。整場「紅色制服事件」，從在鐵絲網前的抗議到調查委員會結論的最終草案，不但暴露了《日內瓦公約》關於戰俘待遇的假設與實際情況的差別，也挑戰了美國軍方按照西方標準履行其作為拘留國角色的能力。

　　當營地開始由鐵絲網、石頭和防水布搭建起來時，戰俘們給美軍製造了一個行政上的障礙。戰俘本身是一個混雜的人口，有的來自烏茲別克，有的來自中國東北地區，還有的來自三八線以南和三八線以北。例如，李鐘圭（Yi Chong-gyu）[8] 於 1951 年底抵達聯合國軍司令部第一戰俘營，成為戰俘。1951 年 3 月，大約 5 萬名戰俘聲稱他們在戰爭爆發前是三八線以南的韓國居民，但被強行徵集成為北方的朝鮮人民軍（KPA）。很快，「平民扣留者」充斥戰俘營，於是美國軍方和韓國啟動了一個篩查程序來判別這些戰俘所言是否屬實。

　　然而，即便是這些戰俘成為「平民扣留者」之後，衝突仍在繼續。吳世熙（Oh Se-hui）是這些「平民扣留者」中的一員，他描述了營地中五種不同類型的人：

1. 在朝鮮人民軍向南部推進期間無法逃離的平民，隨後被朝鮮人民軍或治安隊（chiandae）徵召或自願加入。
2. 曾被朝鮮人民解放軍強行徵召的平民，他們與大韓民國陸軍對抗，後來成為戰俘。
3. 被朝鮮人民軍俘虜的韓國士兵，成了朝鮮人民軍的戰俘，然後在越過三八線時再次被美軍俘虜。

---

[8]　文中日韓人名使用的是最接近發音的漢字。

4. 要麼叛變、要麼脫隊的大韓民國陸軍士兵，因語言溝通問題被誤認為朝鮮人民軍士兵。

5. 故意或不小心加入了戰俘隊伍的平民，或者因被懷疑是間諜而逮捕的平民。[9]

　　來自三八線兩邊的平民，以及大量的韓國士兵，構成了「平民扣留者」這一在戰俘營的鐵絲網後的意想不到的群體。同時，來自朝鮮的朝鮮人民軍成員，無論是俘虜還是投降者，無論男女，都包含了出生在三八線兩邊的人。1 號營地中超過 17 萬戰俘的人口，突顯了三八線是一個人為設定的國家邊界，也證明了去殖民化是一個尚未完成的工程，而非如美國政府所宣稱的那樣已經成功。

　　從板門店關於遣返戰俘的辯論開始，美國就強調個人選擇是其中的關鍵因素。杜魯門總統在 1952 年 5 月 7 日發表的一份公開聲明，集中體現了戰俘遣返問題是如何被抽象為一種普遍性和道德性的宣言的：

> 同意強行遣返是不可想像的。這將與我們在韓國行動的基本道德和人道主義原則相牴觸⋯⋯我們是不會通過屠殺或奴役人類而達成停戰協議的。[10]

　　戰俘已成為冷戰二元戲劇中的角色。杜魯門又把話鋒轉向美國遣返審訊室，來進一步證明美國向戰俘提供了合理、客觀和富有同情心的管理模式：

> 聯合國軍司令部已經採用了最為謹慎的做法，將那些曾表明強烈反對重返共產主義控制區的囚犯分離出來。我們已經提議，在停戰後對會被關押的人進行公正的重新審查。沒有比這更公平的了。[11]

---

[9] Se-Hui Oh, *Suyoungo 65* [Compound 65] Taegu: Maninsa, 2000, p.101.

[10] Text of Truman Statement and "Truman Endorses UN Truce Stand Rejected by Reds," *New York Times*, May 8, 1952.

[11] Text of Truman Statement and "Truman Endorses UN Truce Stand Rejected by Reds," *New York Times*, May 8, 1952.

在遣返審查室說「是」或「否」，被詮釋為個人做出自由選擇的時刻。杜魯門宣稱美國具有瞭解戰俘意願的能力，而這種能力正是美國（以及聯合國軍司令部）在戰俘遣返問題上權力合法性的基礎。但是，美國軍方如何才能證明自己瞭解 173,000 名戰俘的意願呢？於是，審訊者的形象就成了這場爭論的關鍵。

二、跨越太平洋：審訊者

日裔美國人山姆・宮本茂（Sam Miyamoto）於 1950 年（他當時 20 歲）被徵召入伍，他回憶道，朝鮮共產主義戰俘在進入幾乎所有審訊室前都會在地板上吐痰，只有他的除外。相反，這些戰俘會問他，為什麼作為一名二戰期間曾被美國政府強行移居到拘留營的日裔美國人，他仍為美國軍隊效力。宮本茂對戰俘的答覆如下：

> 我告訴了他真相。我說：「我是奉命來這裡，不是自願來的。我奉命參軍，奉命學習韓語，奉命來這裡和你交談」。[12]

並不情願的審訊者和挑釁的戰俘都挑戰了美國軍事審問室對於兩者所提出的要求。在朝鮮戰爭期間，由於嚴重缺乏翻譯人員，美國軍方徵召日裔美國人擔任戰爭工作的審問和翻譯。大約有 4,000 名日裔美國人在朝鮮戰爭期間於美國軍隊中從事有關語言的工作，而二戰期間，他們中的大多數人在美國的日裔拘留營中度過了青春。翻譯工作將過去的語言政治，延伸至美國在跨太平洋地區的自由主義和種族建構的新要求，展現出了一段多樣、斷裂的歷史。與主流敘事不同，審訊室內的複雜關係展現了語言與戰爭、種族與歷史記憶、官僚與暴力之間的緊密而不可或缺的關係。

---

[12] Sam Shigeru Miyamoto, Oral history interview by author, Monterey Hills, United States, February 16 and March 1, 2007. 除了特別標注之外，以下所有相關引用都出自此處。

「我告訴了他真相。」在 2008 年 2 月的口述歷史採訪中，70 歲的山姆・宮本茂說道。這是一個非同尋常的姿態——這位前審問者在反思他半個多世紀前進行的審問時，堅持說他在審問室裡對戰俘說了「實話」。在美國軍方的官方報告中，這種姿態幾乎是不可想像的。1953 年 12 月 4 日，也就是 1953 年 6 月簽署停火協議的幾個月後，戰爭期間負責戰爭罪行處的詹姆斯・漢利（James M. Hanley）上校向美國參議院朝鮮戰爭暴行小組委員會提供了一份報告，描述了軍法署如何確認問詢過程中所搜集資訊的準確性：

> 你可能對我們如何審問這些戰俘感興趣。我們當然用韓國人對他們進行初步審問，而在中國人的情況下，使用的是中國人審問或至少是說漢語的韓國人。對能聽懂日語的韓國人，部分審訊工作是由說日語的第二代日裔美國人完成的，很多韓國人也懂日語。[13]

漢利強調，為了確保所提供資訊的準確性，審問守則要求戰俘「在任何情況下都要在一名美國軍官面前宣誓⋯⋯這些文件都是以戰俘的母語書寫的，因此他有機會閱讀這些文件，並確切知道他所宣誓的內容」。[14] 對漢利來說，這一過程的官僚性質是審訊室客觀性的基礎。經過官僚體制自說自話的驗證，美國軍事審訊室將其權威建立在闡明、翻譯和瞭解個人、事件或地理區域的私密細節的能力上。

然而，漢利所指的這種語義透明性，是以一種相當機械性的語言觀為前提的。在談及許多韓國人都懂並會說日語時，漢利並沒有指出對新解放的韓國人使用日語，這個前殖民者的語言時的潛在困難。由此出發去理解宮本茂所謂的「真相」，就是去理解諸如吐痰、不情願和各種談判在內的被英文報告所刪除了的行為。在被清潔過的最終官方報告中，唯一留下的發生過人與人之間真實交流的證據，只有審問者和翻譯人員的姓名。

---

[13] US Subcommittee on Korean War Atrocities, *Korean War Atrocities*, 83rd Congress, First Session, December 4, 1953, p.152.

[14] US Subcommittee on Korean War Atrocities, *Korean War Atrocities*, 83rd Congress, First Session, December 4, 1953, p.152.

1952 年 10 月，也就是朝鮮戰爭陷入持續衝突的第二年，美聯社記者藤井俊雄（John Fujii）跟隨軍事情報部門的一個審問小組進入戰場。他在文章開始時說：「在這戰事連連的山脊上夾雜著各種語言的混聲——各種中國方言、韓語、日語，還有一種路易斯安那州的柔和口音」。路易斯安那州的柔和口音屬亨利‧皮卡德（Henry J. Picard）中尉，「他（領導）了一支由盟軍組成的前線審問隊對戰俘進行審問」。該隊的職能如下：

> 審問組每次行動都使用四種語言。
>
> 中國平民蕭書倫（Hsiao Shu-len）和前韓國警察尹逢春（Yun Bong Chun）用母語方言審問囚犯。
>
> 他們的報告是用英語寫的。
>
> 皮卡德中尉在一所美國陸軍語言學校學習了一口流利的韓語，他的助手第一中尉托馬斯‧雪拉素基（Thomas Shiratsuki）是來自加利福尼亞州薩利納斯的日裔美國人，他能說流利的日語和英語，他們替軍官將英語翻譯成韓語。
>
> 這聽起來是一種很低效的工作方式，但是團隊與來自檀香山的一位日裔二等兵桦川健二郎（Kenjiro Fred Wakugawa）一起工作得很順利，他是樣樣通曉的通才。[15]

事實上，在這種「巴別塔」式的審問中，參與審問的人甚至更多：當中國戰俘開始快速發言時，「出生在中國、在日本接受教育的韓國中尉朴贊培（Pak Chan Be）用日語向白築（Shiratsuki）中尉傳譯內容，用韓語或英語向皮卡德中尉傳譯」。[16]

---

[15] AP Dispatch 148 by John Fujii; Folder: ITGP - 500; Journals - 500th Military Intelligence Group; Box 6177; Army AG Commercial Reports; RG 407; National Archives at College Park, Maryland.

[16] AP Dispatch 148 by John Fujii; Folder: ITGP - 500; Journals - 500th Military Intelligence Group; Box 6177; Army AG Commercial Reports; RG 407; National Archives at College Park, Maryland.

美軍軍事情報局的官員表示，他們不希望這篇文章被出版，因為其中提到了審訊者的名字，而藤井的文章從未被發表過。[17] 也許藤井的文章威脅到美國軍隊的誠信度，因為它暴露了構建美國軍事情報的執行權威所需的巨大勞動力和隨機性。換句話說，藤井的敘述打亂了官僚主義審訊室的輕鬆描述，並揭示了這種客觀權威的表象其實依賴於日裔美籍翻譯和審問者們的自我省略。只有在這種隱身中，白人官員們才擁有瞭解和清楚表達審問細節的能力。在美國自稱瞭解「東方人」的認識論工程中，要求日裔美國人、韓國人和中國戰俘都具有被美國同化的欲望，並假設太平洋兩岸的亞洲僑民都支持美國軍隊在朝鮮戰爭中的目標。而這場戰爭期間大規模的拘禁和美國軍事占領的歷史，也被納入了一個更大的國家目的論的工程當中，一個朝著自由發展的方向。

山姆・宮本茂在審訊室向朝鮮戰俘提供的「真相」打亂了這個終極目的。雖然宮本茂既沒有完全抵抗，也沒有徹底顛覆原有敘述，但他的「真相」表明他正艱難地應對自己成為美國另一類公民主體的問題。在朝鮮戰爭中成為一名審問者，對宮本茂來說不是一種中立、抽象的經歷。1950 年在申請從加州大學洛杉磯分校轉到柏克萊分校期間，他被美國軍方徵召入伍。11 月之前，宮本茂已在朝鮮半島上接受審訊戰俘的培訓。然而，這並不是他第一次在美國政府的命令下來到東亞。在 1943 年 11 月日本的橫濱港，出生於加利福尼亞州、15 歲的宮本茂與他的兄弟姐妹和父母一起從一艘名叫「帝亞丸」（Teia Maru）的船上下船。宮本茂親述：「我們的家庭被用來與日本交換人質，讓在亞洲日本戰俘營的白人美國人可以回家」。[18] 至少在國際法框架內，宮本茂在朝鮮戰爭正式爆發的 7 年前一直是戰俘。

1942 年，在從中國東北到新加坡和菲律賓的大掃蕩中，日本軍隊劫持了 3,000 名美國公民作為人質，其中大多數是商人、記者和傳教士。[19] 關押 12 萬名

---

[17] Folder: ITGP - 500; Journals - 500th Military Intelligence Group; Box 6177; Army AG Commercial Reports; RG 407; National Archives at College Park, Maryland.

[18] Sam Miyamoto, "Hostage," in *Nanka Nikkei Voices: Turning Points* (Publication of The Japanese American Historical Society of Southern California), Volume 2 (2000).

[19] Letter from Special Division; Box 86; Subject Files, 1939-1955 Gripsholm-Repatriation to Japanese Internees - United States; Special War Problems Division; Department of State; Record Group 59; National Archives at College Park, Maryland.

日裔美國人的決定，使美國政府在與日本談判可能的人質交換問題時，處於相當困難的境地。因為，美國發明了「敵僑」（enemy alien）這一概念，從而模糊了平民和軍人之間的界線。由於無法抗議日本對美國白人平民的待遇，並且手上沒有任何日本戰俘可以作人質交換，美國政府把目光轉向了日裔拘留營。[20]

美國和日本已同意根據 1929 年《日內瓦戰俘待遇公約》進行人質交換。從國務院開始起草可能的「遣返名單」開始就已經很清楚，美國政府正在開展的實質上並不是「遣返」，而是驅逐出境的計畫。[21] 當時宮本茂的家人已經從南加州被遷移到亞利桑那州波斯頓的一個戰爭遷移管理營地。不到一年之後，他們又被送上了格麗泊斯赫姆（SS Gripsholm）號，目的地是果亞邦的莫爾穆加奧。作為南亞唯一受葡萄牙殖民統治的地方，它被視為中立領土。交換在 1943 年 10 月 20 日於岸上進行。「在交換過程中，兩艘輪船的乘客……排成一條線從對方身邊走過，登上了另一艘船」。山姆的弟弟阿奇 · 宮本茂（Archie Miyamoto）回憶道。[22] 一個「日本人」換一個「美國人」。

正如宮本茂在採訪中所說：「你必須瞭解歷史才能倖存。」當美國第二次在 1950 年 11 月將宮本茂作為戰俘審訊者送往東亞時，情況似乎被逆轉了──他現在是盟友而不是敵人，是監控者而不是被監控者；適用於他的是公民法，而不是戰俘法。宮本茂在 1943 年和 1950 年兩次抵達東亞，不僅象徵著個人命運的逆轉，更顯示了全球秩序的轉變。美國對宮本茂的種族意義的重塑，代表了在 1945 年後的秩序中國家與公民之間關係的重構。

---

[20] Letter from Frank Knox to Mr. Joe J Mickle, Secretary, Committee on East Asia. Folder: Japanese Government Agreement; Box 81; Special War Problems Division; Department of State; Record Group 59; National Archives at College Park, Maryland.

[21] Quote from Bruce Elleman. *Japanese-American Civilian Prisoner Exchanges and Detention Camps, 1941-1945*. Routledge Studies in the Modern History of Asia 37. London: Routledge, 2006, p.14.

[22] Atsushi "Archie" Miyamoto, interview conducted by author, February 26, 2007, Harbor City, California. Quote is from "The Gripsholm Exchanges: A short concise report on the exchange of hostages during World War II between the United States and Japan as it relates to Japanese Americans." Written by Atsushi "Archie" Miyamoto. Copy given to author.

三、62號戰俘營：選擇或暴力

　　美國軍方最終派山姆・宮本茂前往位於巨濟島的聯合國軍司令部 1 號營地，遊說戰俘不要選擇遣返。但如朝鮮戰俘之前拒穿紅色制服那樣，營內所有戰俘都拒絕讓美國軍事審訊小組進入他們的營區進行遣返核查。1952 年 2 月 12 日，一份由板門店發出的告示抵達巨濟島營地，向營地施壓要求為戰俘進行初步篩查。1951 年 12 月底，戰俘營曾進行過一輪遣返審訊，但一些關鍵的營區成功地阻止了審問小組通過大門，進入他們的營區。62 號營區內自稱為朝鮮共產黨人的拘留者，拒絕了自願遣返的理念。

　　2 月 18 日，美國和韓國的軍事審問小組在第 27 步兵團第三營的 850 名美軍陪同下，於凌晨 5:30 抵達 62 號營區。天亮前，除了圍欄燈照亮的三個角落，整個營區籠罩在黑暗中。軍方人員接到的命令是必須控制這個營區，天亮前抵達該營區是戰略的一部分，為了使 5,600 名大帳篷內的平民扣留者感到意外。他們首先安排平民扣留者列隊吃早餐、上廁所。然後，根據諾曼・愛德華茲（Norman Edwards）中校的證詞，命令中明確指示：「當早餐結束，一切準備就緒後，帶領投票隊到每個區域開始投票……被拘留者們必須蹲下或躺下。」[23]

　　但是，該計畫沒有像預期的那樣順利展開。到上午 9 點為止，1 名美國陸軍士兵死亡、4 名受傷，55 名平民扣留者死亡、140 名受傷，其中 22 人之後重傷不治。早上包圍營地的美軍引起了戰俘的警覺，他們用自製的棍棒、鐵鍊棒和數百塊石頭迎戰。大多數戰俘死於手榴彈衝擊波所造成的創傷。如此眾多的人員傷亡讓我們不得不追問：為什麼美國軍方在這個問題上如此堅持？

　　愛德華茲中校講述了他所理解的該任務的目標：「我們要給予每個平民扣留者自由表達他接受重新審查的意願的權利，也就是說，當他被再度審查時，

---

[23] Case 104, Box 8, POW Incident Investigation Case files, 1950-1953; Office of the Provost Marshall; Office of the Assistant Chief of Staff, G-1; Headquarter, US Army Forces, Far East, 1952-1957; Record Group 554; National Archives at College Park, Maryland.

他可以表明自己想去朝鮮或是韓國」。[24] 劃出投票區的範圍是為了方便平民扣留者「自由地表達他的意願」。然而，必要時候使用的軍事手段卻顯示了所謂投票區「自由」是通過武力威脅而實現的。一方面是容許個人自由選擇的體制空間，另一方面是用來構建這一空間的軍隊武力手段，這種矛盾的並存成為之後調查的焦點。

根據哈特雷特・戴姆（Hartlet F. Dame）中校的說法，美軍被指示「以這樣一種方式展現壓倒性的力量，以此阻止戰俘任何公然行動的企圖，特別是攻擊軍隊的行動」。[25] 調查委員會在文件的結論部分延續了這一邏輯：「平民被拘留者在面對壓倒性火力的情況下蓄意攻擊『聯合國軍』人員」。在案件調查的敘述中，「壓倒性的力量」成了一種理性國家權力的表現。而戰俘們並沒有承認這種所謂理性的權力，因此也喪失了他們保護自己生命的權利。

3 個月後在 1952 年 5 月 7 日，杜魯門總統宣布，「在將反對回歸共產黨控制區的戰俘分離出來時，『聯合國軍』司令部已經採用了最為謹慎的做法」。正如「壓倒性力量」是一種理性的權力展示，官僚審問室裡簡單的「是」或「否」的選擇也是一種理性管治的展示。朝鮮戰俘無論是去抵抗「壓倒性的力量」，還是進入審訊室的「選擇」，都是將自己置於一條清晰的人道界線之外。按照這樣的邏輯，美國軍事調查可以輕易地將大規模暴力事件歸罪到戰俘自己身上，而杜魯門總統也可以毫無疑義地宣稱，美國軍方在審問戰俘時「採用了最為謹慎的做法」。

針對戰俘的大規模暴力事件本身並不是美國軍方所關注的重點，真正的核心問題在於：戰俘拒絕美國軍方和政府看似仁慈的提議——給他們一種「選擇」，戰俘否認了美國能夠瞭解他們內心意願的能力。美國在朝鮮戰爭期間積極地宣傳一種理想：戰爭可以是理性的，可以反映出清晰、乾淨、官僚化的管理。美國需要宣稱自己代表著人類、而非任何民族國家的利益而發動戰爭。

戰爭的劇本正在改變。1945 年後的塑造世界的兩個要務之間，存在著巨大的張力。一是關於殖民勢力。西方列強面臨著一個意料之外的窘境：對於另

---

[24] Case 104, Box 8, POW Incident Investigation Case files, 1950-1953.
[25] Case 104, Box 8, POW Incident Investigation Case files, 1950-1953.

一個實體發動「戰爭」意味著政治上承認其合法性，這恰恰是它們在反殖民運動中希望盡可能拖延的事情。二是道德權威。第二次世界大戰後對戰爭罪行化的重新定義，影響了一個國家能夠宣布和發動戰爭的正當理由。為了赤裸裸的國家利益而宣戰的理由已不再充分。相反，戰爭必須以「人類」的名義進行，這意味著戰爭要展現出一種普世的衝突，而不是一個國家的單獨行動。因此，現代戰爭必須以否定戰爭本身的方式來進行。只有瞭解了這段邏輯背後的複雜歷史，我們才可以理解為什麼海軍少將哈利・哈里斯 2006 年 6 月宣稱，關塔那摩的 3 名被拘留者的自殺行為，本質上是對美國發動的不對稱戰爭。

冷戰初期蘇聯的「戰利品」政策及蘇軍在占領區的軍紀問題

左雙文、劉杉[*]

　　德軍的入侵及隨之而來的蘇德戰爭對蘇聯造成了巨大的破壞，物質財富損失十分慘重，蘇聯的戰後重建與對各種物資的需求極為迫切。在此背景之下，隨著世界反法西斯戰爭的凱歌行進，蘇軍攻出國界，作為戰爭的勝利者與當地的解放者，在歐洲從東歐各國一直打到柏林，在亞洲以閃電之勢進入了中國東北。在新占領區，蘇軍採取了盡可能獲取和搬走一切物資的政策，稱這些財富為「戰利品」。「戰利品」作為戰爭的衍生物，根據一般的理解，應指從戰敗者手中獲得的與戰爭及軍事行動有關的、具有軍事用途的各種物品，但從蘇軍在德國、東歐、中國東北的實際做法來看，他們對這一概念的理解十分寬泛，只要是他們占領地區的物品，他們認為是有用的，都可以納入這個範圍。與之相關的，還有蘇軍在占領區的軍紀問題。過去有學者做了很好的研究，本文的寫作得益於他們的研究甚多。[1]只是當時《傅秉常日記》還未整理出版，傅日記中也有一些相關的記載，另就是似還未見與蘇軍在其他國家的同樣做法結合起來考察，本文擬根據當時人的一些記載和回憶，對此一問題再略做整理。

---

[*] 左雙文，華南師範大學歷史文化學院教授，研究領域包括中華民國史、抗日戰爭史和中國近代史。劉杉，華南師範大學歷史文化學院碩士研究生，現為廣州中醫藥大學教師。

[1] 關於蘇軍在東北的情況，此前的代表性研究有薛銜天：〈蘇聯拆運東北機器設備述評〉，《中共黨史資料》第 81 輯，中共黨史出版社 2002 年版；汪朝光：《1945-1949：國共政爭與中國命運》，社會科學文獻出版社 2010 年版；汪朝光：《和與戰的抉擇：戰後國民黨的東北決策》，中國人民大學出版社 2016 年版。

一、以「戰利品」名義在中國東北的拆運

從中國全面抗戰一開始，國民政府和蔣介石一個很大的期待就是蘇聯直接參與對日作戰，從初期到中期，從多次直接向蘇聯方面提出請求，到通過各種情報進行研判，所盼望的就是蘇聯對日開戰，希望看到日本發動北進的行動，從而使中國方面的壓力得到緩解。這種情形在戰時蔣介石的日記中，表現得淋漓盡致。但蘇聯不為所動，中國人等來的是《蘇德互不侵犯條約》和《蘇日中立條約》的簽訂。然而，在日本已經在美國等盟國軍隊的有力打擊下敗局已定，原子彈已投擲廣島並顯示出巨大威力，日本即將宣布投降的前夕，蘇聯軍隊卻突然大規模地揮師進入中國東北，對日開戰，緊接著，就是一場勝利者的狂歡。彼時，國民政府受命主持接收東北的熊式輝言稱，1945 年，蘇聯「在日本投降前二日，無戰亦宣，以藉口出兵東北，強占地方，搶奪物資，所有當地工礦機器、人民財貨，莫不名之為蘇軍之『戰利品』，拆運洗劫一空」[2]。

據先期代表國民政府赴東北主持接收的董彥平的回憶，「蘇軍占領當局在推行一個空前的『轉運公司』的業務，東北最優良的機器設備 90% 以上都被拆運到西伯利亞去了，這裡面甚至包括地毯家具古玩什物。東北兩大誇耀世界的水力發電廠之一的豐滿發電廠的拆運工作，正在積極進行中，據報已遷走五臺（每臺容量七萬啟羅），其全部拆遷工作不久將告完成」[3]。

蘇聯「視東北為其敵對之征服區，淫威肆虐，無所不用其極。對於其同盟國——中華民國在東北領土主權之完整，從未考慮予以尊重。凡可以據為搬運拆遷之財物，包括工礦設備機器，甚至毛毯雜物，無不掠奪運走。尤其對於日本和偽滿所經營之工礦企業以及私人經營之工廠等，均認定為戰利品，拆遷破壞，予取予求，不留餘地」[4]。

---

[2] 熊式輝：《海桑集——熊式輝回憶錄（1907-1949）》，洪朝輝編校，明鏡出版社 2008 年版，第 479 頁。

[3] 董彥平：《蘇俄據東北》，文海出版社 1982 年版，第 3-4 頁。

[4] 董彥平：《蘇俄據東北》，第 36 頁。

而對於不能拆運的設備，蘇軍在撤退時採取了破壞措施，有些做法甚至令人無法理解，使中方的損失更為慘重。「許多工業設備既已拆去，剩餘部分，即無法運用。例如撫順煤礦，電力設備因被拆遷四分之三，故電力不足，抽水機不能大量使用，煤礦被水淹沒，全部不能工作；又如鞍山鋼鐵廠，因煉焦爐被毀，不能煉焦，既無焦炭，則所餘之平爐、化鐵爐即毫無可用之途；又如軋鋼廠，雖一切設備未動，而精小之軋鋼機則被蘇軍拆走，該軋鋼廠猶如人之心臟被挖，絲毫不能生產；更如機器廠之皮帶，蘇軍於臨撤退時，皆斬為寸斷，論其生產能力之損失，亦等於百分之百，故蘇對我東北工礦業之搶劫與破壞，絕不能以區區之數字所能表示於萬一也。」[5]

　　對於蘇聯的這種行為，蔣介石一方面十分憤激，另一方面又做出了似乎對中方有利的一種解讀，即這種一掠而空的做法說明蘇聯未做長久占據東北的打算：「俄國將我東北所有工礦機器拆遷盡淨，則其似無久據之計畫，但其必使我接收後一無所有，不能利用日本舊有之經濟基礎，使我空而窮。」[6]

　　蔣介石認為，與發動第二次世界大戰的法西斯德國不同，中國在戰時是蘇聯的盟友，東北是其中國盟友的領土，蘇聯不能像對待戰敗的德國一樣對待中國，將中國東北的工廠企業也作為「戰利品」。對於所謂東北的所有工業都是蘇聯的戰利品，是蘇聯將其中一半讓給了中國，然後再由兩國來談雙方合營的方案，蔣介石認為是不可接受的：「1.經濟合作：蘇聯以為彼將以戰利品之半數讓給中國，換取合作，我方不能承認之。以其借合作之名攫取我一部份之物資，反不如由我方作為讓予，以酬其出兵相助之勞。2.交涉進行：除留張嘉璈在長春與之談判外，蔣經國宜於廿日以前到渝轉莫斯科與史達林（Iosif Vissarionovich Stalin, 1878-1953）直接談判，東北乃蘇聯盟友之土地，不能視如德國者，戰利品之廣義解釋，不能用之於東北云云。」[7]

　　按照蔣介石的指示，蔣經國到訪蘇聯，面晤史達林，闡述了中方意見。但

[5] 郭克悌：〈東北的盤踞與劫掠〉，載秦孝儀主編：《中華民國重要史料初編》第7編第1冊，臺北國民黨「中央委員會」黨史委員會1981年版，第263頁。

[6] 〈上月反省錄〉（1945年10月31日），《蔣介石日記》，藏史丹佛大學胡佛研究所。

[7] 〈1945年12月13日蔣經國向熊式輝轉達的蔣介石的意見〉，載熊式輝：《海桑集——熊式輝回憶錄（1907-1949）》，第504頁。

據時任國民政府駐蘇大使的傅秉常記載，蘇聯仍堅稱東北的工業都是戰利品，理由是這些工業曾經為日本關東軍所利用。1946 年 1 月 3 日夜，蔣經國見到史達林，史達林又當面向其強調了這一立場：「晚上十時四十分接電話，謂史達林統帥可即接見，詢余等何時可達克姆林宮。……余與經國即行準備，十一時正到達。在座者仍係莫洛托夫外長及翻譯一人，直談至十二時三刻始辭出。經國與斯談，係用俄文，余不能全曉，但大致係對於東三省工業問題。斯氏已翻前議，仍堅持作為戰利品，由蘇分半與中國。」關於這次見面的詳細情況，4 日下午，蔣經國告訴傅秉常：「（一）史達林先言，關於東三省日人建設之工業，蘇聯方面仍要求視為戰利品，而分半與華方，因一則蘇聯對捷克各國均如此辦法，苟對東三省承認非戰利品，則捷克等國提出異議，蘇聯無法對付。二則苟不視此等工業為戰利品，而接受一半，則別人將謂蘇聯之取得此權利為不合法，而將攻擊之。至重工業亦分半與華，及分別組織公司，均可照辦，詳細辦法請由經國就地與馬元帥商討（經國以為尚有一原因，即許多機器等經已搬去，不便算帳）。」[8]

其後，中方還與蘇方進行了種種交涉，出面的包括外交部長王世杰、負責接收東北經濟的張嘉璈等，但均不得要領。傅秉常稱其返重慶時，也曾對蘇聯駐華大使表達了同樣的意見：「（1946 年 3 月 9 日）下午四時，余往訪彼得羅夫大使……余又提及紅軍搬運機器等事，謂中蘇友誼係關係兩國前途至巨，此種機器於蘇聯整個建國補益甚少，因此而傷中蘇感情，殊不值得。彼謂蘇聯自 1917 年革命以來，對華均盡力幫助，中國人民未必因東北事件而轉而仇蘇，此次學生巡遊等，自係一小部份反動者所主使。余答以中國人民無一人不願與蘇聯親善者，但蘇方行動絕不宜使彼發生懷疑。例如，紅軍延期不撤，搬運機器種種，均足使懷疑蘇聯者有所藉口，增加反蘇派之力量。」[9]

如果說上述記載都來自國民政府方面的人士，存在片面的不足，那麼據學者汪朝光的研究，中國共產黨當時在東北的幹部也有同樣的記錄。伍修權回憶

---

[8]　傅錡華、張力校注：《傅秉常日記：民國三十五年（1946 年）》，中研院近代史研究所 2016 年版，第 5-6 頁。

[9]　傅錡華、張力校注：《傅秉常日記：民國三十五年（1946 年）》，第 66 頁。

216　冷戰時期的美國與東亞社會

說：「蘇軍進入我國東北的部隊，有的紀律相當壞。據反映在他們的連隊裡，有部分士兵不是正規軍人，而是一些刑事犯人……這些人原來不是正路人，來華後又以勝利者自居，不斷酗酒滋事，甚至騷擾群眾，在瀋陽的大街上，時常見到醉酒的紅軍士兵……後來他們撤出東北回國時，又從工廠的機器設備到日偽人員的高級家具等等，都一一拆運帶回蘇聯。」中國所遭受的損失，照中國共產黨方面的記載，「根據有關資料的不完全統計，共損失各類機器 40,269 件，發電設備 1,537,046 千瓦等，共計折合美金 352,815,851 美元」。其中毀於戰火或散失原因不詳者，折合 135,129,331 美元，蘇軍拆走者約合 189,934,947 美元。另據率首批八路軍進入東北的曾克林報告：「在奉天之紅軍生活甚苦，衣裳襤褸不堪，紀律甚壞……曾每日將紅軍士兵違犯紀律事實向紅軍政治部彙報……但仍無法維持。」[10]

二、在其他各國的拆運

事實上，蘇聯不僅在中國東北如此，在其占領的幾乎所有區域，採取的都是同一做法，也可說是蘇軍所到之處，無一可免。例如，關於蘇軍在東歐羅馬尼亞、保加利亞之所為，美國駐蘇大使哈里曼（William Averell Harriman, 1891-1986）告訴傅秉常：「蘇聯在羅馬尼亞及保加利亞之措施，殊使美、英不滿，蓋紅軍在各該地之紀律甚壞，將各地之工業物品完全搬走，指係戰利品，是以各該國之工廠已經一空，安有能力擔任賠償。因此人民異常痛苦，除少數共產黨以外，均對蘇不滿，蘇聯遂不能不用壓力。蘇聯當初所擬採取用共產黨與其他左派各黨聯合之政策，已告失敗，蓋其他各黨雖屬左派，亦不願犧牲其本國以討好蘇聯。且照管理委員會之規定，雖推由蘇方作主，而其措施亦應通知英、美之代表，乃蘇方絕不許英、美代表過問，且絕不通知彼等。因此英、美

---

[10] 伍修權：《往事滄桑》，上海人民出版社 1986 年，第 163 頁；王首道：《王首道回憶錄》，解放軍出版社 1988 年版，第 469 頁；《中共中央致重慶代表團電》（1945 年 9 月 16 日），軍事科學院圖書館藏檔抄件。以上三段史料均轉引自汪朝光：《和與戰的抉擇：戰後國民黨的東北決策》，第 104-107 頁。

方面覺既屬如此，則蘇方單獨與該兩國訂定和約便可，英、美兩方不應共同擔負種種責任，蘇方對此異常憤怒。」[11]

1945 年 10 月 29 日上午，傅秉常「往晤加拿大威使，與之暢談。據言：……蘇聯自羅國將所有工業機器大部分視為戰利品，將之搬回蘇聯，油田機器尤搬運一空，此種機器多為英、美公司者。蘇方苟坦直承認需用搬去，以後算帳，尚有可說，但蘇方絕不出此，硬視為自德國人手中奪取之勝利品，英美商人自不甘心，亦係使英輿論不滿原因之一」。傅作為戰時長期駐節蘇聯、對中蘇友好抱有期待的人士，就此話題還對加拿大大使有所勸解：「余謂蘇聯受羅馬尼亞軍隊侵略，直接受其禍害不少，既勝而占領之，自然對之較嚴。英、美絕未受羅軍侵害，而欲干涉其對羅國之舉動，自使蘇聯不甘。且羅為其西方門戶之一，與波蘭相同，在理亦絕不許人干涉。……余勸威使以客觀之態度研究此問題，轉勸其政府，勸英、美不宜如此強硬。」[12]

盟國管制委員會（Allied Control Council）駐羅馬尼亞的的美方代表告訴杜魯門，「在羅馬尼亞，俄國人把持了盟國管制委員會，而不與英國和美國的代表商量」，「在經濟方面，羅馬尼亞受到俄國緊緊的束縛，其辦法是向羅馬尼亞索取賠款，把那些被俄國人說成是德國所有的財產據為己有，把工業設備，當作『戰利品』接收過去」。而蘇聯人對於「戰利品」的解釋是包羅萬象的，「俄國所選擇『戰利品』一詞的解釋包括曾經用來供應被擊敗的敵人軍隊的任何機械或設備。在現代戰爭情況下，這種定義幾乎什麼都包括在內」[13]。

蘇軍在德國占領區的所作所為亦如出一轍。根據傅秉常 1945 年 10 月 15 日的日記：「五時半，美使哈利門來訪。……彼談及紅軍在德占領區，將所有工業搬運一空，即私人所有家中稍有價值之器具亦多搬走，最近在蘇聯各地所見之黑白牛，均係由德國運來，是以農村亦空虛。以蘇聯所受德軍占領時之痛苦，此種舉動，自係當然應有之舉動。」傅秉常認為，這是因為美國人沒有受

---

[11] 傅錡華、張力校注：《傅秉常日記：民國三十四年（1945）》，中研院近代史研究所 2014 年版，第 191 頁。

[12] 傅錡華、張力校注：《傅秉常日記：民國三十四年（1945）》，第 201 頁。

[13] [美] 哈利・杜魯門：《杜魯門回憶錄》上卷，李石譯，東方出版社 2007 年版，第 191-192、258 頁。

過此種痛苦，感受自然不同，而且美國人的生活品質比德國人高一倍，德國人的生活品質又較俄人高一倍，對於生活痛苦的觀念不同，因此蘇聯批評美國對德國管理太鬆。[14]

戰後，蘇聯人民的生活確實較為艱困，傅秉常記錄了他在白俄羅斯所看到的情形：「民斯（Minsk，即『明斯克』）為白俄羅斯之首府，戰前本有居民三十餘萬，並有著名之大學，但此次大戰為德人首先占領之，大城破壞亦最大。據言，房屋被毀百分之八十，居民現只有十七萬人。下午二時半，由招待員陪同乘車，往城內參觀，見全城已成為瓦（礫），被毀者恐在百分之八十以上，人民並無住所，水電均無。白俄羅斯人受如此之痛苦，難怪其對德國之痛恨，遠較英、美為深也。招待所地方甚小，房內亦頗冷，但晚餐尚豐。」這還是在招待外賓的場所。[15] 由於物質條件的不同，英美人士對於被占領區人民基本生活保障的概念與蘇聯人是有差別的。蘇聯國內人民的供應尚十分困難，要他們以較此更高的條件去對待戰爭發動者的國家的國民，的確是一件頗不易為之事。「例如在維也納美占領區內，美管理員覺本年冬季亟需燃料，是以預為打算，與農林管理處商後，發動人民事前採柴運動，俾每家可有一房間升火。但蘇軍代表則以為此舉大可不必，因莫斯科亦未必每家有火。」[16] 因此，在戰後，美國有「租借物資」、剩餘物資分配其他各國，而蘇聯卻不惜一切手段四處「搜集」物資。當然，戰後英、法等歐洲國家同樣面臨困難，但卻與蘇聯的做法有異，這些老牌殖民國家因冷戰開始後與美國同屬西方陣營，在戰後依舊多少可以仰賴美國的幫助。

關於德國蘇占區的情況，西方當事人的紀錄更多。哈里曼回憶了他在柏林的廢墟中驅車駛過時，受到的震驚及由此所產生的想法。他對戰爭的破壞性在精神上是有準備的，但對戰爭結束之後這種毫無節制的劫掠卻沒有思想準備。「當我看到，俄國人如何把凡是弄得到手的每個工廠全部拆光了時，我認識

---

[14] 傅錡華、張力校注：《傅秉常日記：民國三十四年（1945）》，第 194 頁，1945 年 10 月 11 日。

[15] 傅錡華、張力校注：《傅秉常日記：民國三十五年（1946）》，第 9 頁，1946 年 1 月 7 日。

[16] 傅錡華、張力校注：《傅秉常日記：民國三十四年（1945）》，第 194 頁，1945 年 10 月 11 日。

到，他們關於從德國拿走剩餘工具和機器的概念遠比我們迄今同意的要粗暴得多。在波茨坦會議之前，賠償委員會已在莫斯科開會，無休止地談論百分比的問題，而這段時間內，俄國人對東占區和柏林的每件有點價值的東西全都自便了。目睹此情此景，我自己作了個決斷，既然我們不能阻止俄國人從他們的占領區內拿走他們想要的一切東西，我們從西占區內就不該給他們任何東西。否則，美國的納稅人就得為養活德國人付帳。如果全部工業機器運往俄國，德國人就無法養活自己。」[17]

「戰火停止之後，俄國人便有計劃地進行掠奪，把可以到手的一切機器和貨物統統送往東方。他們把此種行動說成是因受德國踐踏和德國在俄國掠去戰利品的一種賠償。此外，俄軍是靠這個國家供養的，他們把占領區內的糧食吃得一乾二淨。」[18]

由於這些拆運較為匆忙和粗暴，造成了許多設備的閒置和破壞。哈里曼稱：「我曾經瞧見俄國人對待從德國奪取的物資的情況，在柏林的俄國占領區——該城的工業中心——我看到俄國人破壞了工廠，拿走了每一樣東西。他們把工業裝備裝在貨車裡，而在許多情況下，車輛停在鐵路支線上。這些物資已生鏽剝落，很快地就要完全變成廢物。」[19]

又如蘇軍在東歐捷克之所為，傅秉常在 1945 年 11 月 2 日的日記中記錄道：「昨郭武官言，近來蘇聯對捷克之態度，與前大不相同。紅軍在捷克之行動，使捷克人民異常不滿，在彼占領區之工業機器等，已完全搬回蘇聯，現對於斯哥達工廠之設備，又逼捷克交出，亦指該廠職工為與德合作者。該廠為捷克經濟之命脈，苟亦搬去，捷克工業將不堪設想，因此捷克政府現尚懇求保留，該廠之副經理尚留莫斯科等候消息。蘇聯因此亦視捷克為非完全服從命令之國，對之亦表示冷淡。」[20]

---

[17] [美]W. 艾夫里爾 · 哈里曼、伊利 · 艾貝爾：《哈里曼回憶錄》，吳世民等譯，東方出版社 2007 年版，第 577-578 頁。

[18] [英] 伯納德 · 勞 · 蒙哥馬利：《蒙哥馬利元帥回憶錄》，鄭北渭、劉同舜譯，上海譯文出版社 1982 年版，第 393 頁。

[19] [美] 哈利 · 杜魯門：《杜魯門回憶錄》上卷，第 311 頁。

[20] 傅錡華、張力校注：《傅秉常日記：民國三十四年（1945）》，第 206-207 頁。

這些區域甚至還包括了東方的朝鮮：「有報告說，在朝鮮和滿洲的俄國人正在拆卸工廠，並將機器運往俄國。因此，我（杜魯門）指派艾德溫・保萊研究一下東亞賠償問題。我要他替我實地證明，我們從朝鮮和滿洲接到的報告是否正確。」[21]

總之，「俄國人則不分敵友，不管在什麼地方，只要有可能，就從他們所占領的國家搶走所有能夠運走的東西。波蘭、羅馬尼亞和捷克斯洛伐克就是鮮明的例子，它們由於幫助了忘恩負義的俄國人，而卻得到了上述的後果」[22]。

由上可知，戰後遭到蘇聯如此對待的國家至少有德國、波蘭、羅馬尼亞、保加利亞、捷克，東方的中國、朝鮮等，這其中既包括了戰時的法西斯侵略國，也包括了蘇聯戰時的盟友國。不過，這個概念也是相對的，在戰時的某一個時間段，德國也曾是蘇聯的盟友。

關於這些物資是否應視為「戰利品」，無人對蘇聯表示認同。1946 年 4 月 24 日下午 4 時，英國代辦羅伯茲（Frank Roberts, 1907-1998）拜訪傅秉常，說道：「將蘇外部關於東省工業問題之覆函抄本交餘，大致與覆美大使函相同，即認為曾供關東軍用之各工業，均視為紅軍戰利品。羅謂此種廣泛解釋絕無道理，英、美方面自不接受。」次日，傅秉常「回訪美斯使。彼告余，羅代辦已將蘇覆函抄送與彼，彼自不能同意蘇方之解釋。蓋照國際慣例，只軍用品能認為戰利品，若曾供軍隊使用者，均為戰利品，則麥田曾供軍隊糧食，亦將認為戰利品耶？此種解釋真蠻橫無理。」[23]

三、強徵勞工，濫發軍票

除了拆運工廠、設備，蘇聯還強制性徵召德國人作為勞工運回蘇聯。2 月 6 日，蘇聯政府下達了一道命令：「將所有 17 ～ 50 歲的可以勞動的德國人按 1,000~1,200 人的編制組成勞工營運回白俄羅斯和烏克蘭修復戰爭創傷。」這些

---

[21] [美] 哈利・杜魯門：《杜魯門回憶錄》上卷，第 511 頁。
[22] [美] 哈利・杜魯門：《杜魯門回憶錄》下卷，第 135 頁。
[23] 傅錡華、張力校注：《傅秉常日記：民國三十五年（1946 年）》，第 100 頁。

德國人被命令穿上保暖的衣服和靴子到集合點報導，他們還要帶上被褥、換洗的內衣和兩個星期的食物。[24]

「由於人民衝鋒隊民兵都被送進了戰俘營，所以到 3 月 9 日為止，俄羅斯祕密警察只抓到 68,680 名德國勞工，他們大部分都來自朱可夫（Georgy Konstantinovich Zhukov, 1896-1974）和科涅夫（Ivan Stepanovich Konev, 1897-1973）部隊的後方，而且婦女占了很大的比例……到 4 月 10 日，運回蘇聯的勞工人數迅速增多，59,536 人被送到了西部地區，大部分來到了烏克蘭。雖然人數要比史達林預計的少得多，但他們受到的折磨至少與當初蘇聯勞工在德國受到的不相上下。受到迫害最多的自然是婦女們，她們被強迫把孩子留給親戚或朋友看管，有時，她們還不得不丟棄孩子們。她們要面臨的工作不只是繁重的勞動，她們會經常遭到看守們的姦淫，而這種『工作』的副產品就是可怕的性病。另外 2 萬名男勞工被派去拆毀西里西亞的工廠。」[25]

強制勞役之外，蘇軍又在占領區以軍費補償為由發行軍票，強制流通。「蘇軍進占東北後，為應付軍隊所需各項費用，開始發行不兌現之紅軍票，與偽滿中央銀行券在市面上等值流通。關於此事，國民政府與蘇聯幾經交涉後，1945 年 12 月 10 日國民政府財政部長俞鴻鈞與蘇聯大使彼得羅夫（Apollon Aleksandrovich Petrov, 1907-1949）簽訂了《中蘇財政協定》：

一、蘇聯陸海軍部及其他在中國東北三省之經費，蘇軍照所需數量發行鈔票一種，以圓（國幣）為單位，將與當地貨幣共同流通，其比價為一比一。中國政府頒發必要之命令，使蘇軍司令部在東三省所發之鈔票，有法定支付地位。

二、蘇軍司令部所發行鈔票，由中國政府收換之，中國政府此項開支，將由中國向日本提出要求負擔償還。上項鈔票，至遲自蘇軍從東三省撤退後兩個月，以中國政府所發行之東三省流通券收換該蘇軍司令部鈔票，並將該項已經收換之鈔票交還蘇聯政府。

[24] [英] 安東尼‧比弗：《攻克柏林》，王寶泉譯，海南出版社 2008 年版，第 84 頁。
[25] [英] 安東尼‧比弗：《攻克柏林》，第 85 頁。

三、蘇聯政府暨蘇軍司令部須將發行鈔票之數目通知中國政府。

四、本協定自簽訂之日起半年，自一九四五年八月九日實行。本協定於一九四五年十二月十一日在重慶以中文、俄文各繕二份，中文、俄文具同等效力。[26]

　　根據該協議第三條之規定，蘇軍有義務將紅軍票發行數量通知國民政府。但蘇軍一直未按協議規定將情況告知中方。根據董彥平記述：「東北光復後，行營到達長春時，是項紅軍票早已充斥市場，究竟先後發行若干以及鈔票樣券及各類券號碼，迄無隻字通告我方。軍事代表團受到行營經濟委員會之囑託，曾在口頭上書面上多次詢問，均不予置答。茲將三十五年三月二十日，就有關紅軍票事項，最後一次致特羅增科中將照函，錄陳於次：『查關於蘇軍駐屯東北九省中蘇簽定之財政協定第三條規定：『蘇聯政府暨蘇軍司令部將以所發行鈔票之數量通知中國政府。』現本國政府財政當局為統籌金融起見，擬請閣下將貴軍司令部已發行之鈔票全部樣券及各類券號碼與數量，通知本代表團，以便轉報，特函請查照並示覆為荷。』蘇方迄未置答。迨面詢特羅增科中將，渠以非其主管推諉。」[27]

　　據學者汪朝光的研究，「1946 年 6 月，蘇方通知中方，軍用票共發行972,500 萬元，而日本投降時偽滿券的發行總額不過 808,500 萬元（另有統計為1,368,846 萬元），即蘇軍進駐東北 8 個月發行的軍用票總數，超過日本占據東北 14 年發行的偽滿總數。蘇軍撤離後，軍用票還在流通，未能完全收回。直到 1948 年 9 月國民黨實行幣制改革時，在東北登記的軍用票總數還有 228,154萬元，實際收兌 204,551 萬元」[28]。

　　在紅軍票的用途方面，熊式輝曾向蔣介石報告：

　　　　蘇軍在東北發行紅軍票，現在發生流弊：（1）發行用途超出原協

[26] 秦孝儀主編：《中華民國重要史料初編》第 7 編第 1 冊，第 46 頁。
[27] 董彥平：《蘇俄據東北》，第 37-38 頁。
[28] 汪朝光：《和與戰的抉擇：戰後國民黨的東北決策》，第 107-108 頁。

定範圍，凡搜括物資，購置房產，搬運工廠，……無不取給於此。……（3）瀋陽蘇籍遠東銀行套取流通券。（4）現蘇軍雖經撤退，發行並未停止。

　　查原協定應於蘇聯撤退後兩個月內由我以流通券將此項紅軍票收回，現在東北全境尚未收復，紅軍票發行又未明確截止，收兌勢難著手，如遽行停止使用，則不特違反協定引起外交藉口，且持有人盡屬本國商民，勢必相繼破產，痛苦不堪。[29]

董彥平還稱：

　　（蘇軍）除發行不兌現之紅軍票外，更公開劫取公私營各銀行現款及儲備。據日人高碕氏著滿洲終焉所稱，其搜刮偽滿中央銀行之紙幣，達七十億元之巨，其他公私營銀行之損失，有案可稽者如次：

銀行名稱	性質	被蘇軍劫奪現款數（圓單位）
中國銀行	公營	20579240
功成銀行	私營	138000000
益發銀行	私營	2757860000

此外復將各銀行倉庫收存之存放款抵押品，連同金銀外幣，一併劫去，而不給任何收據。此尚僅就長春一市而言，其他各省縣市，凡蘇軍所至，如急風掃落葉，全部搜刮一空。此種存儲各銀行之現款以及倉庫財物，皆係民間私人所有，而蘇軍一概以戰利品為藉口，沒收於所謂蘇軍政務部之紅軍軍事銀行。其劫奪之偽滿中央銀行券和任意發行之紅軍票，因而氾濫充斥於市面。[30]

---

[29] 秦孝儀主編：《中華民國重要史料初編》第 7 編第 1 冊，第 198 頁。
[30] 董彥平：《蘇俄據東北》，第 39 頁。

四、在占領區的各種違紀行為

蘇德戰爭剛結束時，傅秉常對於蘇軍在新占領區的行為還只是初有耳聞，因此用語比較客氣。如他 1945 年 5 月 31 日時對於蘇軍在德國舉止之記述：「十二時，瑞典公使 Staffan Söderblom 來訪。據告：……（二）瑞典駐德使館人員十餘名經莫返國，據言紅軍初到柏林時，對德人自極冷淡，但俄人性情寬厚，且極愛小孩，因及其母，是以不久便多與德人往還甚密，且紅軍各機關均貼有史達林『紅軍不仇視德國人民』之語，其稍有不快事件，則係俄人酒醉時對於女性不快事件，常有發生耳。」[31]

關於蘇軍士兵喜愛小孩、不久即與德人往來親密之說，朱可夫在其回憶錄中有一段頗為生動的回憶，似可與上說相互印證：

> 有一次乘車經過柏林市郊，我注意到了衣著十分雜亂的一群人，其中有許多孩子和婦女，也有蘇聯士兵。我們停住汽車，走過去看。當時我想，這些老百姓，大概是從法西斯集中營出來的蘇聯人。然而他們是德國人。我站著，一面觀察，一面聽著他們談話。這時，手裡抱著一個四歲左右、有淡黃色頭髮的德國男孩子的一名士兵說道：
>
> 「當我的一家從科諾托普撤退時，我失去了妻子、年幼的女兒和兒子。他們是在火車裡被德國飛機炸死的。仗打完了，我一個人孤單單地怎麼生活呢？既然這男孩的父母都被黨衛軍槍斃了，就把他給我吧！」
>
> 什麼人開玩笑說：
>
> 「這小傢伙倒是像你呢……」
>
> 身旁一個女人用德語說道：
>
> 「不行，不能給。這是我的姪兒，我要親自把他扶養長大。」
>
> 有人作了翻譯。那個士兵深感失望。

---

[31] 傅錡華、張力校注：《傅秉常日記：民國三十五年（1946 年）》，第 131-132 頁。

我插進去說道：

　　「聽我說，朋友，你回到祖國，還不能給自己找個兒子嗎，我們那裡的孤兒有的是！你找個帶娘的孩子，那不更好。」

　　士兵們聽著哈哈大笑，連那個德國男孩也笑了起來。戰士們解開自己的掛包，把麵包、食糖、罐頭和麵包乾分給孩子和婦女們。抱在戰士手中的男孩，還得到了糖果。那個士兵把男孩親吻了一陣，深深地嘆了一口氣。[32]

　　上文中傅秉常所記錄的是蘇軍初到柏林的情形，但後來情況發生了變化。這既有可能是由於蘇軍在不同階段表現有所不同，同時也有另一種可能，就是蘇軍不同的部隊之間有差別，有的部隊軍紀嚴明，有的軍紀卻極差。例如下文中，傅秉常就提到換防到東北的「邊防軍」紀律較好。

　　然而，隨著見聞越來越多，傅秉常的記錄也變得更加直白：「（1945 年 8 月 6 日）郭武官言：……（二）紅軍在柏林紀律不佳，對婦女姦淫最利（厲）害，聞蘇聯政府對此絕不制止，且似獎勵，同時嚴禁婦女墮胎，其政策似係亂其種，以打破希特勒清種之學說。至搶掠物品，則更為利（厲）害。（三）紅軍在捷克亦如此，是以捷克民眾邇來對紅軍感情異常之壞。」[33]

　　在中國東北，據董彥平的回憶，「一方面，蘇聯紅軍個別的活動，也正在繼續發展。他們任意向行人勒索手錶、自來水筆和金錢，甚至在白晝裡闖入民宅，強劫財物，兵士們隨時隨地姦淫婦女，不管她們是日本人，是中國人，也不管是黑夜還是白晝。因此，東北各城市在下午四、五點鐘以後，街道上就自動斷絕行人。許多婦女在恐怖的狀態中，寧願把頭髮剪短，偽裝男性，藉以保全貞操。石同志告訴我，他們感覺最困擾的一件事，就是不斷有人因為失去財物和妻女，到省市黨部來控訴，請求從政府方面的力量得到聲援，但他們除安慰這些被害人之外，一籌莫展。因為他們對蘇俄占領軍當局，從未取得有效發

---

[32] [蘇]Г. K. 朱可夫：《回憶與思考》，中國人民解放軍軍事科學院外軍部譯，中國對外翻譯出版公司 1984 年版，第 812-813 頁。
[33] 傅錡華、張力校注：《傅秉常日記：民國三十五年（1946 年）》，第 161 頁。

言的地位」[34]。

熊式輝稱：「去年十月間余到長春，時在蘇軍占領之下，行動處處受其威脅，蘇軍紀律極壞，姦淫掠奪，市內外日夜皆有槍聲，此乃蘇軍故意造成之恐怖，……因之行營人員相戒勿外出。」[35]

傅秉常也得到了類似的情報：「（1946 年 1 月 2 日）昨日，隨經國來莫之張伯英談述東北狀況如下：（一）紅軍紀律甚壞，即中央派往長春之人員手錶及自來墨水筆亦被搶去，人民怨聲載道，謂大鬍子不去，東北無安寧之日，惡之有甚於倭寇。大商店均不敢開門，日本婦人因避免紅軍姦淫，均預早疏散。其不能疏散者，截髮改男裝。現在改派邊防軍來後，紀律較好，街上尚見多數此種短髮日婦。」[36]

值得注意的是，還有一種對部下能加以約束的情況，是因為蘇軍軍官是猶太裔：「許多前線的步兵師比其他的部隊表現的更有紀律性，比如，坦克部隊和後方部隊。很多不同的軼聞事件表明，蘇聯軍官中的猶太裔人卻出人意料地去保護德國的婦女和姑娘。史達林在 4 月 20 日通過大本營發布命令，要求所有部隊『改變對德國人的態度……優待他們』，但絕大多數的軍官和士兵對史達林的命令視而不見。值得注意的是，命令下達的原因是由於『殘忍的對待』敵人會激起敵人堅決的抵抗，並稱『這樣的情況對我們是不利的』。」[37]

據英國蒙哥馬利（Bernard Law Montgomery, 1887-1976）元帥回憶，蘇軍的行為「對西方部隊」具有「衝擊作用」，「他們的所作所為很快使人們看到，雖說俄國人是個富有戰鬥精神的民族，實際上，他們還是野蠻的亞洲人，他們從未有過堪與歐洲其他地區相比擬的文明。他們處理問題的辦法完全與我們不同，而他們的行為，尤其是對待婦女的舉止，使我們憎惡。俄國占領區的某些地區，實際上已無德國人，在這些野蠻人挺進之前，德國人就一逃而空，結果使得西方占領區擠滿了難民，致使口糧和住房問題幾乎無法解決」[38]。雖然這

---

[34] 董彥平：《蘇俄據東北》，第 3-4 頁。
[35] 熊式輝：《海桑集──熊式輝回憶錄（1907-1949）》，第 550 頁。
[36] 傅錡華、張力校注：《傅秉常日記：民國三十五年（1946 年）》，第 4 頁。
[37] [英] 安東尼 · 比弗：《攻克柏林》，第 347-348 頁。
[38] [英] 伯納德 · 勞 · 蒙哥馬利：《蒙哥馬利元帥回憶錄》，第 359 頁。

種議論無疑帶有西方人的優越感和對於亞洲人的偏見,但蘇軍行為的野蠻性應是一個不爭的事實。

傅秉常在柏林的實地見聞,與蒙哥馬利上述說法尚能吻合,在占領德國的盟軍部隊中,英、美等國對其官兵的約束似較蘇軍為嚴格:「四時十五分抵柏林……見屋宇破壞占十之七八……乘車重入城內參觀希特勒之辦公處所,已破毀不堪。附近有黑市場,德人男女老幼攜帶各種物品在此出售,或交換其他物品。英美軍人禁止往購,是以所見顧客全為蘇聯軍人。車夫告余,在俄占領區搶劫甚多,黑夜無人敢行走,紅軍軍紀極壞,即英美軍人皆夜亦不過界至蘇占領區云云。……晚上頻聞軍人帶同德女,在街上醉而狂歌,真有無限之感慨也。」[39]

而據英國歷史學家安東尼‧比弗(Antony Beevor)的調查,受辱的還包括此前被德國人抓走的俄羅斯婦女,「更讓人感到震驚的是,紅軍官兵就連那些剛剛從德國被解放的烏克蘭、俄羅斯和白俄羅斯女人也不放過。許多女孩在被抓到德國時只有 16 歲,有些甚至只有 14 歲。任何試圖證明紅軍的所作所為都是出於復仇目的正義之舉的努力,都被蘇聯士兵所進行的大規模的強姦行為所破壞」。他們在做這些事情的時候,常常是理直氣壯的,「軍官們也經常對婦女們進行騷擾。三名軍官在 2 月 26 日闖進了一間糧倉的宿舍,當索羅夫耶少校試圖阻止他們的時候,其中一個人說,『我剛剛從前線回來,我需要一個女人。』說完以後,他就闖進宿舍幹起了姦淫的勾當」[40]。

張莘夫案是蘇軍占領期間蓄意殺害中方接收人員的典型案例,曾激起各方公憤。實際上,中國官民的被害人數遠不止於此。1946 年 7 月 27 日,王世杰向傅秉常談道:「蘇方曾向我提出長春謀殺案之抗議,被害者為二十餘名蘇聯官員。其初蘇方態度甚為強硬,後經我方將歷來東北居民被害各案人數共有數千,證據確實,提示蘇方,並謂我政府一向忍耐未向蘇方有何表示。倘蘇方再堅持抗議,即雙方作一清算可也。以後蘇方未再提。」[41]

中方曾就蘇軍的各種殺戮、搶劫行為向蘇方提出備忘錄。例如,董彥平於

---

[39] 傅錡華、張力校注:《傅秉常日記:民國三十五年(1946 年)》,第 9-10 頁。

[40] [英]安東尼‧比弗:《攻克柏林》,第 86-87 頁。

[41] 傅錡華、張力校注:《傅秉常日記:民國三十五年(1946 年)》,第 138 頁。

1946 年 3 月 18 日向蘇軍中將特羅增科（Efim Grigorievich Trotsenko, 1901-1972）提出了如下備忘錄：「一、據長春市警察局呈報，本年三月五日午後七時許，於本市市郊勸農區冷家當鋪地方，曾有蘇軍五十餘名，均持武器，駕駛載重汽車三輛，聲稱搜捕匪人，進入居民毛姓等宅內，當場擊斃三人後，並進入苗姓宅內，將苗芬之父苗子香帶走，迄今下落不明。等語，請飭查明真相，並將該苗子香下落通知我方。」[42]

4 月 6 日，董彥平再次約晤特羅增科中將，為蘇軍的一些兇殺行為提出一份新的備忘錄：「一、據報三月三十日午前九時許，有蘇軍坦克車一輛，由南嶺街駛向車站，經過全安橋南端時，壓斃我國市民七人，撞落河中溺斃者二人，壓傷者二人。我方對此不幸事件深表遺憾，認為足以影響市民與貴軍間之友情，盼閣下對肇事負責者從嚴懲治，並採必要措置，制止同類事件發生，及對死傷者家屬有所撫恤。二、據報三月十七日午後九時許，順天區寶清路五一四號中興園飯店，突有蘇軍士兵敲門，店主胡秉仁因夜深不便輕啟門戶，該士兵等即破門入內，開槍將店主擊斃後逃去。十八日午前三時，曾有蘇軍上尉及中尉各一人，兵士五、六名，分乘載重汽車及小汽車，將屍體強行運去，企圖滅跡，請閣下查照飭查真相，並嚴緝兇犯歸案。」[43]

不僅對於平民，即便是對中方接收官員，蘇方也常常恣意欺壓。例如，中方派駐東北行營的人員，「在行動上，受到限制。每一個人對於紅軍個別行動，都存有戒心，晝間如因公私事務外出，在下午四時左右，務須趕快回『營』，這種情形，不但長春，在東北凡是蘇軍駐紮地區，都無例外。舉例來說，有一次中長鐵路理事劉敬輿（哲）先生到行營出席某項會議，乘車返理事會途中，聯絡官因事假未能陪同，以致手錶、自來水筆和僅有的紅軍票都被紅軍攔路搶劫以去，所幸敬老粗諳俄語，未遭意外」[44]。「本行營賴秉權少將於二月二十六日下午三時，乘第六號汽車行至三馬路，被兩紅軍士兵持槍攔截，強迫下車，司機提示司機證，並未生效，賴少將為顧全大體，不願與之爭執，遂命司機李

---

[42] 董彥平：《蘇俄據東北》，第 147 頁。
[43] 董彥平：《蘇俄據東北》，第 177 頁。
[44] 董彥平：《蘇俄據東北》，第 32 頁。

長旺開車送彼等至目的地，再駛回車隊。後經該司機回報，該兩紅軍士兵強迫駛至偽皇宮後僻靜處，即將渠強推下車，駕車他往，不知去向云云。此案曾經代表團向蘇軍當局交涉，迄今未將車覓還。查賴少將身著軍服，司機隨身攜帶司機證及第六十五號卡爾洛夫少將簽名之蘇軍通行證。」[45]

因為國民政府對蘇聯關於「戰利品」與所謂經濟合作的諸多無理要求表示異議，蘇軍即以種種方法對中方施加壓力，甚至由其蘇聯駐華大使直接向蔣介石表示不滿。1946 年 1 月 21 日，就中國聲明東北日本所遺留之產業歸中國所有一事，彼得羅夫竟向蔣介石當面抗議：「俄使來見，面提對我東北經濟委會所發布之東北財產皆為我國所有之抗議書，且聲明無效云。余隻答其待譯閱後交外交部，再與其談判而已，忍痛受辱極矣。」[46] 1946 年 3 月 9 日，「俄軍在東北之行動，借演習為名，竭盡其威脅強制之能事，尤以奪還其前已交我之長春電氣總公司，停止我錦州附近各礦廠之發電，使我經濟受莫大之打擊」[47]。

蘇軍在撤離東北時，還對一些目標進行了毀滅性破壞。根據董彥平的記載：「又接張主任委員卯江申渝電：『熊主任報告外部，蘇軍在長將法政大學放火焚燒及飛機場附近倉庫炸毀，實情若何，希電告，以便抗議。』」[48]

然而，在蘇軍元帥朱可夫的描述中，蘇軍則為恢復占領區的秩序和保障德國人民的生活做了大量努力，蘇軍戰士的紀律和素質相當好，得到了德國人民的擁戴。朱可夫說：

> 以 А.И. 葉利扎羅夫上校為首的政治處，在柏林進行了大量的工作。1945 年 5 月，方面軍軍事委員會為使柏林生活正常化，作出了一系列重大決定，其中包括：
>
> 5 月 11 日　關於給柏林德國居民供應糧食的第 063 號命令。命令規定了發放糧食的方法和定額。

---

[45] 董彥平：《蘇俄據東北》，第 139 頁。

[46] 呂芳上主編：《蔣介石先生年譜長編》第八冊，臺北：國史館 2015 年版，第 288-289 頁。

[47] 呂芳上主編：《蔣介石先生年譜長編》第八冊，第 323 頁。

[48] 董彥平：《蘇俄據東北》，第 183 頁。

5 月 12 日　關於恢復和保障柏林公用事業機構正常工作的第 064 號命令。

5 月 31 日　關於給柏林的兒童供應牛奶的第 080 號命令。

此外，還作出了使居民，首先是使從事恢復工作的勞動人民的供應和生活正常化的其他決定。

作為蘇聯政府方面的第一項援助，給柏林運來了 96,000 噸穀物、6 萬噸土豆、約 5 萬頭供屠宰的牲畜，以及糖、油和其他食品。[49]

在朱可夫的筆下，蘇聯人絕不是掠奪者，而是真正的解放者：

同 A.И. 米高揚、A.B. 赫魯廖夫和 H.A. 安季品科一起，我們仔細研究了在糧食和醫療方面能對居民作些什麼幫助。雖然我們自己也有很大困難，但仍然撥出物資進行幫助。當給柏林居民分發麵包、米、咖啡、食糖，有時甚至還發一點食油和肉類時，他們的面部呈現出愉快和感激的神情。

遵循黨中央和蘇聯政府的指示，我們竭盡所能幫助德國人民迅速組織起勞動的生活。從戰利品物資中為他們撥出了運貨汽車、種子，並把德國貴族領地的馬匹和農具分給了在勞動組合裡工作的農業工人。

德國共產黨的領導人來到了柏林。德國同志們強調說，德國的工人和普通人已經不把紅軍看作是討伐者，而把它看成是使德國人民擺脫法西斯主義的解放者。

我們建議德國共產黨員們去訪問紅軍部隊，去同蘇軍戰士們交談。這個建議被接受了。他們歸來時，對蘇軍戰士、對戰士們廣闊的政治見識和人道主義精神，反映十分強烈。[50]

---

[49] [蘇]Г. K. 朱可夫：《回憶與思考》，第 812 頁。
[50] [蘇]Г. K. 朱可夫：《回憶與思考》，第 814-815 頁。

另外，朱可夫說，他們保護了德國的公私財產和珍品，他們的保護就是對之進行凍結和必須向蘇軍申報。

應當說，我們在蘇軍占領區實行的發揚民主風氣、發展經濟和文化、維持秩序的措施，被德國人民熱烈地接受了。

後來，我們進一步採取了一系列措施，以便為德國人民保護其所有的民族和國家珍品。例如，1945 年 10 月 30 日，我們發布了第 104 號命令，命令中寫道：為了防止侵吞屬原希特勒國家、軍事機關、被蘇聯軍事當局取締或解散的團體、俱樂部和協會的財產並利用這些財產營私舞弊，為了最合理地使用這些財產以滿足當地居民的需要，我命令：

1. 凍結蘇軍占領區內的、下述範圍內的財產：

　　1）屬德國國家及其中央和地方機構的；

　　2）屬納粹黨頭面人物、領導成員和主要信徒的；

　　3）屬德國軍事機關和組織的；

　　4）屬被蘇聯軍事當局取締或解散的團體、俱樂部和協會的；

　　5）屬在戰爭中站在德國一邊的國家和臣民（自然人和法人）的；

　　6）屬蘇聯軍事當局在副本中專門指出的或用其他途徑指明的人物的。

2. 蘇軍占領區內無人經營的財產收歸蘇聯軍事行政機構臨時指揮部。[51]

然而，在蘇聯之外的紀錄上，看到的是與保護珍品完全相反的說法：「我們後來看到俄國人是如何對付一個被征服國家的技術設備的。甚至在柏林，他們也表現出不熟悉那些文明設備。他們搶走了房間裡的珍貴物品，如人們的祖父一輩遺留下來的精美座鐘等，他們常常把這些東西放在貨車裡，而把沉重的物品壓在他們上面。他們也像這樣地打碎藝術品。」[52]

戰時的蘇聯外長莫洛托夫（Vyacheslav Mikhaylovich Molotov, 1890-1986）的表現則是欲言又止、吞吞吐吐，但是從其表述中不難看出，「拆運」是一個不

---

[51] ［蘇］Г. K. 朱可夫：《回憶與思考》，第 871-873 頁。

[52] ［美］哈里·杜魯門：《杜魯門回憶錄》上卷，第 305-306 頁。

能否認的事實：「戰後我們獲得過賠償，但這是微不足道的。我們的國家巨大無比。再說，賠償給我們的是老設備，設備本身已經陳舊。可是又沒有別的出路。這種不大的賠償也應當利用。然而，給自己挑東西的時候，應當考慮什麼問題呢？當時我們在慢慢建立民主德國，這是我們的德國。要是我們把那兒的東西全拉走，民主德國的人民對我們會有什麼看法？西德有美國人、英國人和法國人的幫助。我們是把那些願意和我們一起幹的德國人從他們那兒拉過來。這要非常謹慎。這兒我們有許多地方做得不夠。但是，這對我們也有幫助。應當這麼說，德國人更新了自己的固定資產，改用了新技術，當時我們在國內無法一下子做到這一點。但是，有一部分設備我們送給了中國。」[53] 這段話很有意思，莫洛托夫說，「要是我們把那兒的東西全拉走」，也就是承認「拉走」了，但沒有「全拉走」；他說，「這兒我們有許多地方做得不夠」，哪些地方做得不夠呢？有點含糊；另一個有意思的點是，他說那都是些「老設備」，但因為「沒有別的出路」，只好也加以「利用」了，而因為「老設備」成了賠償，被運走了，德國人反而由此「更新了自己的固定資產，改用了新技術」。

誠然，從整個第二次世界大戰期間蘇聯的所作所為來看，蘇聯既為打敗德意日法西斯勢力做出了巨大的貢獻，並承擔了巨大的民族犧牲，在中國全面抗戰初期給予了十分寶貴的援助，但也做了許多為了本國利益損害其他民族的事情。例如蘇、德瓜分波蘭，簽訂《蘇德互不侵犯條約》、《蘇日中立條約》，在中國新疆煽動叛亂，強使外蒙古脫離中國，以及戰後在中國及德國、東歐國家的掠奪性拆運工廠、物資，搶劫強姦等，這些都是不容否認的事實。這些反映了史達林時期，蘇聯存在著較為嚴重的大國沙文主義和民族利己主義傾向，也反映了部分紅軍部隊與其軍隊性質和宗旨很不相稱的紀律監管狀況。

---

[53] [蘇] 費・丘耶夫：《同莫洛托夫的140次談話》，王枝南等譯，新華出版社1992年版，第104頁。

史地傳記類　PC1089　重看冷戰2

冷戰時期的美國與東亞社會

作　　者 / 杜春媚
責任編輯 / 尹懷君、陳彥儒
圖文排版 / 黃莉珊
封面設計 / 吳咏潔

發 行 人 / 宋政坤
法律顧問 / 毛國樑　律師
出版發行 / 秀威資訊科技股份有限公司
　　　　　114台北市內湖區瑞光路76巷65號1樓
　　　　　電話：+886-2-2796-3638　傳真：+886-2-2796-1377
　　　　　http://www.showwe.com.tw
劃撥帳號 / 19563868　戶名：秀威資訊科技股份有限公司
　　　　　讀者服務信箱：service@showwe.com.tw
展售門市 / 國家書店（松江門市）
　　　　　104台北市中山區松江路209號1樓
　　　　　電話：+886-2-2518-0207　傳真：+886-2-2518-0778
網路訂購 / 秀威網路書店：https://store.showwe.tw
　　　　　國家網路書店：https://www.govbooks.com.tw

2023年6月　BOD一版
定價：420元
版權所有　翻印必究
本書如有缺頁、破損或裝訂錯誤，請寄回更換

Copyright©2023 by Showwe Information Co., Ltd.
Printed in Taiwan
All Rights Reserved

讀者回函卡

國家圖書館出版品預行編目

冷戰時期的美國與東亞社會 / 杜春媚著. -- 一
版. -- 臺北市 : 秀威資訊科技股份有限公司,
2023.06
　　面；　公分. -- (重看冷戰;2)
BOD版
ISBN 978-626-7187-95-1(平裝)

1.CST: 區域研究 2.CST: 文集
3.CST: 美國 4.CST: 東亞

578.19307　　　　　　　　　　112007913